Nikolaus Böttcher / Bernd Hausberger /
Antonio Ibarra (coords.)

Redes y negocios globales en el mundo ibérico, siglos XVI-XVIII

EL COLEGIO DE MÉXICO

BIBLIOTHECA IBERO-AMERICANA

Publicaciones del Instituto Ibero-Americano
Fundación Patrimonio Cultural Prusiano
Vol. 137

Nikolaus Böttcher / Bernd Hausberger /
Antonio Ibarra (coords.)

Redes y negocios globales en el mundo ibérico, siglos XVI-XVIII

Iberoamericana · Vervuert · El Colegio de México
2011

c/Amor de Dios, 1
E-28014 Madrid

Elisabethenstr. 3-9
D-60594 Frankfurt am Main

Iberoamericana Vervuert Publishing Corp.
9040 Bay Hill Blvd.
Orlando, FL 32819

info@iberoamericanalibros.com
www.ibero-americana.net

ISSN 0067-8015
ISBN 978-84-8489-556-5 (Iberoamericana)
ISBN 978-3-86527-603-2 (Vervuert)

Depósito legal: SE-8535-2010

Composición: Anneliese Seibt, Instituto Ibero-Americano Berlín
Diseño de la cubierta: Carlos Zamora
Fotografía de la cubierta: Bernd Hausberger

Este libro está impreso íntegramente en papel ecológico blanqueado sin cloro
Impreso en Publidisa

Índice

Abreviaturas.
Archivos y Fondos Documentales

AGI	**Archivo General de Indias, Sevilla, España**
CC	sección: Casa de Contratación
Cons.	sección: Consulados
Estado	sección: Consejo de Estado
IG	sección: Indiferente General
Just.	sección: Justicia
Méx.	sección: Audiencia de México
Panamá	sección: Audiencia de Panamá
SD	sección: Santo Domingo
AGN	**Archivo General de la Nación, México, D.F.**
AHH	sección: Archivo Histórico de Hacienda
Alc.	sección: Alcabalas
Cen.	sección: Censos
Cons.	sección: Consulados
CV	sección: Correspondencia de virreyes
DP	sección: Donativos y préstamos
IC	sección: Industria y comercio
RCO	sección: Reales Cédulas Originales
Tierras	sección: Tierras
AGNCM	**Archivo General de Notarías de la Ciudad de México**
FA	sección: Fondo Antiguo
AGS	**Archivo General de Simancas, España**
CJH	sección: Consejo y Juntas de Hacienda
Estado	sección: Consejo de Estado
AHN	**Archivo Histórico Nacional, Madrid, España**
Estado	sección: Consejo de Estado

AHPC	**Archivo Histórico Provincial de Cádiz, España**
PN	sección: Protocolos Notariales
AN-TT	**Arquivo Nacional da Torre do Tombo, Lisboa, Portugal**
JC	sección: Junta do Comércio
HOC	sección: Habilitações à Ordem de Cristo
ANC	**Archivo Nacional, La Habana, Cuba**
AP	sección: Asuntos Políticos
CCG	sección: Correspondencia de los Capitanes Generales
GSC	sección: Gobierno Superior Civil
MdL	sección: Miscelánea de Libros
RC	sección: Real Consulado
Reales cédulas	sección: Reales cédulas
BL	**British Library, Londres, Reino Unido**
Add Ms	sección: Additional Manuscripts
BNC	**Biblioteca Nacional, La Habana, Cuba**
Pérez Beato	sección: Fondo Pérez Beato
BNL	**Biblioteca Nacional de Lisboa, Portugal**
CP	sección: Colecção Pombalina
BNM	**Biblioteca Nacional, Madrid, España**
Ms.	sección: Manuscritos
BRMEE	**Biblioteca del Real Monasterio de El Escorial, España**
CEHM-CARSO	**Centro de Estudios de la Historia de México, CARSO** (antes CONDUMEX)

GAA	**Gemeente Archief Amsterdam, Países Bajos**
NA	sección: Notariale Archieven
NADH	**Nationaal Archief Den Haag, La Haya, Países Bajos**
LH	sección: Directie van de Levantse Handel en de Navigatie in de Middellandse Zee
PRO	**Public Record Office, Londres, Reino Unido**
CO	sección: Colonial Office

Nikolaus Böttcher/Bernd Hausberger/Antonio Ibarra

Introducción

Esta colección de textos[1] sobre redes y comercio en el mundo ibérico, entre los siglos XVI y XVIII, es a la vez el producto de las actividades de una red. En ella, algunos de los autores de este libro han participado de forma más esporádica regular desde hace ya algunos años, unos lo han hecho de forma ocasional, y otros lo han hecho especialmente para esta ocasión. No es una red cerrada, pues hemos estado en diálogo con otros grupos de investigadores que se dedican a temas afines (Crespo en prensa). Nuestra colaboración ha dado una serie de resultados y tal vez sea conveniente mencionarlos para señalar la continuidad en que se inserta este volumen. Si dejamos de lado las publicaciones individuales que los integrantes de nuestro grupo han realizado a lo largo de los años, el primer producto colectivo fue un pequeño libro, coordinado por Bernd Hausberger y Antonio Ibarra, y publicado en 2003, titulado *Comercio y poder en América colonial. Los consulados de comerciantes, siglos XVII-XIX* (Hausberger/Ibarra 2003). Todavía en ese mismo año salió un volumen más amplio, preparado por Guillermina del Valle Pavón sobre *Mercaderes, comercio y consulados de Nueva España en el siglo XVIII* (Valle Pavón 2003). En 2007, Antonio Ibarra y Guillermina del Valle Pavón coordinaron un número especial de *Historia Mexicana*, sobre el tema "Redes sociales e instituciones" (Ibarra/Valle Pavón 2007a), y, además, un libro sobre *Redes sociales e instituciones comerciales en el imperio español, siglos XVII a XIX* (Ibarra/Valle Pavón 2007b). Incluyendo el presente volumen, que sería el quinto que surge de nuestra cooperación, hemos reunido mientras tanto 52 ensayos de 32 autores.

Al iniciar nuestra colaboración, todos arrancamos de diferentes puntos de partida. Mientras que unos se dedicaban a la historia comercial o a la institucional, sobre todo de los consulados, otros trabajaban

1 El volumen se planeó a partir de una sesión en el *XIV International Economic History Congress*, celebrado en Helsinki, Finlandia, del 21 al 25 de agosto de 2006. No todos los trabajos allí presentados se han podido publicar, otros han sido agregados posteriormente.

más bien sobre la historia social o sobre la historia económica en un sentido más amplio. Convergíamos en la convicción de que el concepto de red constituía un instrumento útil para darles nuevas perspectivas a nuestros respectivos temas y, de forma más concreta, para profundizar los conocimientos de las redes mercantiles y las relaciones comerciales en el mundo hispánico entre finales del siglo XV y principios del XIX. De esta suerte, nos insertamos en una rica tradición historiográfica dedicada al papel y al funcionamiento del comercio de larga distancia a finales de la Edad Media e inicios de la Edad Moderna, la cual, a pesar de haber iniciado mucho antes (Ehrenberg 1896; Lane 1944; Roover 1963), recibió un sostenido impulso por los trabajos que se realizaban en Francia, en los años cincuenta y sesenta del siglo pasado, alrededor de Fernand Braudel. Éstos dejaron muy claro que el ámbito de acción de las grandes casas mercantiles del Antiguo Régimen nunca se limitó a su ciudad, región o reino, sino que era profundamente internacional. Las relaciones con que se hilaba este mundo fueron "redes", aunque el concepto todavía no se había puesto de moda en estos tiempos.[2] Nuestro interés se vio reforzado porque el comercio desempeñó una función crucial en los imperios de la temprana época moderna,[3] con lo cual las redes mercantiles son meritorias de una atención especial. El comercio daba racionalidad económica a las empresas imperiales, y los comerciantes se convirtieron de esta forma en los agentes principales de su expansión y de su mantenimiento. Por la debilidad de las estructuras administrativas de los poderes centrales, los imperios dependieron siempre de la negociación política con los diversos grupos de comerciantes, grupos que con frecuencia se organizaban corporativamente o en redes informales (o de ambos modos).

Internacionalmente, no fuimos ni los primeros ni los únicos que pensaban de esta manera y, así, pudimos recurrir a un extenso cuerpo de investigación teórica y empírica,[4] que mientras tanto no ha dejado

2 P.ej. Lapeyre (1955); Schick (1957); Ruiz Martín (1965); Lohmann Villena (1968). Por supuesto, la investigación sobre el comercio hispánico, a partir de aquí, ha avanzado notablemente; véanse p.ej. los trabajos de Margarita Suárez (1995; 2001).

3 El análisis de los "merchant empires" ha sido impulsado decisivamente por dos volúmenes editados por James D. Tracy (1990; 1991).

4 Bott (1957); Barnes (1969); Boissevain (1974); Reinhard (1979); Liss (1989); Bjerg/Otero (1995); Moutoukias (1995; 1998); Adler Lomnitz (1998); Bertrand

de crecer.[5] Pero fuimos, probablemente, entre los primeros que aplicaron el concepto de red a estudios del comercio latinoamericano y, sobre todo, de las instituciones mercantiles más importantes, los consulados. Desde el principio se trataba no tanto de llegar a una definición única de las redes, sino más bien a ampliar nuestra mirada a la inmensa complejidad del fenómeno. Apostamos a que los diferentes enfoques, lecturas e interpretaciones con que enfrentamos el tema enriquecerían nuestro trabajo. Insistimos, además, en que la historia colonial (y, en especial, la del comercio), para lograr resultados novedosos, no pueda limitarse a una sola región o a un solo virreinato. Ya sea para reconstruir las complejas interacciones interregionales e intercontinentales o para fomentar una agenda de investigación comparativa, hay que tomar en cuenta los ámbitos imperiales, hemisféricos, atlánticos o globales, pero al mismo tiempo no se deben perder de vista los escenarios regionales, locales o microhistóricos de las dinámicas observadas. Finalmente, consideramos como fundamental dar un adecuado tratamiento a los siglos XVI y XVII, relativamente descuidados, también en México, por razones que aquí no pueden discutirse.

A pesar de las intenciones declaradas, haciendo un balance, hay que reconocer que en el conjunto de nuestras investigaciones, hasta ahora, han predominado los estudios sobre la Nueva España y el siglo XVIII. En la presente ocasión, hemos dado un paso importante para cubrir el espacio y el tiempo de forma más equilibrada. Tenemos ahora, por primera vez, dos ensayos que se dedican al mundo lusitano.[6] El trabajo de Wolfgang Lenk trata del negocio del azúcar, en los siglos XVI y XVII, mientras que la investigación conjunta de Leonor Freire Costa y Maria Manuela Rocha versa sobre el oro brasileño, en el siglo XVIII. Además, Montserrat Cachero Vinuesa estudia las actividades de un grupo de mercaderes judeoconversos originarios de Burgos en los inicios del comercio entre Sevilla y el Nuevo Mundo; Carlos Álvarez-Nogal analiza los mercados o redes de mercaderes en la feria de Portobelo, durante el siglo XVI y principios del XVII; Ana Crespo Solana

---

(1998; 1999); Weyer (2000); Fiedler (2001); Castellano/Dedieu (2002); Dutta/Jackson (2002).

5 P.ej. Baghdiantz McCabe/Harlaftis/Pepelasis Minoglou (2005); Murdoch (2006); Machuca Gallegos (2007); Abrevaya Stein (2008).

6 Hay que señalar que ya Antonio García de León (2007) trata a los comerciantes portugueses, sin embargo, con un claro enfoque en la Nueva España.

examina las redes de mercaderes holandeses y su comercio con los puertos hispánicos en el Atlántico, de 1648 a 1778; y Nikolaus Böttcher estudia la penetración británica del comercio cubano después de la ocupación de La Habana en 1762. Quedan tres textos que se dedican al siglo XVIII novohispano; dos de ellos se enfocan en las relaciones exteriores y uno en la economía interna: el de Guillermina del Valle Pavón sobre el comercio del cacao entre la Nueva España y Guayaquil; el de Bernd Hausberger, sobre el viaje del comerciante Tomás Ruiz de Apodaca, de Cádiz a Veracruz, en 1759-60; y el de Clara Elena Suárez Argüello, sobre la empresa transportista de los Vertiz y su bancarrota, en 1802. El volumen concluye con un comentario de Eric Van Young, quien hace un balance sobre los logros de nuestro trabajo, las deficiencias y los retos para el futuro. Como en este apartado se discutirán los aspectos centrales de los textos, prescindimos aquí de resumirlos uno por uno.

Aunque no ha sido nuestro objetivo buscar una definición acabada del concepto de "red", es inevitable plantearse cómo se relaciona con otras categorías estructurales, sociales o institucionales, como la familia, el consulado, la compañía o la empresa. Eric Van Young, en su comentario final insistirá en este punto y hará una serie de propuestas. No obstante, queremos aquí señalar algunas consideraciones que han sido fundamentales para nuestro trabajo. El concepto de red sirve para describir la asociación de un grupo de personas basada en relaciones de confianza y en un intercambio continuo de servicios o favores dentro de un sistema de reciprocidad. La red se extiende sobre todo, horizontalmente, pero adquiere también una dimensión vertical, o en otras palabras, una jerarquización, así que sus relaciones de reciprocidad muchas veces son asimétricas. La red tiene también una dimensión diacrónica. Eric Van Young recalcará la necesidad de observar de forma más clara la temporalidad de las redes. Al no tomarla en cuenta, las redes parecieran fenómenos estáticos. La misma imagen congelada es sugerida a veces por los modelos gráficos de una red, si en ellos se combinan diferentes momentos temporales. A los sociólogos, a lo mejor, esto no les molesta tanto, pero para los historiadores es central captar la diacronía de cualquier fenómeno estudiado. La red no es una estructura fija, sino que se configura de modo flexible y variado en el tiempo, conforme sus integrantes constantemente negocien su vinculación (Rothermund 2002). Tanto el orden y la jerarquía entre los nudos de la red como la firmeza e intensidad de los eslabones cambian constantemente. Hay, además, relaciones que se dan sólo por períodos cortos y otros de naturaleza inconstante que se desactivan y reactivan en diversos momentos.

Ateniéndonos estas dinámicas casi cotidianas, fue congruente que muchos partiéramos, explícitamente o implícitamente, de la idea de red como fenómeno de la esfera de las prácticas, en alternativa a las estructuras. El análisis de redes es un método para describir y analizar la sociedad a partir de los actores y no de las estructuras abstractas. Tal concepción exige y legitima el trabajo empírico, los estudios de caso, la historia descriptiva (o "tensamente" descriptiva, para parafrasear a Clifford Geertz). Mas no facilita la formulación de resultados que puedan generalizarse como para que se puedan vincular con otros estudios de caso. Al trabajar empíricamente sobre redes, el debate entre los casos estudiados, todos con su propia especificidad, sin duda, es uno de los desafíos centrales. Para abordar este reto con frecuencia se considera necesario retomar las categorías estructurales como la familia, las instituciones o la empresa. De este modo, se llega a la red como un sinónimo de ellas (lo que no puede ser muy satisfactorio) o se interpreta como una estructura *sui generis*.

Para no perder del todo el enfoque en la práctica y recaer en el estructuralismo más abstracto, será prudente combinar las diferentes visiones. Pues, es cierto que el concepto de red pone énfasis en los permanentes cambios y ajustes en las relaciones observadas. Pero al mismo tiempo puede observarse que en muchas redes los eslabones de mayor importancia son reforzados mediante mecanismos como el matrimonio, el compadrazgo o la formación de una compañía. En la red, por lo tanto, se entretejen relaciones formales e informales, fuertes y débiles, de amistad, de paisanaje, de parentesco o de contrato. En el Antiguo Régimen, los vínculos familiares se presentaban como los centrales, sin que la red fuera idéntica a la familia (Murdoch 2006: 349). Obraban también relaciones institucionales, sin que ésta se equiparara con alguna institución, y contractuales sin que equivaliera a una compañía. Hay relaciones de paisanaje, pero ninguna red abarca a todos los paisanos o un grupo étnico completo, y rara vez se constituye exclusivamente por paisanos. Es más bien constitutivo que una red rebase y transgreda fronteras políticas y límites de clase, de parentesco o de etnicidad. En ello pueden operar tanto los llamados vínculos débiles como los fuertes. Con sólo tomar en cuenta esta complejidad puede captarse la naturaleza y la funcionalidad singular de las redes. Es la combinación de estas relaciones de diferentes características, fundamentos y grados de firmeza la que constituye y caracteriza a la mayoría de las redes (Bertrand 1998; García de León 2007: 42, 69-72). El estudio de las redes mercantiles en el mundo ibérico, por consiguiente, no es tanto una forma alternativa como una ampliación o un complemento del estudio de los reglamentos y de las instituciones, como la Casa de la Contratación, los consulados, las empresas familiares o la compañía mercantil. Seguimos considerando que la utilidad –quizás– más grande del concepto de red sea cuando se toma como herramienta (Suárez Argüello 2007: 143) para trazar empíricamente el conjunto de relaciones en que se ven insertados los actores sociales y reconstruir cómo usan, aprovechan e instrumentalizan las estructuras e instituciones a su alcance.

La cohesión de la red, la confianza y la reciprocidad sin duda están ligadas con objetivos materiales que un colectivo de personas persiguen; por ejemplo, la realización de algún negocio, la disponibilidad de algún sistema de seguridad, la construcción de una red de comunicación en el que se intercambia información de forma rápida y reservada o, más general, la reducción de los costos de transacción y de información (Ibarra 2000). Al mismo tiempo, la red se cohesiona por lazos más estables, de parentesco, etnicidad o amistad (Adler Lomnitz 1998: 138, 147). Sea cual sea su definición, la red, basada en la confianza mutua, depende de convenciones y reglas sólidas en su interior. Una red, si persiste en un tiempo prolongado, puede crear sus propias leyes (como lo hacen, por ejemplo, las asociaciones secretas como la mafia) (Friedkin 2001). Un ejemplo interesante lo serían las "Ordenanzas de comerciantes montañeses de Cádiz", de 1803, donde se contemplan temas como la disciplina, las costumbres y la religiosidad que debían observar los jóvenes que se preparaban para el comercio (Gavira Márquez 2007: 183-184). Igualmente podrían señalarse las constituciones de las cofradías vascas de la Virgen de Aránzazu, fundadas en Potosí (1601), en Lima (1635) o en México (1682), que regulaban ampliamente las relaciones entre los paisanos y, en cierto grado, también los consulados (Valle Pavón 2002). Pero normalmente la red, entendida como práctica o como estructura, sólo funciona –esto parece importante– a raíz de la aceptación de normas y discursos ya existentes por parte de los integrantes. Éstas se pueden encontrar en las leyes y el derecho. Pero muchas veces se ubican en el nivel de *longue durée* de las normas, los valores, las mentalidades y la cultura (Reinhard 1979: 30-31, 35-40; Murdoch 2006). De esta forma, una red se constituye en una compleja interacción con la familia, la etnicidad o la religión. Una red, por lo tanto, es flexible en cuanto a su constancia, su composición, su extensión y sus fronteras, así como en cuanto a los fines concretos que sus integrantes persiguen, pero es conservadora en cuanto a sus reglas. Éstas son el marco al que todos se refieren.

Todo esto no impide que en el seno de la red puedan presentarse situaciones y fricciones incómodas. Son una manifestación de la negociación (o comunicación) que caracteriza a las relaciones de una red, la que a través de ella permanentemente se reconstruye. Conflictos, sin embargo, amenazan con dañar los lazos de solidaridad que rigen la cohesión; la función de los valores y reglas es limitarlos al mínimo.

Muchas preguntas quedan abiertas: ¿son, por ejemplo, redes las que se constituyen en instituciones como el Consulado? o ¿son las redes las que penetran y trascienden las instituciones y se sirven de ellas?[7] ¿Es la estructura del mercado la que constituye la base de las redes de negociación (Ibarra 2007: 282)? ¿O son las redes que construyen o, al menos, manipulan las estructuras del mercado? La relación entre la organización de muchas redes y las dinámicas económicas requiere un profundo análisis diferenciado de caso en caso. ¿Es el objetivo material el que lleva a la fundación de las redes? o ¿es la actividad económica sólo un medio para garantizar la existencia de la red? En otras palabras, ¿el interés económico lleva a la formación de la red? o ¿la actividad económica se emprende para asegurar la existencia y la reproducción de la red o –por lo menos– de sus núcleos familiares?[8]

Un tema importante y tratado, con alguna extensión, en todos los textos del presente volumen, es la vinculación de las redes con la esfera del poder. Aquí entran todas las prácticas comúnmente calificadas de corruptas (Pietschmann 1982; Mir 2008). Redes de diversos tipos, a

7 Para una postura de ello, véanse Hausberger/Ibarra (2003: 12); Thompson (1978: 138-139); Greif (2006: 379).

8 Véanse Valle Pavón (2007: 117) y Van Young en este volumen.

través de su relación con las autoridades, le daban estabilidad a los Imperios y a los Estados emergentes, y, así, mediante la negociación, conectaban las instancias políticas y administrativas con las élites (Black 2008: 71). Al mismo tiempo, por la gran importancia del carácter negociador de los Imperios, éstos mismos podrían ser contemplados como un complejo tipo de red extensa; cuyo centro estaba ocupado por la Corona, la que asumía la función de coordinar las relaciones y acciones de los grupos y regiones, construyendo de esta suerte su autoridad. De esa manera, puede formularse la propuesta de pensar el Imperio hispánico como un tejido de redes, tejido, ciertamente difícil de estructurar y descifrar. Quizás vendría a ser una posibilidad de guiarse por la red urbana que articulaba la organización espacial del Imperio y que corría paralelamente a la organización de las redes sociales y económicas. El Imperio español estaba organizado alrededor de ciudades funcionalmente diferenciadas y jerarquizadas: la corte en Madrid, las cortes virreinales de México, Lima, Bogotá y, en su última época, Buenos Aires; los principales puertos como Sevilla (luego Cádiz), La Habana, Veracruz, Acapulco, Manila, Cartagena, Portobello, Callao y Buenos Aires, y un gran número de centros secundarios como Guadalajara, Puebla, Zacatecas, Quito, Trujillo, Arequipa, Potosí, etc.[9] Esta red espacial estaba conectada y, en cierta medida, controlada por las poderosas redes mercantiles, las que, además, eran las que se relacionaban con los centros externos.

Todo esto se resume en otra pregunta: ¿es la red un actor colectivo o sólo un instrumento, una estrategia de otros actores como la familia, las instituciones, individuos emprendedores o, a otro nivel, un producto de las fuerzas económicas como el mercado? Muy probablemente ninguna de las preguntas planteadas tengan una respuesta clara, sino más bien se aclararan por la interacción o combinación de diferentes dinámicas. Las redes en la época que aquí nos ocupa solían ser multifuncionales, es decir, una red comercial era también una red financiera, una red de migración o de parentesco. Esto quiere decir que el análisis histórico, a la larga, nos lleva a tomar en cuenta factores económicos, sociales, políticos y culturales, sin reclamar el predominio evidente de uno de ellos.

---

9 De esta forma, son muy importantes los trabajos sobre los puertos atlánticos como Knight/Liss (1991), Grafenstein (2006) o O'Flanagan (2008).

No queremos extendernos aquí demasiado. Los textos reunidos ilustran, cada uno a su manera, cómo puede aprovecharse el concepto de red para analizar el comercio en el mundo iberoamericano entre el siglo XVI y principios del XIX. Unos lo hacen con un enfoque más microhistórico, otros más macrohistórico. Hay quienes ponen énfasis en las relaciones familiares, institucionales o en el análisis del comercio. Conforme varía el peso y el rango que se les atribuye a las redes en las respectivas investigaciones, pueden estar en el centro de una investigación o sólo constituir un elemento adicional para ampliar y profundizar la mirada a otros aspectos. Entonces, el estudio de las redes es un campo de investigación abierto, con metodologías, modelos y resultados no definitivos. Es un campo dinámico no sólo propicio a desencantos, sino también a sorpresas; pero estamos seguros que siempre enriquecedor.

Como hemos dicho al principio, este libro es producto de la colaboración entre los integrantes de una red de investigación. Su publicación, por lo tanto, se debe a la participación de muchos actores e instancias. Debemos reconocer la contribución de los autores, pero también la paciencia con que aguardaron la publicación final, la que no hubiera sido posible sin el interés en el proyecto de El Colegio de México y del Instituto Ibero-Americano de Berlín. Por su ayuda en la elaboración del manuscrito debemos agradecer a Isabel Galaor, Alma Delia López Vega, Anneliese Seibt y Omar Velasco.

Bibliografía

Abrevaya Stein, Sarah (2008): *Ostrich Feathers, Jews, and a Lost World of Global Commerce*. New Haven: Yale University Press.

Adler Lomnitz, Larissa (1998): *Redes sociales, cultura y poder. Ensayo de antropología latinoamericana*. México, D.F.: Facultad Latinoamericana de Ciencias Sociales/Miguel Ángel Porrúa.

Baghdiantz McCabe, Ina/Harlaftis, Gelina/Pepelasis Minoglou, Ioanna (eds.) (2005): *Diaspora Entrepreneurial Networks: Four Centuries of History*. New York: Berg.

Banton, Michael (ed.) (1966): *The Social Anthropology of Complex Societies*. London: Tavistock Publications.

Barnes, John A. (1954): "Class and Committes in a Norwegian Island Parish". En: *Human Relations*, 7, pp. 39-58.

— (1969): "Networks and Political Process". En: Mitchell, James Clyde (ed.): *Social Networks in Urban Situations*. Manchester: Manchester University Press, pp. 51-76.

Baudot, Georges (ed.) (1998): *Poder y desviaciones: génesis de una sociedad mestiza en Mesoamérica*. México, D.F./Toulouse: Siglo XXI/Presses Universitaires du Mirail.

Bertrand, Michel (1998): "Las redes de sociabilidad en la Nueva España: fundamentos de un modelo familiar en México (siglos XVII-XVIII)". En: Baudot, Georges (ed.): *Poder y desviaciones: génesis de una sociedad mestiza en Mesoamérica*. México, D.F./Toulouse: Siglo XXI/Presses Universitaires du Mirail, pp. 103-133.

— (1999): "Élites, parentesco y relaciones sociales en Nueva España". En: *Tiempos de América. Revista de Historia, Cultura y Territorio*, 3-4, pp. 57-66.

Bertrand, Michel (ed.) (2002): *Configuraciones y redes de poder. Un análisis de las relaciones sociales en América Latina*. Caracas: Fondo Editorial Tropykos.

Bjerg, María/Otero, Hernán (eds.) (1995): *Inmigración y redes sociales en la Argentina moderna*. Tandil: IEHS-CEMLA.

Black, Jeremy (2008): *Great Powers and the Quest for Hegemony. The World Order since 1500*. London: Routledge.

Böttcher, Nikolaus/Hausberger, Bernd (2000): *Dinero y negocios en la historia de América Latina / Geld und Geschäft in der Geschichte Lateinamerikas. Veinte ensayos dedicados a Reinhard Liehr*. Madrid: Iberoamericana/Frankfurt am Main: Vervuert.

Boissevain, Jeremy (1974): *Friends of Friends. Networks, Manipulators and Coalitions*. Oxford: Basil Blackwell.

Bott, Elizabeth Jane (1957): *Family and Social Network: Roles, Norms, and External Relationships in Ordinary Urban Familias*. London: Tavistock Publications.

Castellano, Juan Luis/Dedieu, Jean-Pierre (eds.) (2002): *Réseaux, familles et pouvoirs dans le monde ibérique à la fin de l'Ancien Régime*. Paris: CNRS Éditions.

Crespo, Ana (ed.) (en prensa): *Comunidades transnacionales: Expansión y características de las colonias mercantiles en la Europa atlántica (siglos XVI-XIX)*. Madrid: CSIC.

Dedieu, Jean-Pierre/Moutoukias, Zacarías (2002): "Approche de la théorie des réseaux sociaux". En: Castellano, Juan Luis/Dedieu, Jean-Pierre (eds.): *Réseaux, familles et pouvoirs dans le monde ibérique à la fin de l'Ancien Régime*. Paris: CNRS Éditions, pp. 7-30.

Díaz-Bone, Rainer (1997): *Ego-zentrierte Netzwerkanalyse und familiale Beziehungssysteme*. Wiesbaden: Deutscher Universitäts-Verlag.

Dutta, Bhaskar/Jackson, Matthew (eds.) (2002): *Network and Groups. Models of Strategic Formation*. Berlin: Springer.

Ehrenberg, Richard (1896): *Das Zeitalter der Fugger. Geldkapital und Creditverkehr im 16. Jahrhundert*. 2 vols. Jena: Fischer.

Fiedler, Martin (2001): "Vertrauen ist gut, Kontrolle ist teuer: Vertrauen als Schlüsselkategorie wirtschaftlichen Handelns". En: *Geschichte und Gesellschaft*, 27, 4, pp. 576-592.

Fischer-Tiné, Harald (ed.) (2002): *Handeln und Verhandeln. Kolonialismus, transkulturelle Prozesse und Handlungskompetenz*. Münster/London/Berlin: Lit.

Friedkin, Noah E. (2001): "Norm Formation in Social Influence Networks". En: *Social Networks*, 23, pp. 167-189.

García de León, Antonio (2007): "La malla inconclusa. Veracruz y los circuitos comerciales lusitanos en la primera mitad del siglo XVII". En: Ibarra, Antonio/Valle Pavón, Guillermina del (eds.): *Redes sociales e instituciones comerciales en el imperio español, siglos XVII a XIX*. México, D.F.: UNAM/Instituto Mora, pp. 41-83.

Gavira Márquez, María Concepción (2007): "El comercio de los montañeses con América. La Casa Gutiérrez a fines del siglo XVIII". En: Ibarra, Antonio/Valle Pavón, Guillermina del (eds.): *Redes sociales e instituciones comerciales en el imperio español, siglos XVII a XIX*. México, D.F.: UNAM/Instituto Mora, pp. 161-186.

Geertz, Clifford (1973): *The Interpretation of Cultures: Selected Essays*. New York: Basic Books.

Grafenstein, Johanna von (ed.) (2006): *El Golfo-Caribe y sus puertos*. 2 vols. México, D.F.: Instituto Mora.

Greif, Avner (2006): *Institutions and the Path of Modern Economy. Lessons from Medieval Trade*. Cambridge/New York: Cambridge University Press.

Hausberger, Bernd (2007): "La conquista del empleo público en Nueva España. El comerciante gaditano Tomás Ruiz de Apodaca y sus amigos, siglo XVIII". En: *Historia Mexicana*, 56, 3=223, pp. 725-778.

Hausberger, Bernd/Ibarra, Antonio (2003a): "Los consulados hispanoamericanos como tema". En: Hausberger, Bernd/Ibarra, Antonio (eds.): *Comercio y poder en América colonial. Los consulados de comerciantes, siglos XVII-XIX*. Frankfurt am Main: Vervuert/Madrid: Iberoamericana/México D.F.: Instituto Mora, pp. 7-14.

— (eds.) (2003b): *Comercio y poder en América colonial. Los consulados de comerciantes, siglos XVII-XIX*. Frankfurt am Main: Vervuert/Madrid: Iberoamericana/éxico D.F.: Instituto Mora.

Huerta, María Teresa (2007): "Redes mercantiles en torno a la plata en el norte minero novohispano. Segunda mitad del siglo XVII". En: Ibarra, Antonio/Valle Pavón, Guillermina del (eds.): *Redes sociales e instituciones comerciales en el imperio español, siglos XVII a XIX*. México, D.F.: UNAM/Instituto Mora, pp. 85-116.

Ibarra, Antonio (2000): "El Consulado de Comercio de Guadalajara, 1795-1821. Cambio institucional, gestión corporativa y costos de transacción en la economía novohispana". En: Böttcher, Nikolaus/Hausberger, Bernd (eds.): *Dinero y negocios en la historia de América Latina / Geld und Geschäft in der Geschichte Lateinamerikas. Veinte ensayos dedicados a Reinhard Liehr*. Madrid: Iberoamericana/Frankfurt am Main: Vervuert, pp. 231-263.

— (2007): "Redes de circulación y redes de negociantes en el mercado interno novohispano: los mercaderes del Consulado de Guadalajara, 1791-1803". En: Ibarra, Antonio/Valle Pavón, Guillermina del (eds.): *Redes sociales e instituciones comerciales en el imperio español, siglos XVII a XIX*. México, D.F.: UNAM/Instituto Mora, pp. 161-186.

Ibarra, Antonio/Valle Pavón, Guillermina del (eds.) (2007a): "Redes sociales e instituciones". En: *Historia Mexicana*, 56, 3=223, pp. 717-1041.

— (2007b): *Redes sociales e instituciones comerciales en el imperio español, siglos XVII a XIX*. México, D.F.: Universidad Nacional Autónoma de México/Instituto Mora.

Jansen, Dorothea (2003): *Einführung in die Netzwerkanalyse*. Opladen: Leske + Budrich/UTB.

Knight, Franklin W./Liss, Peggy K. (eds.) (1991): *Atlantic Port Cities: Economy, Culture, and Society in the Atlantic World, 1650-1850*. Knoxville: University of Tennessee Press.

Lane, Frederic Chapin (1944): *Andrea Barbarigo, Merchant of Venice. 1418-1449*. Baltimore: Johns Hopkins Press.

Lapeyre, Henri (1955): *Une famille de marchands, les Ruiz: contribution à l'étude du commerce entre la France et l'Espagne au temps de Philippe II*. Paris: Librairie Armand Colin.

Liss, Peggy K. ([1983] 1989): *Los imperios transatlánticos: las redes del comercio y de las revoluciones de Independencia*. México, D.F.: Fondo de Cultura Económica.

Lohmann Villena, Guillermo (1968): *Les Espinosa: une famille d'hommes d'affaires en Espagne et aux Indes à l'époque de la colonisation*. Paris: S.E.V.P.E.N.

Machuca Gallegos, Laura (2007): *Comercio de sal y redes de poder en Tehuantepec en la época colonial*. México, D.F.: CIESAS.

Mayer, Adrian C. (1966): "The Significance of Quasi-Groups in the Study of Complex Societies". En: Banton, Michael ((ed.): *The Social Anthropology of Complex Societies*. London: Tavistock Publications, pp. 97-122.

Mir, Lucio B. (2008): *Ladrones de guante blanco. La corrupción porteña en tiempos de la South Sea Company (1713-1750)*. Buenos Aires: Biblos.

Mitchell, James Clyde (ed.) (1969): *Social Networks in Urban Situations*. Manchester: Manchester University Press.

Moutoukias, Zacarías (1995): "Narración y análisis en la observación de vínculos y dinámicas sociales: el concepto de red personal en la historia social y económica". En: Bjerg, María/Otero, Hernán (eds.): *Inmigración y redes sociales en la Argentina moderna*. Tandil: IEHS-CEMLA, pp. 221-241.

— (1998): "Redes sociales, comportamiento empresario y movilidad social en una economía de no mercado (el Río de la Plata en la segunda mitad del siglo XVIII)". En: Zeberio, Blanca/Bjerg, María/Otero, Hernán (eds.): *Reproducción social y sistemas de herencia en una perspectiva comparada. Europa y los países nuevos (siglos XVII-XX)*. Tandil: Instituto de Estudios Históricos Sociales/Universidad Nacional del Centro de la Provincia de Buenos Aires, pp. 63-81.

Murdoch, Steve (2006): *Network North: Scottish Kin, Commercial and Covert Association in Northern Europe, 1603-1746*. Leiden/Boston: Brill.

O'Flanagan, Patrick (2008): *Port Cities of Atlantic Iberia, c. 1500-1900*. Aldershot: Ashgate.

Pearson, Robin/Richardson, David (2001): "Business Networking in the Industrial Revolution". En: *Economic History Review*, 54, 4, pp. 657-679.

Pietschmann, Horst (1982): "Burocracia y corrupción en Hispanoamérica colonial. Una aproximación tentativa". En: *Nova Americana*, 5, pp. 11-37.

Ramella, Franco (1995): "Por un uso fuerte del concepto de red en los estudios migratorios". En: Bjerg, María/Otero, Hernán (eds.): *Inmigración y redes sociales en la Argentina moderna*. Tandil: IEHS-CEMLA, pp. 9-21.

Reinhard, Wolfgang (1979): *Freunde und Kreaturen. "Verflechtung" als Konzept zur Erforschung historischer Führungsgruppen. Römische Oligarchie um 1600*. München: Ernst Vogel.

Roover, Raymond de (1963): *The Ruise and Decline of the Medici Bank, 1397-1494*. Cambridge: Harvard University Press.

Rothermund, Dietmar (2002): "Organisierte Handlungskompetenz. Europas Entwicklung und die außereuropäische Welt". En: Fischer-Tiné, Harald (ed.): *Handeln und Verhandeln. Kolonialismus, transkulturelle Prozesse und Handlungskompetenz*. Münster/London/Berlin: Lit, pp. 1-10.

Ruiz Martín Felipe (1965): *Lettres marchandes échangées entre Florence et Medina del Campo*. Paris: S.E.V.P.E.N.

Schick, Léon (1957): *Un grand homme d'affaires au début du XVIe siècle: Jacob Fugger*. Paris: S.E.V.P.E.N.

Suárez, Margarita (1995): *Comercio y fraude en el Perú colonial: las estrategias mercantiles de un banquero*. Lima: Instituto de Estudios Peruanos.

— (2001): *Desafíos transatlánticos. Mercaderes, banqueros y el Estado en el Perú virreinal, 1600-1700*. Lima: Pontificia Universidad Católica del Perú/Instituto Riva-Agüero/Fondo de Cultura Económica.

Suárez Argüello, Clara Elena (2007): "La casa de conductas de Pedro de Vértiz o el giro del comercio en Nueva España: la confianza y la pronta circulación de la plata". En: Ibarra, Antonio/Valle Pavón, Guillermina del (eds.): *Redes sociales e instituciones comerciales en el imperio español, siglos XVII a XIX*. México, D.F.: UNAM/Instituto Mora, pp. 141-159.

Thompson, E. P. (1978): "Eighteenth-Century English Society: Class Struggle Without Class?". En: *Social History*, 3, pp. 133-165.

Tracy, James D. (ed.) (1990): *The Rise of Merchant Empires. Long-Distance Trade in the Early Modern World, 1350-1750*. Cambridge: Cambridge University Press.

— (1991): *The Political Economy of Merchant Empires*. Cambridge: Cambridge University Press.

Valle Pavón, Guillermina del (2002): "Expansión de la economía mercantil y creación del Consulado de México". En: *Historia Mexicana*, 51, 3=202, pp. 517-557.

— (2007): "Relaciones de negocios, familiares y de paisanaje de Manuel Rodríguez de Pedrosos, conde de San Bartolomé de Xala, 1720-1770". En: Ibarra, Antonio/Valle Pavón, Guillermina del (eds.): *Redes sociales e instituciones comerciales en el imperio español, siglos XVII a XIX*. México, D.F.: UNAM/Instituto Mora, pp. 117-139.

Valle Pavón, Guillermina del (ed.) (2003): *Mercaderes, comercio y consulados de Nueva España en el siglo XVIII*. México: Instituto Mora.

Weissbach, Hans-Jürgen (2000): "Kulturelle und sozialanthropologische Aspekte der Netzwerkforschung". En: Weyer, Johannes (ed.): *Soziale Netzwerke. Konzepte und Methoden der sozialwissenschaftlichen Netzwerkforschung*. München/Wien: Oldenbourg, pp. 255-284.

Weyer, Johannes (ed.) (2000a): *Soziale Netzwerke. Konzepte und Methoden der sozialwissenschaftlichen Netzwerkforschung*. München/Wien: Oldenbourg.

— (2000b): "Einleitung. Zum Stand der Netzwerkforschung in den Sozialwissenschaften". En: Weyer, Johannes (ed.) (2000): *Soziale Netzwerke. Konzepte und Methoden der sozialwissenschaftlichen Netzwerkforschung*. München/Wien: Oldenbourg, pp. 1-34.

Windler, Christian (2002): "Gérer des réseaux de relations: intermédiaires 'indépendantes' et agents de la noblesse seigneuriale". En: Castellano, Juan Luis/Dedieu, Jean-Pierre (eds.) (2002): *Réseaux, familles et pouvoirs dans le monde ibérique à la fin de l'Ancien Régime*. Paris: CNRS, pp. 147-168.

Zeberio, Blanca/Bjerg, María/Otero, Hernán (eds.) (1998): *Reproducción social y sistemas de herencia en una perspectiva comparada. Europa y los países nuevos (siglos XVII-XX)*. Tandil: Instituto de Estudios Históricos Sociales/Universidad Nacional del Centro de la Provincia de Buenos Aires.

Montserrat Cachero Vinuesa

Redes mercantiles en los inicios del comercio atlántico. Sevilla entre Europa y América, 1520-1525

El concepto de redes ha sido aplicado en los últimos veinte años a una variedad de campos, tales como la sociología, la economía, la historia o los estudios de la organización de la empresa. Es fácil encontrar congresos, revistas o monografías que responden en exclusividad a esta temática. A pesar de cierto escepticismo y no pocos recelos, es algo comúnmente aceptado que las redes juegan un papel trascendental en la explicación de las relaciones sociales, económicas, políticas e incluso culturales. Son un elemento imprescindible para el análisis de la actividad económica en cualquier época y lugar. Sin embargo, el hecho de que las redes sean instrumento y objeto de análisis simultáneamente ha generado conflictos, lo cual me ha llevado a cuestionarme si realmente sabemos qué es una red, cómo funciona y si conocemos su precisión como elemento metodológico (Dutta/Jackson 2002).

En un sentido estrictamente matemático, una red está formada por una serie de elementos conectados, directa o indirectamente; no obstante, en el plano socioeconómico, las redes se pueden considerar como elementos de coordinación y gobierno (Thompson 2003: 2), que dan forma y regulan las interacciones entre los sujetos. En economía son empleadas como elementos para reducir el riesgo y controlar la inversión; de esta forma, en escenarios con elevado grado de incertidumbre las redes sociales son básicas para llevar a cabo las transacciones comerciales. Estamos ante una condición necesaria, pero no suficiente, puesto que la existencia de esta estructura creada por vínculos personales no garantiza el buen funcionamiento del negocio. La red facilita el control del resto de los participantes en un negocio, dado que la existencia de lazos personales contribuye a disminuir la probabilidad de comportamientos oportunistas y ésta es precisamente la principal utilidad de las redes. La anterior afirmación no implica que el resultado de las transacciones sea el esperado por los agentes económicos. El papel de la red es el de disminuir los riesgos, no eliminarlos.

1. Confianza

Los miembros de una red no sólo están conectados, sino que están relacionados, y de estas relaciones nace la confianza. La confianza, en definitiva, es el resultado de dos elementos: la aparición de vínculos personales y la reputación; es, además, el principio que sustenta la red y debe ser reforzada constantemente. No obstante, la adquisición de la necesaria confianza no es gratuita, sino que conlleva un coste en términos de tiempo y esfuerzo.

En el comercio a larga distancia, la confianza no es un factor clave sino imprescindible. La dificultad para el control de las inversiones aumenta cuando existe distancia geográfica, esto es incluso más notable antes de la revolución de los transportes cuando las distancias geográficas eran aún mayores, dada la dificultad en las comunicaciones. Esta circunstancia explica por qué la elección de los socios o de los factores era un proceso tan delicado, en el que el elemento de la confianza tenía un papel primordial. Expresiones como criado o mayordomo, sinónimos ambas de hombre de confianza, eran utilizadas con frecuencia en la documentación mercantil de los siglos XVI o XVII, lo cual nos confirma el elevado grado de personalismo en las relaciones comerciales. Este hecho aclararía por qué la mayoría de las compañías tenían carácter familiar o cómo al escoger a los factores primaba el criterio del parentesco o la amistad.

A pesar de lo anteriormente expuesto, la confianza es un arma de doble filo, puesto que las redes son instrumentos altamente inestables y pueden generar comportamientos oportunistas (Baker/Faulkner 2004: 93). En opinión de Granovetter (1985: 495), la confianza también tiene su lado oscuro; en este sentido, el fraude es mucho más fácil de cometer si la víctima conoce al defraudador. Nos planteamos, por tanto, varias interrogantes. ¿Qué ocurre cuando desaparece la confianza que generó y mantuvo la estructura de red? ¿Hasta qué punto son estables las redes mercantiles? ¿Tiene la misma consistencia la red creada en torno a un grupo social que a un negocio? A éstas y a otras cuestiones tratamos de dar respuesta con el caso que analizamos, el de una compañía de mercaderes que, desde Sevilla, controlaban el comercio con los principales puertos americanos a principios del siglo XVI. A pesar de compartir un origen común y formar parte de un mismo grupo, la red queda desarticulada cuando se prevén pérdidas económicas. Con el estudio de este caso, pretendemos demostrar el elevado grado de inestabilidad de las redes, cómo vínculos personales labrados a lo largo de años se rompen cuando el resultado del negocio no es el esperado.

2. El grupo y la red

Una de las pretensiones en nuestro trabajo es intentar demostrar que las relaciones comerciales en la Edad Moderna presentaban un importante componente personalista. No podemos estudiar a los individuos como miembros de un grupo, con una escala de valores y unas pautas de conducta idénticas, sino como agentes económicos independientes cuyo objetivo es la maximización del beneficio. Partimos de la hipótesis que los mercaderes, ya desde el siglo XVI, tienen un comportamiento similar al de empresarios capitalistas, es decir que en el proceso de toma de decisiones existe una racionalidad económica.

Al estudiar las transacciones comerciales, podemos ver a los agentes económicos como miembros de un grupo, o bien, como parte de una red. Como miembros de un grupo: ¿qué tienen en común y qué les diferencia? Lo que les otorga homogeneidad a los actores económicos objeto de nuestro estudio como grupo es su origen común, como burgaleses estantes en Sevilla, judeoconversos y mercaderes, tres características que delimitan claramente un grupo con una serie de valores, normas y reglas acatadas por los miembros. Sin embargo, hay otras circunstancias que los diferencian, como su posición social[1] o su actitud ante otros grupos sociales.

Cabe la posibilidad de que la pertenencia a un grupo les ofreciera una serie de coberturas, como el acceso a la información o los contactos comerciales, políticos o sociales. Hay muchos ejemplos de estudios de casos históricos en los que el formar parte de un grupo reporta

---

1 En concreto nos referimos a si eran miembros de la aristocracia o de origen más humilde.

una serie de beneficios económicos; baste citar los trabajos relacionados con los gremios o la Liga Hanseática.[2]

Sin embargo: ¿cuándo deja de tener sentido la fidelidad al grupo? O en otras palabras: ¿hasta cuándo conviene mantenerse como parte de un grupo y cuándo actuar como un *outsider*? Ser parte de una organización siempre tiene costos y beneficios, los individuos se comportarán como partes de un todo mientras esos beneficios superen a los costos. Esta circunstancia se presentaría sobre todo al comienzo, una vez obtenida la información y los contactos necesarios, podría surgir la posibilidad de comportamientos oportunistas; de esta forma, el beneficio obtenido actuando individualmente superaría al del grupo. Formarán parte de un grupo y acatarán sus reglas siempre y cuando la pertenencia al mismo les proporcione una rentabilidad superior a la de actuar aisladamente. Alguien podría señalar acertadamente que el grupo tomaría represalias que podrían pasar desde la exclusión a la sanción, pero ¿qué ocurriría si la posibilidad de castigo no fuera clara? ¿Y si el individuo oportunista no necesitara ya de los contactos del grupo?

2.1 Un origen común

Desde la Edad Media comienza a surgir Burgos como una gran metrópoli. El Camino de Santiago, las ferias de Medina del Campo y Villalón, y su condición de capital del reino de Castilla anunciaban la prosperidad de los años posteriores. De esta forma, en el siglo XVI Burgos era la ciudad más rica de Castilla, después de Sevilla. Contaba con una población de 12.000 habitantes, según el censo de González, aunque posteriormente se viese diezmada por las pestes. La reputación y fama de Burgos se basó en el comercio, del cual el producto estrella era la lana alrededor del cual se fraguó el eje Burgos-Brujas-Southampton. Los principales centros de manufacturas textiles, que abastecían a casi la totalidad del mundo occidental, se nutrían mayoritariamente de la preciada materia prima burgalesa.

La carrera de Indias supuso una gran oportunidad a nivel comercial sobre todo para aquellos que, como los mercaderes burgaleses,

---

2 Destacan los trabajos de Greif (1993) sobre coaliciones de mercaderes en el norte de África. Los gremios, por su parte, son estudiados por Ogilvie/Dessi (2003); para la Liga Hanseática, véase Favier (1998).

contaban con experiencia sobrada en los circuitos internacionales. Para agilizar los negocios americanos, ya desde comienzos del siglo XVI se puede observar un contingente importante de tratantes burgaleses estantes en Sevilla. El eje Burgos-Sevilla-América comenzaba a cobrar la trascendencia que mantendría en años venideros. Burgos sirvió de centro de enlace con las ferias de Medina del Campo en un doble sentido: para abastecer los galeones de la flota que partían para América con productos Europeos y para re-exportar hacia Europa la plata y las materias primas llegadas del Nuevo Mundo. Este comercio triangular aportó a la ciudad castellana mayores beneficios económicos.

De esta forma describía Andrea Navagero, el embajador de Venecia, la ciudad en el año de 1527:

> En tierra de Burgos se cría poco vino, y el trigo que se recoge no es bastante, por lo que todo se trae a la ciudad en carros y en mulos; pero no falta nada de lo necesario para la vida y, por ser pueblo muy rico, se venden muchas mercancías que se llevan de todas partes y los mejores vinos de España. La ciudad está bien poblada y hay toda suerte de artes y oficios; viven aquí algunos hijosdalgo y señores que tienen buenos palacios, como el condestable y el del conde de Salinas; pero la mayor parte de los señores son ricos mercaderes que andan en sus tratos no sólo por España, sino por todo el mundo, y tienen aquí buenas casas y viven muy regaladamente, siendo los hombres más corteses y honrados que he visto en toda España y muy amigos de los forasteros.[3]

Se trataba, por tanto, de una urbe mercantil, donde desde el siglo XIII hay comerciantes extranjeros, sobre todo flamencos e ingleses. No obstante, a partir de los siglos XIV y XV encontramos poderosos linajes autóctonos de mercaderes.

2.2 Conversos

La caza de brujas acometida por la Inquisición durante el último cuarto del siglo XV tuvo nefastas consecuencias económicas. Los más destacados miembros de la élite local de origen converso fueron condenados y quemados en la hoguera, algunos de ellos, sin embargo, consiguieron huir. El resultado fue que la mayoría de arrendamientos de las más destacadas ciudades quedaron desiertos; no hay que olvidar que el arrendamiento de las diversas rentas locales había corrido a

3 *Viajes por España y Portugal*, citado en Basas Fernández (1954: 59).

cargo de los conversos, esto ponía en grave peligro el sostenimiento económico de la administración local, de la Iglesia católica e incluso de la Santa Hermandad. Como daños colaterales, cabe destacar la ruptura de las relaciones económicas con los comerciantes extranjeros, dado que ellos mantenían mayoritariamente tratos con los apresados y juzgados mercaderes conversos. En ocasiones los extranjeros perdieron la paga de sus mercancías por causa del Santo Oficio.[4] Tales fueron las pérdidas económicas que los monarcas tuvieron que llegar a un acuerdo con algunos de los huidos para que retornaran, fueron las denominadas *componendas* que se mantuvieron hasta el reinado de Carlos I. No es necesario señalar que se trataba de acuerdos de motivación monetaria.

Para los monarcas cristianos, por tanto, las relaciones con la comunidad judía eran tensas, había que equilibrar de un lado la necesidad de que permanecieran en la Península por el arrendamiento de rentas y los créditos a la Corona. Pero, por otro lado, la influencia de la Iglesia católica, en el fondo, no era una cuestión de fe sino económica, pues las acusaciones a la comunidad judía versan sobre las negativas a pagar diezmos y contribuciones a la Iglesia y el pecado de la usura (Cantera Burgos 1952: 12-13). Clara es la función de las críticas: el deshacerse de la comunidad judía significaba el acabar con los prestamistas y dejar de devolver capital e intereses, lo cual resultaba tentador a corto plazo. No obstante, a largo plazo, se pone de manifiesto la carencia de racionalidad económica en estas decisiones, puesto que es necesario para el desarrollo de las transacciones comerciales el disponer de mecanismos que faciliten el acceso al crédito.

Lo que estaban imponiendo las autoridades era un mero coste de transacción. La forma de ahorrar o eliminar el coste era la conversión, que en el fondo no era una cuestión de fe sino de ampliación de derechos o desaparición de las limitaciones. Un ejemplo claro de coste de transacción lo tenemos en la legislación promulgada en el año de 1522, cuando la Corona prohibió pasar a las Indias "a ningún nuevamente convertido a nuestra fe católica, de moro o judío, ni sus hijos"

4 En algún caso concreto, los mercaderes apelaron a las autoridades competentes en sus respectivos países, llegando a causar conflictos en el ámbito diplomático, tal fue el caso del inglés Jorge Bulstrod, quien elevó una petición ante la reina consorte Isabel Plantagenet, esposa de Enrique VII e hija mayor y heredera de Eduardo IV; véase Gil (2000-2003, I: 137-139).

(Domínguez Ortiz 1978: 128). Sin embargo, como la mayoría de las normas en el siglo XVI, podía ser eludida si se contaba con los contactos oportunos puesto que era posible conseguir licencia real. Se trata de una limitación, no de una prohibición; el valor del costo asumido es el resultado de sumar el importe necesario para la obtención de la licencia, en términos monetarios, pero también de tiempo y esfuerzos.

2.3 Lo que nos separa: el elemento heterogéneo en el grupo

Un elemento clave es el estudio de las actitudes individuales desarrolladas por los diversos miembros del grupo. En concreto nos referimos a si existe una conciencia cerrada de pertenencia a un grupo restringido donde todas las relaciones desarrolladas tienen carácter interno, o bien, si se entablan vínculos familiares y de amistad con miembros de otros grupos. Es decir: ¿es la endogamia en las relaciones personales un factor clave o por el contrario prima una política de alianzas con otras comunidades?

Es latente el fuerte componente endogámico en el grupo de mercaderes, aunque muchos de ellos optaron por la estrategia de la asimilación de la cultura local y el ascenso social por vía matrimonial. De esta forma, en el siglo XV no era inusual que las ricas familias de mercaderes emparentaran con nobles linajes (Pike 2000: 6). ¿Cuál es el elemento diferencial? Aunque con excepciones, el elemento clave es el origen, si la familia estudiada pertenece a la aristocracia mercantil desarrollará una estrategia matrimonial y social endogámica tratando de emparentar con familias pertenecientes a su mismo grupo. Sin embargo, aquellos linajes burgueses de nuevos ricos presentaban un ansia constante por obtener poder político y social. Algunos ricos mercaderes burgaleses de origen converso casaron a sus hijas con aristócratas (Pike 2000: 31), mientras que las familias de origen converso con antecedentes aristocráticos no emparentaron con la nobleza local.

Por otra parte, una nueva realidad geográfica puede generar nuevos vínculos y grupos, lejos de la Península las normas y reglas del grupo comienzan a difuminarse. Se generan a su vez otros grupos integrados por individuos de distintas nacionalidades, condición social o creencias religiosas. Quizás entre las causas de este fenómeno podríamos citar elementos como la necesidad de socializar, la añoranza o incluso la posibilidad de ascenso social. Sin embargo, llevándolo al terreno económico existe una razón clave, o sea, la necesidad de obtener el más preciado bien: información.

Podemos concluir afirmando que todos estos individuos pertenecían a un mismo grupo, más que grupo, un núcleo sólido reforzado por relaciones personales, familiares, religiosas, culturales. Pero ¿hasta qué punto podemos hablar de grupos compactos? La teoría de redes nos ofrece un enfoque más general, no se trata del estudio de un grupo como un todo integrado por individuos homogéneos, sino de redes más o menos estables.

3. La compañía y la red mercantil

La participación en mercados locales e incluso nacionales requería una serie de habilidades que debían ser desarrolladas previamente, pero el comercio a larga distancia imponía un necesario adiestramiento. La adquisición de capital humano en el siglo XVI era un proceso bien conocido que, con frecuencia, comenzaba en la compañía familiar. Los jóvenes aprendices ocupaban los puestos más bajos en el organigrama empresarial, comenzaban su andanza laboral en las plazas menos importantes y siempre bajo supervisión. En este proceso de adquisición de conocimientos y desarrollo de habilidades, los mercaderes burgaleses tenían gran experiencia (Caunedo del Potro 1983: 39-45).

A pesar del elevado nivel de calificación de los agentes económicos, la participación en el comercio con Indias requería de una organización comercial clara que permitiera un mayor control de la inversión (Martz 2002: 115). La compañía mercantil fue el elemento básico en la gestión comercial ya desde la Edad Media, sin embargo, no podemos limitarnos al sentido jurídico de compañía puesto que no todas quedaban legalmente registradas. Betsabe Caunedo del Potro (1983: 39) ofrece una definición más amplia de compañía. Nos dice que se trataba de "una asociación de diversos mercaderes que aportaban capital para su constitución, del que esperaban rindiese unos beneficios proporcionales al mismo". Este concepto lleva implícita la existencia de un soporte documental en el que se recogen las obligaciones y derechos de los integrantes de la compañía. El carácter incompleto de las cláusulas de este tipo de contratos se salvaría con la confianza entre los miembros generada, a su vez, por la reputación o los vínculos personales.

En el caso que analizamos, no existió un contrato de compañía propiamente dicho, aunque en el pleito se menciona un documento firmado ante notario, al que califican de consorcio. No entraremos en el debate sobre la forma legal que adquirían las relaciones comerciales en el siglo XVI, sino que nos limitamos a explicar el objetivo para el que fue fundada la compañía y las obligaciones de cada uno de los miembros que otorgaban a los mismos un papel diferencial en la red. El documento que dio origen a la sociedad se firmó en Sevilla por los socios principales en el año de 1520, el total del capital aportado ascendió a más de un millón de maravedíes y la duración inicial estimada fue de unos seis meses, aunque se dilató más del doble del tiempo inicialmente estimado,[5] debido a la venta a crédito y el difícil cobro de las deudas. El objetivo último era tratar de abrir una conexión mercantil permanente entre Sevilla y la Nueva España, objetivo que finalmente no fue alcanzado dadas las dificultades políticas que existían en la Nueva España y los problemas en la navegación. El texto del documento era bastante claro: se establecía la venta de una cargazón de mercancías adquiridas en Sevilla, junto con la nao en la que van embarcadas, especificando además en qué mercados debía venderse. De los precios no se apunta ningún valor específico adaptando una fórmula más que común en los contratos de la época "que se vendieran a los precios más crecidos". No obstante, como precio mínimo se apunta una valoración inicial de la cargazón de mercancías.

5 En concreto, Fernando de Castro permaneció en Cuba regentando la compañía 20 meses AGI, Just. 699, n. 2, pieza 2, f. 58.

Figura 1: Organigrama de la compañía

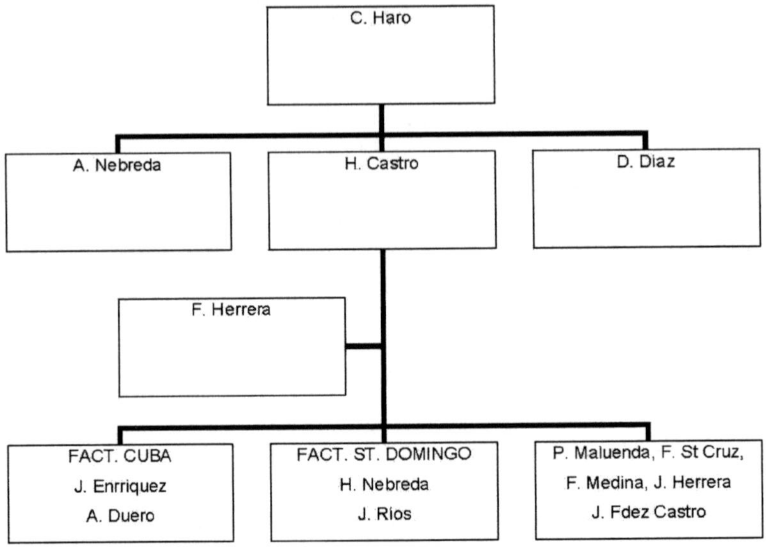

Todos los socios no tenían la misma condición, uno de ellos aportaría la mayor parte de la mercancía y, el otro, sobre todo su trabajo. Podemos considerarlos como socio-capitalista y socio-factor, respectivamente, llevando en el reparto de las ganancias las dos terceras partes el primero y un tercio del beneficio el segundo. El socio-factor además, al aportar su trabajo, recibiría un salario formado por un fijo y una comisión en función de las ventas. El contrato prevé la posibilidad de recibir dietas, valorando económicamente las mismas.

> Yten declaramos que yo el dicho Hernando de Castro por beneficiador e hacedor de la dicha hacienda haya yo encomienda de mis costas para mí e para un hombre e para un mozo del comer e del beber e de todas las cosas que necesitara e los vestuarios de ciertas personas y matalotaje y enfermedades de todo ordinariamente y más. Os damos por vuestro trabajo e salario de esta cargazón cuarenta pesos de oro [...].[6]

La distinta condición de los socios nos permite personalizar la problemática principal-factor, es decir, un socio que aporta casi todo el capital y queda en la Península, y otro, que hace las veces de agente comercial, que se marcha a Indias con la mercancía. Las condiciones del negocio se encontraban claramente reguladas (plazos de venta,

6 AGI, Just. 699, n. 2, pieza 2, f. 13.

precios, cantidades o dietas). El problema reside en la posibilidad de que el agente desarrolle un comportamiento oportunista. ¿Cómo evitarlo? Mediante el control ejercido a través de la red.

3.1 Los individuos y el rol desempeñado en la red

Siguiendo el modelo diseñado por Grosetti (2005: 295), clasificamos las relaciones entre los integrantes de la red en cuatro tipos: familiares, de trabajo, de vecindad o de amistad (véanse cuadro 1 y figura 2).

Cuadro 1: Número de conexiones

Relación	N[7]	Porcentaje	P[X=xi]	P[X<xi]
Fam. directo	2	1,96	0,0196	0,0196
Fam. indirecto	8	7,84	0,0784	0,098
Amistad	11	10,8	0,108	0,206
Vecindad	15	14,7	0,147	0,353
Laboral	66	64,7	0,647	1
Total	102	100,0	1,0	

Figura 2: Distribución de Probabilidad

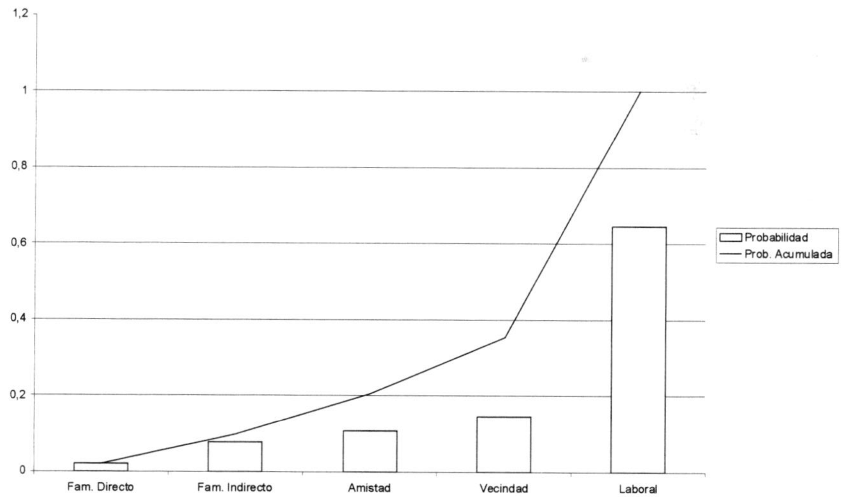

7 "N" denota el número de conexiones entre los miembros de la red.

No obstante, para mayor claridad, incluimos en nuestro análisis dos subcategorías nuevas dado el concepto de familia en el siglo XVI, mucho más amplio que el actual. Hablamos en concreto del familiar directo o indirecto, en la primera categoría incluimos familia nuclear y cónyuge, y en la segunda, la familia extendida, tanto si son parientes propios o políticos. El resultado lo podemos observar en la figura 3; la mayoría de las relaciones son laborales aunque también destacarían los vínculos generados por un origen geográfico común. Menor peso tienen los vínculos familiares, aunque no en igual medida los lazos de parentesco directos o indirectos. A continuación pasemos a examinar de forma más detenida el perfil personal de las partes implicadas en el negocio.

Figura 3: La red burgalesa

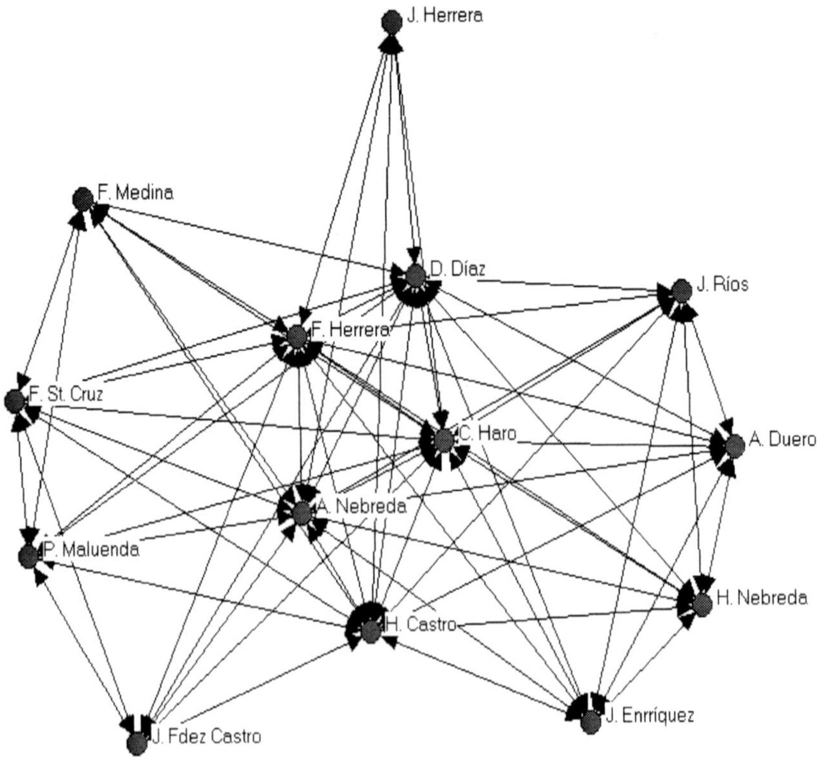

Entre los socios destaca Alonso de Nebreda, burgalés de origen converso, casado con María de Villegas, hija del mercader burgalés Sancho de los Ríos.[8] Algunos autores apuntan que Nebreda fue el típico *self-made-man*: cuando llegó a Sevilla tan sólo poseía una tienda para la venta de semillas y matalahúva, algo más tarde comenzó a comerciar con textiles y fueron sus incursiones en el comercio americano lo que le proporcionó gran fortuna (Pike 2000: 30-31). No obstante, esta versión proporcionada por Pike contiene importantes carencias, puesto que, según la documentación depositada en el Archivo de Indias de Sevilla, Nebreda vivió algún tiempo en Flandes, donde coincidió con Hernando de Castro, Díaz e incluso el mismísimo Cristóbal de Haro. Concretamente vivió en Brujas hasta 1508, fecha en la que se marchó a Sevilla.[9] Por consiguiente, el origen de su fortuna no se puede atribuir en exclusiva a los excelentes resultados de su aventura americana. Si analizamos con mayor detenimiento sus orígenes, encontramos que su familia perteneció a la burguesía mercantil, pero, al contrario de otros socios, nunca fue de noble linaje. Quizás eso explique sus ansias de nobleza que le llevaron a entroncar con la aristocracia sevillana. En concreto, su hija se casó con Gonzalo de Céspedes (véase figura 4).

Hernando de Castro era el principal socio de Alonso de Nebreda, comerciaron juntos en Flandes e iniciaron también juntos la aventura americana, aunque sin abandonar nunca sus negocios europeos. En este caso, como en la mayoría, la participación en el comercio transatlántico sólo constituyó una pequeña parte del total de inversiones de carácter mercantil. Hernando de Castro era miembro de la aristocracia castellana, su padre, Juan Fernández de Castro, fue uno de los mayores aseguradores de la ciudad de Burgos (Basas Fernández 1954: 159) y su madre, María de Polancos, era miembro de una importante saga de mercaderes burgaleses (Bernal Rodríguez 1992; Otte 1996). Su familia también estuvo implicada en el negocio de la lana, llegando a tener incluso sus propias instalaciones para el tratamiento de la materia prima previo a la exportación (Caunedo del Potro 1983: 59). Se desposó con Juana de Aranda, hija del mercader burgalés Juan de

8 Sobre el matrimonio de Alonso de Nebreda, véase AGI, Just. 1004, n. 5, r. 1.

9 Durante su estancia en Brujas se dedicó al comercio del alumbre, véase Thomas (2001: 396).

Figura 4: Árbol genealógico, familia Nebreda

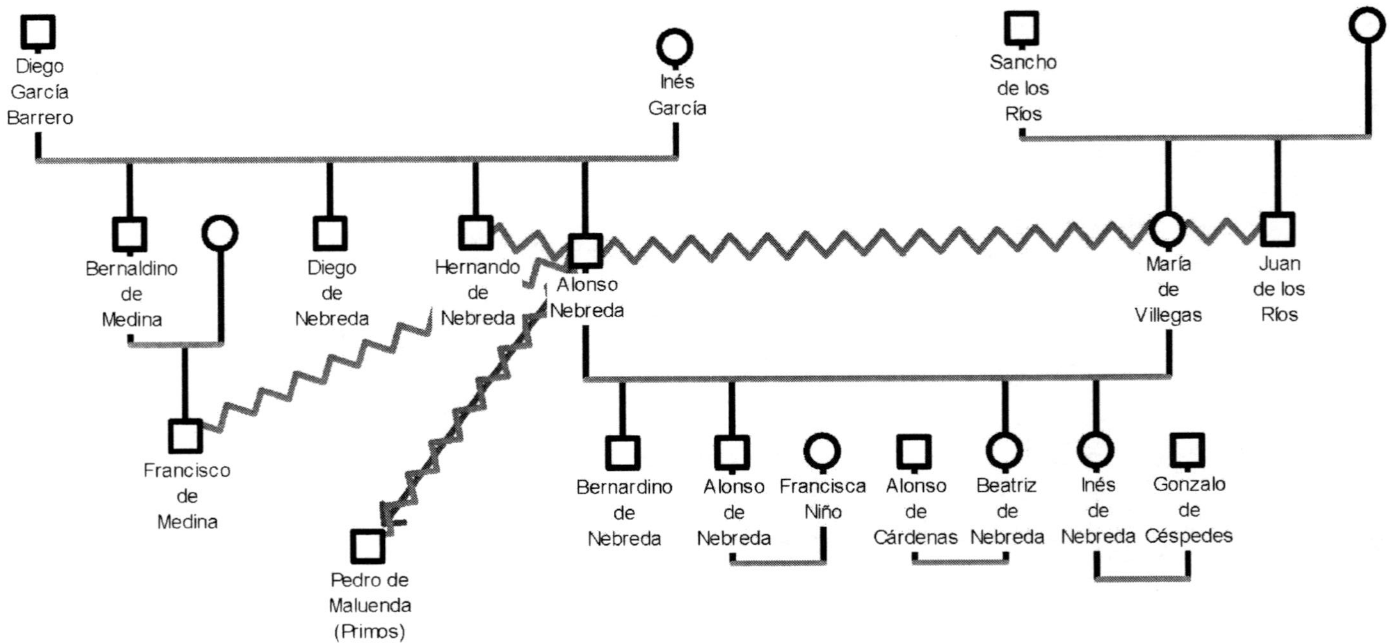

Figura 5: Árbol genealógico, familia Castro

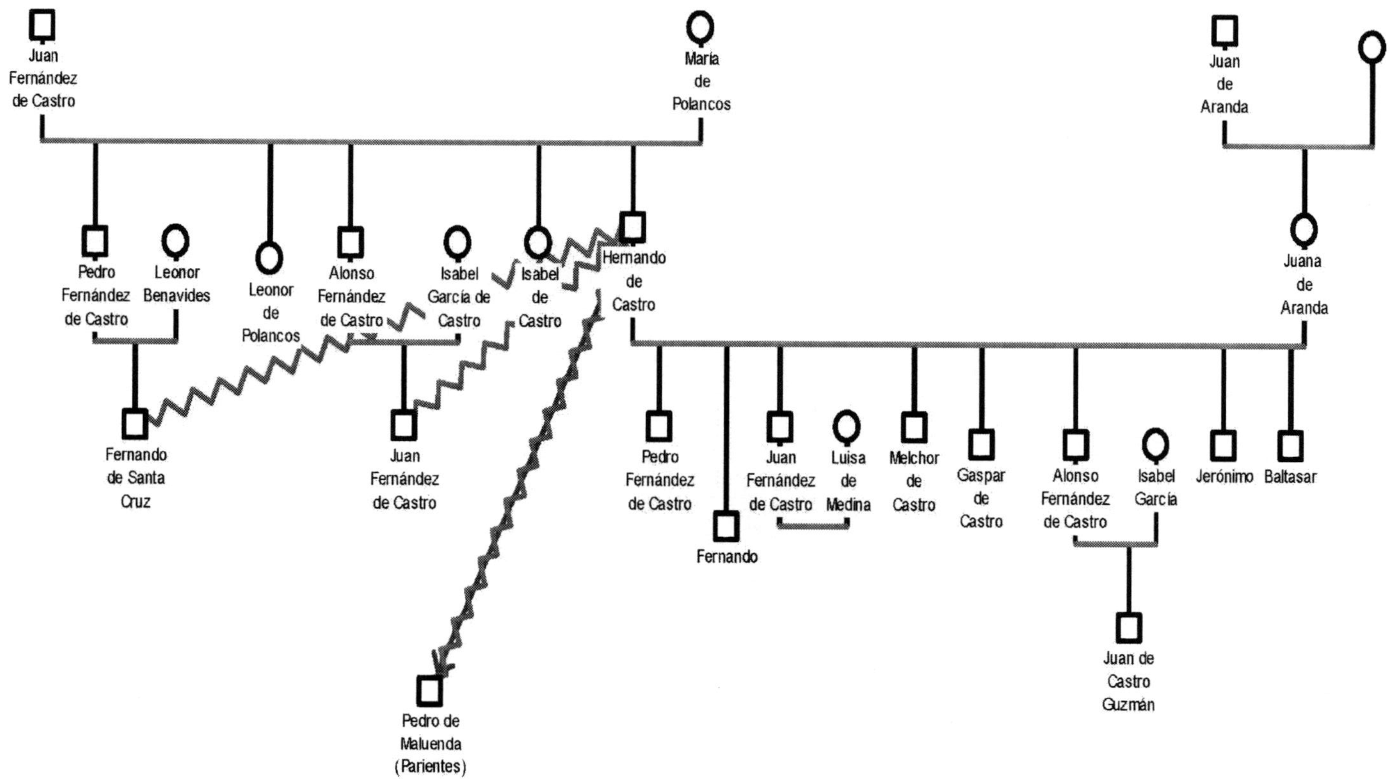

Aranda, con quien también estaba emparentado, por ello necesitaron una dispensa eclesiástica para su matrimonio (Pike 2000: 53-54).

El otro socio de la compañía era Diego Díaz, también de origen burgalés, que permaneció en Sevilla, donde situó el centro de sus actividades y llevó a cabo algunos negocios conjuntos con Nebreda. Al igual que el resto de los socios, emparentó por vía matrimonial con otras importantes casas mercantiles burgalesas, concretamente con los Lerma.[10]

No se menciona en el documento de concierto en ningún momento que el también mercader burgalés Cristóbal de Haro fuera socio. No obstante, Enrique Otte introduce la hipótesis de que quizás Haro estuviera implicado en el negocio; puede incluso que pusiera parte del capital (Otte 1968a: 111). Esta hipótesis no aparece ni probada ni desmentida por la documentación, por lo que le otorgamos una posición externa en la compañía. Cristóbal de Haro fue uno de los mercaderes burgaleses más conocidos internacionalmente, con una red familiar impresionante, y su fama estaba bien extendida en la Península ibérica. Llegó incluso a ser factor del emperador en la Casa de la Contratación de la Especiería (Basas Fernández 1954: 161).

El encargado de supervisar directamente las ventas de la empresa en Indias fue Hernando de Castro, que hizo las veces de socio-factor. Allí contaría con la ayuda de Hernando de Nebreda y Juan de Ríos, respectivamente hermano y cuñado de Alonso de Nebreda, ambos asentados en Santo Domingo, donde ya actuaban como factores de su pariente. Además Castro nombró como su adjunto en la factoría, que más tarde le sustituiría, al también burgalés Francisco de Herrera. Ésta era la red mercantil permanente pero en ocasiones contaban con otros factores para ventas de cargamentos específicos (véase figura 1) como era el caso de Juan de Herrera,[11] Juan Hernández de Castro[12] o el tam-

---

10 Diego Díaz se casó con la hija de Francisco de Lerma Polanco, véase AGI, Just. 716, n. 3.

11 Juan de Herrera fue factor ocasional para la compañía de los burgaleses y hermano de Francisco de Herrera. Ya hacia finales del siglo XV operaba como mercader en Sevilla. De origen converso, sufrió una quiebra hacia el año de 1482 como consecuencia del embargo de sus rentas durante el periodo inquisitorial en Sevilla, fue arrendador oficial de la renta de las imposiciones, pero narran los documentos que se ausentó de la ciudad no realizando los cobros pertinentes (Gil 2000-2003, I: 132).

bién burgalés Francisco de Medina. Esta trama de conexiones se completa con otras de gran utilidad en el terreno institucional como eran Pedro de Maluenda, nombrado por el mismísimo Cortés tesorero real en Veracruz y primo de Hernando de Castro, o Fernando de Santa Cruz.[13]

4. Información

En economía los sujetos son básicamente agentes decidores y en el proceso de toma de decisiones la información juega un papel clave, puesto que en un proceso de elección la alternativa seleccionada por el sujeto dependerá en gran medida de la información disponible (Schmidt 1996: 50). Si hablamos en términos de calidad, podemos decir que entre información y decisión existe una correlación directa, es decir que mientras mejor sea la calidad de nuestra información mejorará la calidad de nuestras decisiones. La información, por tanto, implica beneficios, ya que aquel oferente que es capaz de anticiparla podrá satisfacer de mejor forma la correspondiente demanda y gozará de ingresos superiores. Es aquí precisamente donde radica la importancia de la información, hasta tal punto que puede definirse la economía como un sistema de información (Casson 2001: 3).

Sin embargo, la adquisición de información no es gratuita, sino que conlleva un coste que incluye las labores de observación, comunicación, memoria o almacenamiento, recuperación y proceso de los datos (Casson/Wadeson 1999: 15). Así, el mercado será eficiente cuando el nivel de precios sea lo suficientemente elevado como para compensar estos costes (Vickers 1995: 219). De esta forma, cuando un individuo posee una información susceptible de valoración económica, la actitud más común es preservarla del uso ajeno quedándosela para sí, o bien venderla. En ambos casos está obteniendo una rentabilidad económica. Mientras que si necesitamos de información de naturaleza económica podemos buscarla por nuestros propios medios, es decir, mediante un proceso de investigación o adquirirla. Menos habituales son las situaciones en las que el poseedor de la información

12 Sobrino de Hernando de Castro, fue factor en Cuba de la compañía de Fernán Vázquez, Tommaso di Fornari y Agostino di Vivaldi. También mantuvo compañía con Juan de Ampiés para la exportación del palo de Brasil (Pike 1978: 171).

13 También estaba emparentado con Hernando de Castro, véase la figura 5.

decide difundirla gratuitamente o bien engañar a los demás expandiendo una información falsa. Otras actitudes atípicas en el buscador de información son el control del individuo poseedor de la información, sobre todo si sabe que está dispuesto a difundirla gratuitamente; en este caso adoptará una actitud de escucha receptiva. Por último, si tuviera dudas de la autenticidad de la información recibida podría tratar de evaluarla o cotejarla con los datos que él mismo posee.

De este modo, podemos intentar establecer una serie de comportamientos paralelos en ambos sujetos (Hirshleifer 1973: 32-33):

Poseedor de información	**Buscador de información**
Uso privado	Investigación
Venta	Compra
Difusión gratuita	Control, receptivo
Falsedad	Evaluación

4.1 Asimetrías informativas

La información asimétrica surge porque una parte no puede obtener gratuitamente la información que precisa sobre la otra (Arrow 1999: 20): decimos que existe *información privada* o *conocimiento oculto*,[14] que debe ser observable para aquel que la posee pero inobservable para el otro. El hecho de que alguien posea información adicional no significa que necesariamente defraude, a no ser que obtenga una clara ganancia por ese comportamiento. No obstante, si no existen asimetrías informativas no existirá tampoco dicha posibilidad, puesto que el comportamiento de un agente es perfectamente conocido y observable por el otro, entonces puede ejercer un control sobre el mismo.

Estos problemas de información pueden resultar más graves si los combinamos con contratos incompletos, es decir, aquellos que no especifican todas las posibles situaciones que pueden generar incumplimientos totales o parciales, así como las diversas sanciones para los mismos. Es de la combinación de estas circunstancias de lo que se derivan los problemas de azar moral y selección adversa. La *selección adversa* se refiere a la posibilidad de un comportamiento oportunista previo a la firma del contrato, en el cual la posesión de información

14 Originariamente, se usa la terminología inglesa, es decir, se habla de *private information* y *hidden knowledge* (Molho 1997: 2).

privada otorga la posibilidad a una de las partes de mentir sobre sus habilidades. En cuanto al *azar moral*, el comportamiento oportunista se relega al momento tras la firma del contrato cuando las acciones de una de las partes no son totalmente observables por la otra.

4.2 El proceso de transmisión

En la actualidad son muchos los canales con los que contamos para la transmisión de la información, sin embargo, durante el siglo XVI sólo existían dos vías: personalmente o por carta. De la información trasmitida de forma personal sólo tenemos constancia a través de testimonios prestados en los diversos juicios; mucho más fácil de cotejar es la información que se desprende del intercambio de correspondencia. Aunque en la mayoría de los casos la correspondencia entre las diversas partes implicadas en un negocio es difícil de rastrear, más aún si nos remontamos a periodos tan remotos como el de nuestro análisis. No obstante, siempre existen afortunadas excepciones y ésta es precisamente una de ellas, puesto que se conserva casi la totalidad de la correspondencia intercambiada entre Alonso de Nebreda en Sevilla y sus factores en América.[15]

El flujo informativo recogido en dicha correspondencia ha sido reconstruido en la figura 6, en la que el modelo de red destaca precisamente por la capacidad de control ejercida desde la metrópoli. En las mismas cartas se menciona con frecuencia la facilidad para el acceso a la información en Sevilla, en ocasiones, los que permanecen en la capital hispalense poseen más noticias sobre lo que está ocurriendo en México que los estantes en Santo Domingo. De este modo lo refleja el propio Hernando de Castro cuando desde Cuba escribe a su socio en la Península afirmando que:

> Y hay menos nuevas aquí que ni en Santo Domingo, ni allá en Sevilla.
>
> Aquí pensé en hallar nuevas de Yucatán, e aún que fuera venido el licenciado Ayllón. E no hallo ninguna nueva más que si estuviera en Sevilla (Otte 1968a: 117).

15 Las cartas originales se encuentran en AGI, Just. 600, n. 2; fueron además publicadas por Enrique Otte (1968a; 1968b) y John Lockhart (1976), respectivamente. No obstante, en ambos casos se estudiaron como ejemplo de correspondencia mercantil limitándose casi en exclusiva a la transcripción de las mismas, careciendo de un análisis económico.

Cuadro 2: Correspondencia interna

Remitente	Lugar origen	Fecha	Destinatario	Lugar destino
Hernando de Castro	Santo Domingo	10.07.1520	Alonso de Nebreda	Sevilla
Hernando de Castro	Santo Domingo	24.07.1520	Alonso de Nebreda	Sevilla
Hernando de Castro	Santo Domingo	31.08.1520	Alonso de Nebreda	Sevilla
Hernando de Castro	Santo Domingo	25.09.1520	Alonso de Nebreda	Sevilla
Hernando de Castro	Santo Domingo	31.12.1520	Alonso de Nebreda	Sevilla
Alonso de Nebreda	Sevilla	12.03.1521	Hernando de Castro	Cuba
Pedro de Maluenda	Veracruz	15.10.1521	Hernando de Castro	Sevilla
Francisco de Herrera	Cuba	05.10.1521	Alonso de Nebreda	Sevilla
Francisco de Herrera	Cuba	08.08.1522	Alonso de Nebreda	Sevilla
Francisco de Herrera	Cuba	21.10.1522	Alonso de Nebreda	Sevilla
Francisco de Herrera	Cuba	20.10.1522	Alonso de Nebreda	Sevilla
Remitente	**Lugar origen**	**Fecha**	**Destinatario**	**Lugar destino**
Francisco de Herrera	Cuba	04.03.1523	Alonso de Nebreda	Sevilla
Hernando de Castro	Granada	23.03.1523	Alonso de Nebreda	Sevilla
Hernando de Nebreda	Santo Domingo	20.09.1524	Alonso de Nebreda	Sevilla

Ayudó mucho a este flujo informativo constante el hecho de la eficiencia en el sistema de correos por las continuas idas y venidas de navíos; al contrario de lo que se suele pensar, el tráfico marítimo transatlántico por esta época era bastante denso. Ya desde el siglo XV contaban los burgaleses con uno de los más eficientes sistemas de correos conocidos, puesto que conocían que el buen funcionamiento de la compañía estaba condicionado por la creación de vías de comunicación permanente entre el principal y su agente. Hasta tal punto que los Reyes Católicos llegaron a utilizar los correos mercantiles de la compañía del burgalés Diego de Soria para llevar las noticias a sus embajadores en el extranjero (Caunedo del Potro 1983: 44).

Hay ocasiones en las que el acceso a la información no es posible. En estos casos las reacciones o decisiones de determinados mercaderes darán pistas a los demás para saber cómo comportarse o para deducir que ellos están en disposición de más información, a partir de la cual actúan. Valga como ejemplo el caso de Alonso de Nebreda cuando escribe desde Sevilla que:

> Acá está pregonado que francamente puedan cargar e ir para Yucatán los que quisieren. Empero no veo que nadie carga para allí, creo que pareciéndoles que anda allá todo muy desconcertado también como acá (Otte 1968a: 141).

Se deduce que el burgalés no posee un conocimiento directo de lo que ocurre en el mercado yucateco, pero la actitud de los otros miembros conocidos de la comunidad mercantil le indica que el negocio no es muy lucrativo bien porque los riesgos son excesivos o bien porque la demanda es débil.

Figura 6: Flujo de información

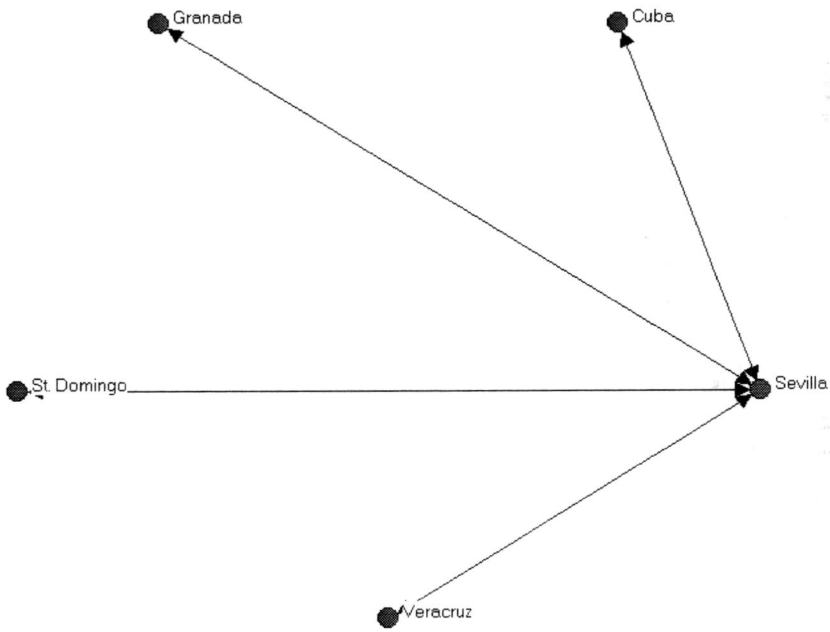

4.3 Veracidad

El problema con la transmisión de la información surge cuando es el agente el que obtiene la información y la transmite al principal; sobre la base de ello, el principal tomará decisiones que afectarán a ambos. Por tanto se plantea el dilema de la transmisión de información certera o bien la búsqueda de la decisión de equilibrio, dado que ambos tienen funciones de utilidad diferentes. El de la compañía que estudiamos no es un caso aislado y debemos ser conscientes que no toda la información que llegaba a Sevilla era un fiel reflejo de la realidad; así lo corrobora el propio Castro al afirmar que: "Uno es lo que pasa y otro lo que se escribe" (Otte 1968a: 134).

En cualquier caso, si el principal tiene conocimiento de esta posibilidad y puede anticipar el comportamiento del agente, también podrá crear incentivos para asegurarse de que la información es verdadera. Una estrategia desarrollada sería la de usar a terceros que ejerzan una función de vigilancia, de este modo en otra carta el mismo Hernando de Castro cita que: "Y cuando valían ochenta pesos era por otro tiempo, y si no, preguntad a Gaspar Centurión cómo se han vendido lo que allí se han enviado".[16]

4.4 ¿Qué tipo de información es relevante?

A pesar de que podemos considerar a los participantes en este negocio como profesionales altamente cualificados, su experiencia la habían adquirido en Europa y el mercado americano era un territorio desconocido. El conocimiento de los niveles de demanda en el lugar de destino, los potenciales clientes, las formas de pago, los competidores o la posibilidad de acceso a los productos demandados en el mercado de origen constituía una información básica.

Los agentes enviados al Nuevo Mundo poseían una información de primera mano sobre el mercado en el que operaban. Si hay una característica a resaltar del mismo es su inestabilidad, derivada del momento histórico en el que se escribieron las cartas cargado de constantes luchas políticas:

> Yo tengo toda aquella tierra por riquísima, y tengo temor que estas discordias del Fernando Cortés con Diego de Velázquez la han de perder. E si no viene remedio de Castilla, no está para negocios, que todo lo juzgo pasiones y enojos y venganzas que empobrecen a los hombres.[17]

En menos de un año la situación cambió radicalmente, así lo afirma Pedro de Maluenda refiriéndose a Veracruz:

> De las cosas que para acá son buenas ya lo sabrá, aunque se mudan los tiempos. Agora le hago saber que está la tierra tan falta de todo que pie-

16 AGI, Just. 600, n. 2, pieza 3, f. 76.
17 AGI, Just. 600, n. 2, pieza 3, f. 76.

> dras se venderían. Que no hay harina ni vino ni ropa ninguna en esta tierra. Y cierto el primero que venga hará buen viaje, porque, como digo, no hay nada en la tierra (Otte 1968b: 259).

Aún más extremo es el caso de Cuba que en el plazo de un mes las noticias que enviaba Francisco de Herrera, factor en la isla, eran totalmente contradictorias:

> Porque veo esta isla muy perdida, que no está para negociar. Pero si vienen [las mercadurías], seráme forzado encargarme de ellos, aunque reciba pena por el mal despacho, que no se venderá uno al contado.[18]
>
> Y crea vuestra merced si después que llegó el señor Hernando de Castro me hubieran enviado alguna ropa por cualquier cuenta, yo hubiera hecho muy bien de ella. E quisiera fuera de lustra merced, porque aquello le moviera a enviar aquí y tener algún principio de negocios. Que juro por Dios que se hubieran ganado doscientos e incluso trescientos por ciento. E si eso poco que mío me han de enviar o han enviado, no perdería sazón (Otte 1968b: 277).

Contrasta la emergencia del mercado mexicano y el auge continuo del dominicano con la decadencia de la demanda en Cuba, quizás por la emigración hacia otras partes aún por explorar. No obstante, Santo Domingo, aunque salen importantes contingentes poblacionales, continuó siendo la base como puerto principal y el centro de negocios, al menos hasta el descubrimiento de las cuencas argentíferas en la Nueva España y en Perú, pero esto no iba a ocurrir hasta la década de los cuarenta.

Al tratarse de una de las obligaciones principales del factor, son constantes en las cartas las alusiones a la mercancía recibida, cómo es vendida, a qué precios y bajo qué condiciones. Bienes de primera necesidad como harina, vino o aceite, junto con bienes de lujo como los textiles o factores de producción, tales como esclavos, forman la lista de los artículos enviados a Indias. Estos envíos solían hacerse a partir de las estimaciones de la demanda que realizaban los factores, tanto en cuanto al tipo de bienes como a las cantidades e incluso en ocasiones se estimaba también el precio máximo que podía cobrarse, todo ello según las necesidades del mercado.

En ocasiones el exceso de mercancías enviadas a Indias creaba problemas de abastecimiento de bienes básicos en Sevilla. Los monarcas incluso llegaron a prohibir la salida de artículos como trigo o acei-

18 AGI, Just. 600, n. 2, pieza 3, f. 45.

te en épocas de carestía. Alonso de Nebreda informaba desde Sevilla a este respecto:

> Mayormente quería que la harina estuviese en pie, porque acá por nuestros pecados hay mucha seca y carestía de pan; que se matan en esta ciudad por ello, e vale hoy a nueve reales fanega. Y con la mucha necesidad que hay de pan esto poco que iba para esas partes lo han sacado de las naos, como más extenso podréis ser informado por el maestre Ambrosio Sánchez, que es la nao que ahora para allá va (Otte 1968a: 140).

En cuanto a las condiciones de venta, ésta se solía hacer a crédito dado el problema de la carestía de moneda en Indias, la escasez de cecas oficiales y los elevados costes de la fundición privada. Por tanto, hay largos periodos, que pueden durar incluso meses, en los que no existe efectivo en circulación aunque sí había oro bruto. La espera de la fundición para saldar cuentas era una práctica muy frecuente, pero suponía para los mercaderes asumir un coste de transacción adicional. Así, del oro que estaba en poder de los factores una parte era enviado a la Península donde resultaba menos costosa la fundición del mismo y otra parte permanecía en el virreinato para suplir las necesidades mínimas de circulación monetaria.

Esta circunstancia explica la existencia de increíbles redes crediticias en el comercio indiano, lo cual no significa que no existiera capital sino tan sólo que éste no tenía carácter amonedable y por tanto era difícil establecer su valor en las transacciones comunes. Por tanto, hay riqueza pero no siempre en forma de dinero físico sino de metales o mercancías. Esta circunstancia no hace disminuir directamente el margen de beneficios, la única consecuencia es que éste se dilata en el tiempo, es decir que es necesaria la venta a crédito y el momento del cobro de las deudas se retrasa: "E habeis señor de tener paciencia si tardaren los dineros, que de esto tengo cuidado grande. Porque, pagando lo que allá se debe, cada uno esperará con su hacienda lo que se le ofreciere" (Otte 1968a: 118).

5. Conclusiones

A lo largo del presente trabajo nos hemos ocupado de describir la actividad económica llevada a cabo por un grupo de individuos con una serie de características comunes y vínculos personales creados a lo largo de los años. La confianza que sustentaba la red mercantil no sólo nació de la reputación de sus miembros sino de relaciones de amistad o de lazos familiares. La pertenencia a un grupo socialmente marginado, aunque económicamente privilegiado, el de los judeoconversos, debería haber generado un sentimiento de solidaridad entre ellos comportándose como un grupo compacto. Sin embargo, ante un resultado económico inesperado todos estos lazos desaparecen. Ni siquiera es trascendental el hecho de que las mercancías se vendieran a precios lo bastante altos como para elevar el margen de beneficios a más de un 150%. Esta circunstancia no significó nada ante el hecho de que el contrato fuese incumplido, puesto que el negocio se prolongó más del doble de la duración estimada inicialmente. El resultado final fue una denuncia ante la Casa de la Contratación de Sevilla con el consiguiente pleito y apelación que dejó insatisfechas a ambas partes.

Podemos extraer dos conclusiones finales. La primera es que los individuos se comportaban como agentes económicos independientes que buscaban el interés personal y no el del grupo. En este sentido, y sin entrar en cuestiones filosóficas relacionadas con la recta razón, actuaban con racionalidad económica, es decir, maximizando su beneficio. La segunda es la inestabilidad de las redes, puesto que la confianza es difícil de obtener pero fácil de perder.

Bibliografía

Arrow, Kenneth Joseph (ed.) (1996): *The Rational Foundations of Economic Behaviour: Proceedings of the IEA Conference Held in Turin, Italy*. Houndmills/Basingstoke/Hampshire: Macmillan Press.

— (1999): "Information and the Organization of the Industry". En: Chichilnisky, Graciela (ed.): *Markets, Information and the Uncertainty*. Cambridge: Cambridge University Press, pp. 19-25.

Baker, Wayne E./Faulkner, Robert R. (2004): "Social Networks and Loss of Capital". En: *Social Networks*, 26, pp. 91-111.

Basas Fernández, Manuel (1954): "Mercaderes burgaleses en el siglo XVI". En: *Boletín de la Institución Fernán González*, 33, 126-127, pp. 55-67, 156-169.

Bernal Rodríguez, Antonio Miguel (1992): *La financiación de la Carrera de Indias (1492-1824): dinero y crédito en el comercio colonial español con América*. Sevilla: Fundación El Monte.

Cantera Burgos, Francisco (1952): *Alvar García de Santa María. Historia de la judería de Burgos y de sus conversos más egregios*. Madrid: Instituto Arias Montano/CSIC.

Casson, Mark (2001): *Information and Organization. A New Perspective on the Theory of the Firm*. Oxford: Oxford University Press.

Casson, Mark/Wadeson, Nigel (1999): "Information Cost, Protocols and Boundaries of the Firm". En: Down, Sheila C./Earl, Peter E.: *Contingency, Complexity and the Theory of the Firm: Essays in Honour of Brian J. Loasby*. Vol. II. Cheltenham: Edward Elgar, pp. 14-39.

Caunedo del Potro, Betsabe (1983): *Mercaderes castellanos en el Golfo de Vizcaya, 1475-1492*. Madrid: Universidad Autónoma de Madrid.

Chichilnisky, Graciela (ed.) (1999): *Markets, Information and the Uncertainty*. Cambridge: Cambridge University Press.

Domínguez Ortiz, Antonio (1978): *Los judeoconversos en España y América*. Madrid: Ediciones Istmo.

Down, Sheila C./Earl, Peter E. (1999): *Contingency, Complexity and the Theory of the Firm: Essays in Honour of Brian J. Loasby*. Vol. II. Cheltenham: Edward Elgar.

Dutta, Bhaskar/Jackson, Matthew (eds.) (2002): *Network and Groups. Models of Strategic Formation*. Berlin: Springer.

Favier, Jean (1998): *Gold and Spices. The Rise of Commerce in the Middle Ages*. New York: Holmes & Meiers Publishers, Inc.

Gil, Juan (2000-2003): *Los Conversos y la Inquisición Sevillana*. 8 vols. Sevilla: Universidad de Sevilla/Fundación El Monte.

Granovetter, Mark S. (1985): "Economic Action and Social Structure: the Problem of Embeddedness". En: *American Journal of Sociology*, 91, 3, pp. 481-510.

Greif, Avner (1993): "Contract Enforceability and Economic Institutions in Early Trade: The Maghribi Traders' Coalition". En: *American Economic Review*, 83, 3, pp. 525-548.

Grosetti, Michel (2005): "Where do Social Relations come from? A Study of Personal Networks in the Toulouse area of France". En: *Social Networks*, 27, 4, pp. 289-300.

Hirshleifer, Jack (1973): "Where are we in the Theory of Information". En: *The American Economic Review*, 63, 2, pp. 31-39.

Lockhart, James (1976): *Letters and People of the Spanish Indies, Sixteenth Century*. Cambridge: Cambridge University Press.

Martz, Linda (2002): *A Network of Converse Families in the Early Modern Toledo. Assimilating a Minority*. Michigan: The Michigan University Press/Ann Arbor.

Molho, Ian (1997): *The Economics of Information, Lying and Cheating in Markets and Organizations*. Oxford: Blackwell Publishers Ltd.

Ogilvie, Sheilagh/Dessi, Roberta (2003): "Social Capital and Collusion: The Case of Merchant Guilds". En: *CESifo Working Paper*, 1037, Category 10: Empirical and Theoretical Methods (Economic), pp. 1-35.

Otte, Enrique (1968a): "Mercaderes burgaleses en el inicio del comercio con México". En: *Historia Mexicana*, 18, 1, pp. 108-145.

— (1968b): "Mercaderes burgaleses en el inicio del comercio con México". En: *Historia Mexicana*, 18, 2, pp. 258-285.

— (1996): *Sevilla y sus mercaderes a fines de la Edad Media*. Sevilla: Universidad de Sevilla/Fundación El Monte.

Pike, Ruth (1978): *Aristócratas y comerciantes: la sociedad sevillana en el siglo XVI*. Barcelona: Ariel.

— (2000): *Linajudos and Conversos in Seville: Greed and Prejudice in the Sixteenth and Seventeenth Century Spain*. New York: Lang.

Schmidt, Christian (1996): "Paradoxes of Racionality in Decision-Making Theory". En: Arrow, Kenneth Joseph (ed.): *The Rational Foundations of Economic Behaviour: Proceedings of the IEA Conference Held in Turin, Italy*. Houndmills/ Basingstoke/Hampshire: Macmillan Press, pp. 49-77.

Thomas, Hugh (2001): *Quién es quién de los conquistadores*. Barcelona: Salvat.

Thompson, Grahame F. (2003): *Between Hierarchies and Markets. The Logic and Limits of Network Forms of Organization*. Oxford: Oxford University Press.

Vickers, Douglas (1995): *The Tyranny of the Market. A Critique of Theoretical Foundations*. Michigan: The University of Michigan Press.

Carlos Álvarez-Nogal

Mercados o redes de mercaderes: el funcionamiento de la feria de Portobelo

1. Introducción

El enorme interés suscitado siempre por el comercio entre España y América se ha concretado en una larga serie de estudios que describen sus principales características y su influencia en el desarrollo económico, tanto español como americano.[1] A través de esos trabajos se ha realizado un enorme esfuerzo descriptivo y cuantitativo gracias a los cuales conocemos la magnitud de los intercambios: según su valor, el número de navíos o el volumen aproximado de mercancías; así como las características de los comerciantes, el marco legal, la geografía de las transacciones y las instituciones oficiales que gobernaron la Carrera de Indias.[2]

Sin embargo, sigue siendo necesario un análisis del marco institucional que permita entender el comportamiento y la estrategia de los agentes económicos que intervinieron en ese comercio. Sabemos muy poco de los mecanismos empleados por los comerciantes para llevar a cabo sus transacciones en un contexto de alto riesgo e incertidumbre. Algunas lagunas son compensadas parcialmente por los estudios sobre importantes familias de mercaderes de ambos lados del Atlántico.[3]

---

1 Véanse Veitia y Linaje (1672); Artíñano y Galdácano (1917); Haring (1939); Chaunu/Chaunu (1956-1960); Bernal Rodríguez/García-Baquero González (1976); Lorenzo Sanz (1979); García Fuentes (1980); García-Baquero González (1986).

2 Ver Dánvila y Collado (1892); Piernas Hurtado (1907); Smith (1940); Schäfer (1935-1947; 1945); Zumalacarregui (1947); Bernard (1955); Ruiz Martín (1965); Heredia Herrera (1970); Navarro García (1976); Gil-Bermejo García (1976); Domínguez Ortiz (1981); Bernal Rodríguez (1992); Crespo Solana (1996); Fisher (1997); Acosta/González Rodríguez/Vila Vilar (2004).

3 En este grupo destaca el estudio de grandes comerciantes como los Corzo y los Mañara. Véanse Lapeyre (1955); Lohmann Villena (1968); Pike (1978); Vila Vilar (1991). Existe un trabajo muy importante sobre uno de los mercaderes banqueros más sobresalientes de Lima en el estudio de Suárez Espinosa (1995).

Gracias a esos trabajos podemos identificar qué problemas tuvieron los comerciantes y cómo los solucionaron.

Con independencia de la existencia o no de un marco legal amparado por el gobierno, son los agentes económicos los que deciden en última instancia si llevan a cabo transacciones y cómo hacerlo. Con frecuencia se han planteado dos extremos: los agentes utilizan el mercado, aceptando el juego de la libre competencia entre compradores y vendedores anónimos, donde la ley de la oferta y la demanda determina el precio; o bien se refugian en relaciones personales de carácter comunitario o bilateral, en las que tienen mucha importancia los juegos repetidos y las estrategias de negociación colectiva, lo que daría forma al establecimiento de empresas y a la constitución de grupos de presión. Ninguna de las dos opciones es neutral en la evolución general del comercio, porque ambas forman parte del marco institucional que influirá en sus ritmos y su magnitud.[4]

Si en un momento determinado el comercio con América creció, es algo que puede explicarse no sólo por una mayor abundancia de productos susceptibles de ser intercambiados o por incrementos en la oferta y demanda, sino también por la existencia de mejores y más eficaces mecanismos de negociación que habrían permitido a los mercaderes crecer en número y relacionarse con mayor grado de competencia. Por el contrario, una crisis comercial no puede achacarse sólo a una mayor escasez de metales preciosos; también puede estar motivada por un incremento de los costes de transacción, que impidiesen a esos mismos agentes establecer acuerdos y cooperar con la facilidad con que lo hacían antes. Por lo tanto, cualquier análisis temporal de la evolución del comercio con América exige, además de un imprescindible estudio cuantitativo, un complementario análisis institucional.

El funcionamiento interno de los mercados americanos y el comportamiento de los agentes que intervenían en él apenas está explicado. Resulta difícil saber si las transacciones se apoyaban simplemente en relaciones impersonales o, por el contrario, eran relaciones personales y familiares. ¿Quién tenía poder para establecer los precios y cuáles eran las variables que los determinaban? ¿Qué significado tenía un precio en este contexto: la escasez o abundancia de un producto, de

4 Al respecto véanse Williamson (1975); Libecap (1989); North (1990); Eggertsson (1990); Alston/Eggertsson/North (1996); Greif (1997: 57-84).

compradores, de medios de pago, la expresión de un monopolio? ¿Cuál era el papel de las flotas en la regulación de la oferta y la demanda americana? ¿Cuál era el papel jugado en este marco por los consulados como organizaciones que defendían los intereses de unos comerciantes frente a la Corona y frente a otros comerciantes? Son muchas las preguntas y para responderlas es necesario estudiar con detalle las transacciones.

El objetivo de este trabajo consiste en explicar las ventajas e inconvenientes de ambos modelos y tratar de saber cuál explica mejor el marco institucional del comercio legal entre Sevilla y Tierra Firme. En primer lugar, analizaremos quiénes eran los agentes comerciales que intervenían en ese comercio. En concreto, quiénes podían cargar mercancías en la ciudad de Sevilla y, dentro de este grupo, quiénes eran los peruleros y cómo actuaban. A continuación, estudiaremos las transacciones comerciales realizadas en Sevilla con destino a América: quiénes vendían, cómo se pagaban, cómo se establecían los precios y cómo se cargaban las mercancías en las flotas. También veremos si la limitación de toneladas en las flotas influía sobre el mercado sevillano. Después analizaremos las operaciones mercantiles en Panamá. Por último, presentaremos algunas conclusiones.

2. Hipótesis: relación personal o mercados

La legislación de la Corona española tenía un marcado carácter político, pero muchas leyes, siempre desde una lógica mercantilista, también pretendían establecer unas reglas del juego básicas para fomentar la actividad económica. Uno de los puntos más influyentes de esa normativa fue el establecimiento de una serie de puertos, espacios y tiempos exclusivos para comerciar. Se buscaban dos objetivos: defender los derechos de propiedad y facilitar el cobro de impuestos. Las leyes que regularon el comercio con América influyeron decisivamente en las estrategias adoptadas por los agentes económicos en sus negocios, pero no fueron los únicos elementos institucionales que repercutieron en ellas.

En la medida en que los agentes económicos encontraban dificultades a la hora de llevar a cabo sus intercambios (escasez de información, escasez de medios de pago, temporalidad de la oferta, restricciones legales según la procedencia de los agentes y los productos, restricción en los medios de transporte, tanto en el Atlántico como en América, etc.), buscaron soluciones. A su vez, esas soluciones influyeron en la posterior evolución del comercio y en sus características: el tipo de productos, los precios, el número y el tipo de mercaderes, la forma de cubrir los riesgos, etc. Cualquier comerciante se enfrentaba al dilema de utilizar el mercado para llevar a cabo una determinada transacción o, por el contrario, recurrir a una relación personal a través de un contrato de cooperación permanente con otro agente. La menor o mayor confianza a la hora de recurrir al mercado dependería del coste que tenía para los agentes económicos acudir a él.

Algunos autores han puesto de manifiesto la dificultad del productor y consumidor americano para acceder directamente al mercado. En ese marco aparece como imprescindible el papel desempeñado por los comerciantes como integradores de distintos ámbitos productivos. Ese papel de los comerciantes se realizaba a través de redes mercantiles que integraban personas y regiones (Carmagnani 1975: 119-120). Si internalizar actividades dentro de una red de contactos reducía los costos de transacción, y la mayor parte de las transacciones se llevaban a cabo a través de relaciones estables de larga duración, debemos preguntarnos qué importancia tuvieron ciertos mercados como, por ejemplo, las ferias de Portobelo.

Por otra parte, la celebración de contratos, su mantenimiento y su cumplimiento a lo largo del tiempo, no está exenta de riesgos, especialmente cuando la información es escasa y existen grandes distancias. ¿Cómo fueron solucionados y hasta qué punto era mejor afrontar estos costos de transacción y no los propios de un mercado más competitivo?

Para entender el funcionamiento de los mercados americanos, es necesario esclarecer quién tenía realmente poder para influir sobre los precios. Con gran frecuencia se ha insistido en que el comercio americano estuvo dominado por la dictadura de la oferta, en manos de los comerciantes sevillanos a través del Consulado, encargados de decidir el volumen de las flotas y su frecuencia. Sin embargo, hay motivos para dudar de ese poder si es cierto que existía un extenso y generalizado contrabando, como muchos autores defienden, o si los mercaderes americanos tenían cierta autonomía para decidir dónde querían comprar los productos europeos, como parece deducirse de la existencia de los peruleros.

Si Sevilla podía controlar la oferta, no es menos cierto que los comerciantes de Tierra Firme podían hacer lo mismo con la demanda. ¿Existió, por tanto, una cooperación permanente entre ambos grupos de mercaderes? En ese caso vuelve a surgir la duda sobre el papel jugado por las ferias. ¿Fueron verdaderos mercados tal y como los describe la historiografía?

3. Los intermediarios del comercio atlántico

Al querer analizar el tráfico mercantil entre España y América, tanto para definir sus características más importantes, como para comprender su evolución a lo largo del tiempo, resulta esencial detenerse primero en explicar quiénes eran los agentes económicos que tenían acceso a esta actividad y qué medios tuvieron a su alcance para llevarla a cabo.

En todo el ámbito comercial americano, el comercio aparece como un oficio regulado tanto por la propia legislación española, como por normas y costumbres propias de los comerciantes.[5] En función de esas normas se establecía quién era mercader y quién no, es decir, quién tenía facultad para formar parte de ciertas organizaciones gremiales y comerciar. Derivada de esa regulación, aparece la tendencia a la formación de grupos (algo común en todos los sectores económicos de la época), que actuaron en defensa de los intereses de unos agentes contra las pretensiones de la Corona o de otros posibles competidores extranjeros o nacionales. Así aparecen los consulados y los gremios de comerciantes que actuaron tanto en España, como en el ámbito americano, influyendo y tomando decisiones sobre el desarrollo de la actividad comercial. Por tanto, no resulta extraño que una de las tendencias a largo plazo del comercio con América fuese la concentración del tráfico en pocas manos. También contribuyó a ello el interés de la Corona por tener pocos, pero siempre poderosos interlocutores, que controlaran las principales actividades económicas de Castilla. Esto le permitía un aprovechamiento fiscal más rápido y menos costoso. Además, por la aplicación de economías de escala, los mercaderes más poderosos podían ofrecer condiciones más competitivas y hacerse

---

5 La legislación de las ordenanzas del Consulado de Lima de 1643 establece quiénes eran mercaderes, haciéndose también una mención geográfica; véase Ramón (1978: 143).

de una proporción cada vez mayor del mercado.[6] La Corona marcó los requisitos básicos para intervenir en el comercio americano y facilitó la formación de grupos, pero dejó completamente abierta su forma de organizarse y de llevar a cabo su actividad.

En la Carrera de Indias hubo muchos tipos de agentes interviniendo en la actividad comercial: factores, encomenderos, agentes, almacenistas, vendedores al por mayor, al por menor, cajeros, ayudantes, pasajeros, comisionistas, inversores, especuladores, cambistas, maestres, pilotos, dueños de barcos, etc. Una misma persona podía empezar desempeñando una función y, a lo largo de su vida, pasar a otras dependiendo de su éxito. Se podían desempeñar a la vez varias de esas funciones. Por todo ello, resulta difícil hacer listas de mercaderes e identificarlos en un grupo determinado. Por encima de esa gran diversidad de oficios comerciales, destacan dos que trataremos con más detenimiento: los cargadores a Indias y los peruleros.

4. Los cargadores a Indias

Existen investigaciones que han tratado de esclarecer sus funciones, publicar sus nombres o describir las trayectorias profesionales de los más destacados.[7] Sevilla era la única ciudad peninsular que podía comerciar con América, lo cual supuso una gran atracción para un amplio número de mercaderes nacionales y extranjeros interesados en este mercado. Los cargadores a Indias eran los únicos que tenían permiso para enviar mercancías por cuenta propia o ajena, y venderlas en América.[8] Existía un grupo de grandes cargadores, capaces de cargar

6 En Chile se observa una concentración de operaciones de compra-venta en muy pocas manos (Ramón 1978: 159).

7 Prácticamente todos los que han estudiado el comercio americano han hecho referencia a los cargadores. Muchos de esos trabajos se han centrado en las distintas nacionalidades de los mercaderes que intervinieron en el comercio con América. Los genoveses son analizados en Pike (1966) y Otte (1963; 1964). En el primer caso contamos con relaciones o listados de nombres, en el segundo con biografías que permiten hacernos una idea de la vida y actividades de estos hombres de negocios. Otros trabajos en esta línea son los de Rodríguez Vicente (1967: 534-546); Kellenbenz (1971: 377-403); y Vila Vilar (1979: 147-184).

8 El concepto de cargador no fue definido hasta 1625, cuando en una cédula real se especificaba que por cargadores se entendían "las personas que embarcan para las Indias", ver Veitia y Linaje (1672: lib. 1, cap. 18, n. 3-4) y Ruiz Rivera/García Bernal (1992: 75).

en una flota mercancías por un valor superior a 800 ducados, pero la mayoría no superaban los 400 o 500 ducados.

Al margen de los cargadores reconocidos como tales, los propios marineros y soldados que se embarcaban en las flotas también llevaban y vendían mercancías. Teóricamente no estaba permitido embarcar mercancías en los barcos de guerra que acompañaban a las flotas, pero tanto los soldados y marineros, como los capitanes, almirantes y generales, lo hicieron de forma habitual. De hecho, solía ser una antigua costumbre que los primeros pusieran tenderetes con ropa, zapatos o alimentos en la feria de Portobelo (Vila Vilar 1982). Estas actividades eran puntuales, aprovechando la diferencia en los precios que habitualmente había entre Sevilla y los mercados americanos. Sin embargo, formaban parte de la oferta total de productos europeos en América y de su demanda en Sevilla antes de partir la flota.

La Corona estableció desde el principio que sólo los españoles podían ser cargadores de Indias, pero muchos extranjeros también lograron participar en el comercio. Con el tiempo, conseguían naturalizarse, o se establecían en América, donde el control de la Corona era menos estricto. Consciente de esas irregularidades, la Monarquía decidió vender licencias para cargar en las flotas y así sacar rendimiento a la actividad cuyo control se le escapaba.

Se estableció, por tanto, una primera distinción entre los mercaderes afincados en Sevilla. Había un grupo de personas capaces de cargar mercancías en las flotas, y otro grupo que se limitó a vender sus productos a los cargadores a Indias o a los representantes de los comerciantes establecidos en América. Los extranjeros no podían vender al fiado para ser pagados en América, pero se les permitió fiar cuando el pago se celebrase donde se hubiese concertado la venta, siempre que fuese dentro de Castilla (Veitia y Linaje 1672: lib. 1, cap. 18, n. 23). Esta restricción convirtió Sevilla en un importante mercado de reexportación e intermediación, tanto de productos peninsulares como europeos.

Los cargadores a Indias no tardaron en agruparse en torno a una institución para actuar unidos y defender sus intereses. En 1543, la autoridad real reconoció la creación de un Consulado, similar al que ya existía en Valencia, Burgos, Barcelona y Mallorca, por medio del cual los cargadores sevillanos obtuvieron un tribunal de justicia con jurisdicción propia y un instrumento institucional para influir en la regulación del tráfico comercial con América.[9] Para formar parte de esta institución consular era necesario ser comerciante mayor de 25 años, natural o extranjero naturalizado, negociar con América y residir en Sevilla.

La mayor parte de los autores que hasta ahora han estudiado el Consulado coinciden en que el poder que adquirió esta institución estuvo siempre al servicio de los intereses de los grandes mercaderes.[10]

Entre las muchas y, con el tiempo, cada vez más importantes funciones del Consulado, destacó su capacidad para señalar el buque de las flotas, es decir, las toneladas o carga máxima de mercancías que una flota podía llevar a América.[11] De esta forma, controlaban la oferta "legal" de productos europeos en el mercado americano. Además, una vez determinada la cuantía de toneladas que podía cargarse, el Consulado tenía competencias para repartirlas entre sus miembros.[12]

A medida que el comercio creció por el desarrollo de la conquista y de la actividad económica en los nuevos territorios, también creció el número de mercaderes en la Carrera de Indias. En 1538 se contabilizan unos 140 cargadores. Casi treinta años después, en 1566, la Casa de la Contratación reconocía una lista de 840 mercaderes.[13] También había 132 que negociaban con Nueva España y Tierra Firme al mismo

9 Ver los trabajos de Heredia Herrera (1970; 1982; 1985); Rodríguez Vicente (1977); Collado Villalta (1983).

10 Desde el principio, dentro del Consulado surgieron también diferentes grupos para tratar de controlar esta institución. Un cuerpo de 30 electores, previamente elegidos por todos los mercaderes, se encargó de nombrar cada año a las máximas autoridades del Consulado: un prior y dos cónsules. Tanto los electores como las autoridades del Consulado pertenecían al grupo principal de mercaderes, aquellos que cargaban y vendían "por grueso" y, según Veitia Linaje, los únicos que merecían el nombre de "negociadores" y la consideración de personas nobles. Además de este importante grupo estarían "los que estando en sus casas y tiendas venden por menudeo"; al respecto Veitia y Linaje (1672: lib. 1, cap. 17, n. 28).

11 Aunque la decisión final estaba en manos del Consejo de Indias, la opinión del Consulado era decisiva.

12 Un tercio correspondía a los mercaderes de Cádiz y el resto a los cargadores de Sevilla. Y dentro de cada parte, tanto en Cádiz como en Sevilla, un tercio se destinaba a los cosecheros y el resto a comerciantes de textiles y manufacturas (García Fuentes 1980: 159-163).

13 390 lo hacían con Tierra Firme, 264 con Nueva España y 26 con Honduras (Ruiz Rivera/García Bernal 1992: 76).

tiempo. Posteriormente, se observa una reducción del número de cargadores, que sin embargo eran más ricos y operaban con cargazones de mucho mayor valor que años antes (Lorenzo Sanz 1979, I: 119-121). Lo cual coincide con la propia evolución del tráfico mercantil con América, donde los productos de mucho volumen y bajo precio fueron desplazados por otros más livianos, pero de mucho mayor valor en los mercados.

5. Los peruleros

Los peruleros fueron otra figura esencial en el tráfico comercial entre España y América (García Fuentes 1997). Se trata de un grupo de cargadores a Indias que procedían del continente americano o con intereses en él. Actuaban en nombre de los mercaderes americanos, fundamentalmente peruanos, que preferían comprar directamente en Sevilla. No formaban parte del Consulado de la ciudad, porque no residían habitualmente en ella. Los peruleros recibían grandes sumas de plata de comerciantes de Tierra Firme con la misión de comprar mercancías en España, viajar con ellas en las flotas y entregarlas en Panamá, Lima o en cualquiera otra ciudad del área andina.

El perulero solía ser una persona joven, que desempeñaba este cargo de forma temporal como parte de una carrera comercial de largo recorrido, y sólo el tiempo necesario para conseguir los fondos que le permitiesen establecerse por su cuenta.[14] La posibilidad de viajar les permitía establecer contactos, crearse una reputación, conocer los mecanismos de negociación, la dinámica de las flotas, es decir, familiarizarse con el marco institucional. El hecho de que un perulero realizase entre uno y cuatro viajes a lo largo de su vida profesional, no repitiendo en la mayor parte de los casos (García Fuentes 1997), sugiere que lo importante no eran ellos, sino el metal que llevaban y la red de intereses comerciales de carácter estable que los respaldaba.

Muchas veces se identifica a los peruleros con comerciantes americanos, e incluso se va más allá, planteando conflictos nacionales o territoriales (limeños contra sevillanos). Lo cierto es que cualquiera podía desempeñar la función de perulero, siempre y cuando cumpliese

---

14 "Dichos encomenderos son ordinariamente gente de muy cortos caudales o de ninguno, sino favorecidos de personas poderosas de Lima o de las partes de donde vinieren a hacer estos empleos" (Vila Vilar 1982: 296).

los requisitos mínimos que luego explicaremos. Muchos peruleros eran sevillanos que, después de realizar uno, dos o tres viajes como tales, decidían establecerse, y lo hacían, tanto en Sevilla como en Lima.

Una de las ventajas que tenían los peruleros con respecto a sus competidores sevillanos, fue el hecho de poseer plata en Sevilla y poder efectuar parte de sus compras al contado en un mercado donde lo normal era hacerlo a crédito. El metal precioso era una buena carta de presentación a la hora de generar confianza y establecer útiles conexiones personales. Además, muchos comerciantes sin autorización para cargar en las flotas vieron en este grupo un fuerte aliado para contrarrestar el poder de los cargadores sevillanos agrupados en el Consulado. Por ejemplo, los oficiales reales en Lima informaron tanto al rey como al Consejo de Indias, en torno a 1620, de las conexiones que muchos comerciantes tenían allí con extranjeros que residían en Sevilla.[15] Esas lógicas conexiones entre peruleros y proveedores extranjeros fueron utilizadas muchas veces por el Consulado para denunciarles ante la Monarquía;[16] como si los miembros de esta institución no tuviesen también ese mismo tipo de conexiones.

Sin duda, la figura de los peruleros molestó mucho a los representantes del comercio de Sevilla y, como luego veremos, también a los factores de Panamá, pues suponían un doble peligro. En primer lugar, una competencia en el puerto andaluz a la hora de comprar productos para cargar las flotas, lo cual hacía subir los precios que tenían que pagar por ellas ahí los cargadores afincados en Andalucía; y, en segundo lugar, al llevar mercancías directamente a determinados mercados americanos, contribuían a reducir la demanda en América y bajar

15 "Francisco Orduña de León escrivio a su Mj. desde la ciudad de los Reyes en carta de 20 de febrero de 1626 que en los últimos galeones que han venido de las Indias se traían por cuenta de extranjeros más de 2 millones a título de vecinos desta ciudad, siendo hijos de olandeses flamencos y de otras naciones [...] que sólo Francisco Monel y sus hermanos y otros de su nación embiaron más de 400 barras, la mayor parte dellas fuera de registro". Carta, 25 de mayo de 1627, AGI, CC 5173.

16 Carta del Consulado al Consejo de Indias, 16 de mayo de 1628, AGI, IG 1152. El Consulado se queja de que los que cargaban ilegalmente en Cádiz y Sanlucar sin pagar impuestos podían vender después sus mercancías en Cartagena y Portobelo un 40 por ciento más baratas. Aunque no olvidemos que los comerciantes del Consulado también cargaban ilegalmente y, por lo tanto, en América no estaban siempre en inferioridad de condiciones.

los precios en cuanto llegaban las flotas. En una carta al Consejo de Indias se explicaba:

> Y si los encomenderos que vinieron, que al presente están aquí emplearan allá cada año, podía ir mucho mayor, y ojalá fuese esto parte para que no viniesen a España, que sería el total remedio del reino porque los de allá enviarían sus barras como lo solían hacer, cargarían los naturales y cada año iría gran flota y en Portobelo se vendería, de suerte que ganasen de comer que esto obliga a aventurar sus haciendas y las rentas reales valdrían mucho más.[17]

En el fondo, reducían el margen de beneficios de los miembros del Consulado de Sevilla. Por ese motivo nunca fueron bien recibidos y se les atacó de muchas formas, culpándoles de todos los males que afectaban al comercio. Así consta en muchos memoriales que tanto el Consulado como los administradores de la avería enviaron a la Corona en el siglo XVII.[18] Por ejemplo, según el Consulado de Sevilla, los peruleros llevaban a América las encomiendas que tenían encargadas, pero también otras mercancías fiadas a su nombre que vendían nada más llegar a Portobelo. Allí eran capaces de vender a precios bajos porque se aprovechaban del hecho de no registrar gran parte de ellas, provocando una bajada general de precios en la feria, arruinando a los cargadores.[19] Sin embargo, esas denuncias no explicaban que el fraude en el registro estaba tanto al alcance de los peruleros como de los propios miembros del Consulado.

Las quejas contra ellos llegaron también al Consejo de Hacienda. Por ejemplo, en una carta se explicaba que cuando los peruleros llegaban a Portobelo desde Lima y no encontraban las mercancías "a mucho menos precio" de las que podían encontrar en España, no las compraban, causando un daño a todos los que habían cargado en la flota "porque no ay quien se las compre".[20]

---

17 Carta de Juan Rodríguez Núñez, 26 de agosto de 1624, AGI, IG 1147.

18 El Consulado no creía que fuesen más de seis u ocho en cada flota (Vila Vilar 1982: 299-300).

19 Vila Vilar (1982: 300) cita una carta del Consulado de 1625: "Y cuando llegan a Portobelo, como no han pagado derechos venden para pagar a precios que si los naturales los dieran perderían de lo que les cuesta".

20 Carta de Juan Rodríguez Núñez, 26 de agosto de 1624, AGI, IG 1147. El autor de la carta relata que los mercaderes se veían obligados a venderlas por menos de lo que les había costado. Si esa afirmación se refiere a Portobelo, parece más bien exagerada e inexacta, teniendo en cuenta la práctica común de tasar las mercan-

Si los peruleros estuviesen obligados a comprar en Portobelo, los de Sevilla venderían mejor sus mercancías, y los del Perú tendrían lo que demandaban en mucho menos tiempo. En esa carta se sostenía que ésa era la causa del por qué las flotas de Tierra Firme habían pasado de 30 o 40 navíos a sólo seis u ocho, e incluso a no necesitar ir algunos años. También se acusaba a los peruleros de registrar sólo un 10% del dinero que traían a España y que lo hacían únicamente para no levantar sospechas. Sin embargo, a los dueños del metal precioso que traían encomendado, les cobraban como si lo hubiesen registrado todo y hubiesen tenido que pagar los impuestos correspondientes.

A pesar de toda esta propaganda en contra de los peruleros, no podemos perder de vista que muchos miembros del Consulado de Sevilla habían desempeñado esa función antes de convertirse en cargadores, y muchos de sus negocios con América eran posibles gracias a los contactos realizados durante ese periodo de su vida. Además resulta curioso que las protestas fuesen siempre contra los peruleros, es decir, contra los intermediarios del tráfico comercial, y casi nunca contra los que les encomendaban sus caudales en Lima o en otros puertos americanos.

La Corona veía con buenos ojos la presencia de peruleros porque aliviaban parte de los problemas que tenía el funcionamiento de la propia Carrera de Indias. En primer lugar, porque los peruleros traían registrada, al menos, una parte del metal precioso que planeaban gastar en Sevilla, contribuyendo a cubrir los costes de las flotas. Cuanto más pagasen los particulares, menos esfuerzo tenía que hacer la Real Hacienda.

En segundo lugar, los peruleros eran los más interesados, junto con la Real Hacienda, en mantener la regularidad de los convoyes, algo que los cargadores sevillanos no tenían tan claro. De hecho, algunos años, los peruleros fueron el elemento clave que permitió el despacho de la flota a Tierra Firme. Sirvan de ejemplo los problemas que tuvo la de 1622 ante la ausencia de peruleros (Vila Vilar 1982: 298).

---

cías en la feria de Portobelo sobre el coste en Sevilla, tal y como se explica más adelante.

6. El mercado de Sevilla: oferta y demanda

Sevilla era ya desde el final de la Edad Media un centro comercial muy importante no sólo en España, sino también en el mundo Mediterráneo gracias a sus conexiones con el Atlántico (Morales Padrón 1977; Moret 1967). Tratando las características del mercado de Sevilla, nos centramos sobre la interrogante: ¿qué variables determinaban el precio de una mercancía en Sevilla? Dado que la entrada de mercancías y personas en la ciudad era libre, todo hace indicar que se trataba de un mercado competitivo gobernado esencialmente por la ley de la oferta y la demanda.

Ahora bien, el hecho de que la relación comercial con América a partir de 1562 se concretase casi exclusivamente a través de un sistema de flotas de carácter anual, impuso unos ritmos en la negociación que acabó influyendo también en los precios de las mercancías. Este tipo de fluctuaciones eran similares a las que sufrían los importantes puertos mediterráneos, igualmente condicionados por empresas comerciales de gran envergadura, como es el caso de Venecia (Spufford 2006; Lane 1973).

La salida de las formaciones, teóricamente una vez al año, tanto para Tierra Firme como para Nueva España, incrementaba la demanda de los productos que podían ser embarcados y, por tanto, subían los precios a medida que se acercaba la fecha de partida:

> [...] porque la mayor parte desta ocasión procedía de ser tantos los cargadores y que con las grandes yntelligencias y avisos que tienen de sus factores que están en las Indias llegados los tales avisos a Sevilla los unos por los otros por adelantarse y atravesarlo todo se dan prisa a comprar y a qualesquier precios que pueden, y como también son mercaderes los que lo tienen, entienden esta demanda y luego lo encarecen.[21]

Sin embargo, la salida de las flotas no era el único elemento que influía en el alza de precios. Éstos también dependían de la llegada de mercancía desde otros puntos de España y del extranjero. En este sentido, cuanto más tarde saliese la flota, mejor para los cargadores, porque podían conseguir bienes a precios más bajos, dado que Sevilla se inundaba de mercancías y, como ya explicamos, el tonelaje de los convoyes estaba limitado.

21 "Memorial de Pedro Luis de Torregrosa sobre si será conveniente que corra de cuenta de S.M. el comercio de Indias", BRMEE, lib. 1.12, ff. 130r-137r.

Otro determinante que podía influir en los precios de las mercancías que se cargaban para ir a América, era la mayor o menor abundancia de cargadores. Su número influía en la demanda de bienes y, por tanto, en la presión que se ejercía sobre la oferta. Cuantos más cargadores hubiese, mayor competencia y más posibilidades de encontrar precios al alza. Ya hemos destacado, al hablar de los peruleros, la competencia que éstos suponían, no sólo por su presencia física en el mercado, sino por su capacidad para comprar al contado con metal precioso, e incluso para ofrecer relaciones comerciales estables, dadas sus conexiones en los territorios americanos.

En función de estas variables, cada agente económico que actuaba en Sevilla intentó sacar el máximo partido de su posición. Por ejemplo, una forma que tenían los cargadores de evitar someterse a los procesos inflacionistas de carácter especulativo por la salida inminente de las flotas, consistía en asegurar anticipadamente el suministro de las mercancías que debían cargarse en los navíos. Muchos de ellos establecieron lazos comerciales estables con comerciantes de otros lugares de la Península y del extranjero para comprar allí los productos, lejos de la especulación previa a la salida de las flotas.

Uno de los cargadores sevillanos más importantes del siglo XVI, Juan Antonio Corzo, tenía agentes en Canarias (Tenerife), Florencia y Lisboa. Este mercader mandaba comprar a distintas personas sedas de Lisboa y Granada, paños de Baeza y Segovia, lienzos, ropa y cuchillería de Toledo, que después él embarcaba en las flotas con destino a Tierra Firme (Vila Vilar 1991: 97). Tomás Mañara, otro importante cargador del XVII, tenía un agente en Toledo, el genovés Esteban Cevolin, que le compraba paños en dicha ciudad y se los enviaba a Sevilla. En 1615 invirtió 40.000 escudos en una compra (Vila Vilar 1991: 124).

Sin embargo, la posibilidad de mantener estos contactos y garantizarse un suministro alternativo, sólo estaba al alcance de grandes mercaderes, con suficiente reputación y dinero para competir con otros mayoristas del mercado sevillano. Otros cargadores tuvieron que depender de la oferta que hubiese en la ciudad en el momento de despachar una nueva flota.

7. Las operaciones mercantiles a crédito

Diferentes autores, empezando por los propios contemporáneos, coinciden al señalar que la venta de mercancías en Sevilla se realizaba a crédito ("venta al fiado").[22] El recurso a esta práctica estuvo marcado por la escasez de dinero efectivo, debido a que el metal precioso era una mercancía muy demandada en el resto de Europa. Utilizar plata u oro como instrumento de cambio tenía un coste de oportunidad muy grande para los comerciantes. La alternativa eran distintas formas de crédito, a pesar de sus problemas. El más importante era el grado de credibilidad que se exigía en las transacciones. Éste es un motivo más para pensar que, aunque el mercado sevillano estaba abierto a cualquier agente comercial, tanto para comprar como para vender, muchas transacciones evitaron el anonimato permitiendo formalizar acuerdos comerciales de larga duración. Los mecanismos comerciales empleados por los mercaderes en Sevilla estaban ligados a los lazos y las conexiones personales que sostenían la confianza y el crédito.

La práctica habitual consistió en comprar a crédito las mercancías en Sevilla para pagarlas una vez que regresase la flota. Los cargadores asumían la deuda a su nombre, y al tener autorización para pasar a América, contrataban los servicios de un agente que acompañaba la mercancía en el viaje de ida y la vendía o la entregaba a quien correspondiese, cobrando una determinada suma. Ese agente se encargaba después de registrar en la flota el metal precioso para traerlo a España (en el caso de optar por la vía legal). El registro se efectuaba a nombre de la persona que debía cobrar en Sevilla. Una vez desembarcada la plata en la Casa de la Contratación, y que los oficiales reales autorizasen su entrega a los titulares del registro, el cargador pagaba a sus deudores y finalizaba la transacción. De esta forma, los que entregaban su mercancía fiada en Sevilla, tenían siempre una referencia clara de quien era su deudor, puesto que no viajaba a América, y éste respondía de su deuda hasta que fuese cancelada, con lo procedido de la

22 "Cerca de cargar a Indias y vender allí las cargazones hay algunas cosas notables que advertir. La primera es, en los que aquí cargan, que mercan casi toda la ropa al fiado a largos plazos y, por el consiguiente, muy cara" (Mercado [1570] 1977: 207).

venta en América o con cualquier otra parte de su patrimonio personal.[23]

En estas operaciones de compra-venta al fiado, a veces intervenían los bancos de la ciudad y los mercaderes de plata. En algunos casos se encargaban de descontar las deudas, asumiendo ellos el riesgo de esperar a que llegase el metal precioso en la flota. De esa forma, los mercaderes podían emplear sus beneficios en preparar el despacho de la siguiente flota. Sin embargo, este tipo de operaciones debilitaba a todo el sistema financiero porque el riesgo de una flota era siempre externo y no podía ser controlado, y al quebrar un banco se trasmitía el problema a toda la economía de la ciudad. En el fondo, el banco no hacía más que emplear el dinero de muchos pequeños ahorradores, inversores o comerciantes. En el caso de que hubiese un naufragio o un fraude, la quiebra del banco arrastraba a todo el entramado mercantil de la ciudad. Por ejemplo, en 1568 se sucedieron varias quiebras de mercaderes y cargadores de Indias, que a su vez repercutieron sobre sus deudores, algunos de ellos extranjeros, que les habían fiado "millón y medio", y se puso en peligro la carga de la flota de Tierra Firme "porque falta el caudal y el crédito para poderse despachar antes".[24]

Los grandes comerciantes de Sevilla que mantenían factorías abiertas de forma permanente en América estaban en condiciones de ofrecer crédito a los comerciantes que se comprometiesen a pagarles en América. De esta forma, ayudaban a otros cargadores sevillanos o peruleros que querían invertir mayores sumas de las que disponían físicamente en Sevilla. Un ejemplo de esta práctica la tenemos de nuevo en Juan Antonio Corzo, que prestó 100 ducados de oro en Sevi-

23 Incluso un mercader tan importante como Juan Antonio Corzo compraba a crédito. En diciembre de 1576 compró a Juan de Boncel, mercader flamenco de telas, cuchillos y demás mercaderías de Flandes. Se comprometía a pagarlos en julio de 1577 o antes si llegaba la flota que ese mismo año había partido para Tierra Firme (Vila Vilar 1991: 99). En la flota de 1624 Juan Lozano, uno de los mayores cargadores, era un perulero que había comprado en Sevilla con dinero de encargos y también al fiado. Parte de los mercaderes de la flota llevaban escrituras contra él por valor de 348.080 pesos. No se explica si tenían que ser pagados antes de partir la flota y si los acreedores regresaban a Sevilla con el dinero. Al menos consta que vendió en Portobelo 112.000 pesos, pero pasó a Cruces con 507.500 pesos (Vila Vilar 1982: 323).

24 Hernández Esteve (1986, I: 114); la cita se tuvo del AGS, CJH 84.

lla a Diego Salido Ortega, natural de Almería, el cual se obligó a devolvérselos en Nombre de Dios (Vila Vilar 1991: 95).

8. ¿Cómo se cargaban las mercancías en las flotas?

El Consulado señalaba el volumen de mercancías de cada flota. Sin embargo, era el Consejo de Indias el que, en última instancia, ratificaba o desestimaba la propuesta (Veitia y Linaje 1672: lib. 1, cap. 18, n. 34). En cualquier caso, esto otorgaba a los cargadores de Sevilla un gran poder a la hora de decidir tanto la oferta en América, como la demanda en la propia capital hispalense.

Por ejemplo, en 1624 el Consulado solicitó una reducción de toneladas en las flotas de Nueva España y Tierra Firme que estaban despachándose. En concreto pidió que la de Tierra Firme se limitase a 2.500 toneladas: 2.000 para Sevilla y 500 para Cádiz.[25] Con ello, el Consulado no sólo conseguía reducir la oferta de mercancías en América, sino también la demanda en Sevilla, forzando una rebaja de su precio, ante el temor de no poder venderlas porque no hubiese espacio para cargarlas. De otra forma no se entiende el interés del Consulado en reducir el volumen de las flotas. Si el problema era que no había suficientes mercaderes capacitados para cargar, dado el escándalo y los problemas surgidos a raíz de la denuncia presentada ese mismo año, lo único que podría ocurrir era que parte de la flota quedaría vacante. El interés en poner un límite parece estar más relacionado con la voluntad de influir sobre el mercado sevillano, que en garantizar el despacho.

El registro de las mercancías iba a cargo del maestre del navío, que era el encargado de la embarcación. Además la carga iba vigilada por el agente o factor encargado de venderla o entregarla en América. En el caso de grandes mercaderes, el dueño de la carga solía ser también el dueño del navío. En los barcos se cargaban lotes con géneros muy diversos, pues interesaba más la diversidad que la abundancia de un solo producto:[26]

> [...] todas las cargazones que oy se hazen para las Indias van surtidas desde el alfiler hasta la grana de Valencia y pieça de seda, de manera que

25 Esta solicitud surgió a raíz del fraude que había sido denunciado por Cristóbal de Balbás en la flota que había llegado ese año (Vila Vilar 1982: 304; 1985).

26 Carta de los oficiales de Portobelo, 7 de julio de 1620, AGI, IG 1144.

> procuran de sortear sus cargazones que lleven de todos géneros de mercadurías y estas cargazones las venden por las quentas que de España van y la cargazón que va más bien surtida y más moderada de precios, aquella se vende mejor.[27]

Esto encaja con la idea de que el cargador a Indias era un comerciante al por mayor. Hay que tener en cuenta que las mercancías estaban de paso en el istmo de Panamá, hacia Lima o hacia otros mercados secundarios. Además, las transacciones estaban condicionadas por la llegada de la flota de Tierra Firme, la celebración de la feria de Portobelo en pocos días, la precariedad del transporte hasta Panamá y el posterior despacho de la flota del Mar del Sur. Todas estas circunstancias condicionaban la venta de mercancías, exigían ajustarse a unos plazos muy breves, y forzaban que el vendedor facilitase todo lo posible al comprador el posterior traslado de la mercancía.

La composición de los lotes también nos muestra el tipo de comprador presente en el istmo de Panamá, muy probablemente compradores al por mayor, más interesados en un lote diverso que en un producto en concreto. Se diversificaba el riesgo, evitando quedarse con mercancías que no tenían salida por saturación del mercado. Además, comerciar lotes de diversos productos tenía la ventaja de que los costes del transporte de las mercancías de poco valor y gran volumen quedaban cubiertos por las más valiosas, como los lienzos, paños y sedas: "[...] porque hay tonelada de mercaderías que valen dos y quatro y seis mil ducados y otra que no vale cinquenta y de lleva o flete questa veinte y cinco y treinta ducados la una como la otra"[28]

9. El comercio en el istmo de Panamá

Las flotas de Tierra Firme llegaban al istmo de Panamá y descargaban sus mercancías en Portobelo, donde se celebraba una feria. El lugar elegido al principio fue el puerto de Nombre de Dios, pero tras ser destruido por Drake en 1596 y dos posteriores incendios, fue necesario buscar un nuevo asentamiento. Allí se celebró la feria hasta que fue abandonada en 1740, tras una reestructuración de las rutas de comercio.[29]

---

27 "Memorial de Pedro Luis de Torregrosa...", BRMEE, lib. 1. 12, ff. 130 r-137r.

28 "Memorial de Pedro Luis de Torregrosa...", BRMEE, lib. 1. 12, ff. 130 r-137r.

29 Fisher (1997: 108, 122-124) describe su desaparición y los problemas con el navío anual de la South Sea Company.

¿En qué consistía esta feria? ¿Se trataba de un verdadero mercado? ¿Quiénes establecían los precios y cómo? ¿Cómo se vendían los géneros? Diversos historiadores del tráfico atlántico se han ocupado de ellas, de su organización, frecuencia o duración, pero aún faltan estudios que expliquen el tipo de transacciones que allí se realizaron.[30]

La historiografía señala la constante afluencia de metales preciosos desde muchas partes de América del Sur hacia Panamá con el objetivo de embarcarlos en la flota o comprar mercancías, pero no especifica si la compra se realiza mayoritariamente en Portobelo o en la ciudad de Panamá. Por ejemplo, hay documentadas muchas operaciones en las que varios mercaderes de Chile enviaban sus productos para venderlos en Lima a cambio de plata. Ese metal se prestaba después a comerciantes limeños que iban a Tierra Firme a comprar mercancías. El préstamo del dinero se efectuaba, por lo general, con intereses del 16% y con la obligación de devolverlo al regresar la Armada del Mar del Sur que iba a Panamá por las mercancías (Ramón 1978: 155). Los chilenos repetían esta operación una y otra vez, multiplicando sus ganancias.

Ésta y otras operaciones similares, en las que se pone de manifiesto la salida de metales preciosos desde distintos puntos de la geografía americana con dirección a Panamá, han contribuido a considerar la feria de Portobelo como un gran mercado, cuya fama mundial corría de boca en boca, y donde se compraban y vendían géneros por valor de más de 4 millones de pesos en poco más de 15 días, según los propios contemporáneos.[31] ¿Hasta qué punto se trataba de un verdadero mercado? Existen motivos para pensar que era un importante puerto de carga y descarga, pero no necesariamente el lugar donde se vendían las mercancías de la flota.

La propia Real Hacienda se hizo muchas veces esta pregunta, y trató de averiguar, en varias ocasiones, qué cantidad de mercancías se vendía realmente en Portobelo, no tanto porque tuviese interés en conocer los mecanismos que sostenían el comercio, sino para poder calcular el volumen de metales preciosos que llegaban a España fuera de

30 Existen dos trabajos fundamentales sobre el funcionamiento de estas ferias: Loosley (1933) y Vila Vilar (1982). También Haring, Moreyra y Paz Soldán, y Chaunu se han ocupado de su organización, frecuencia y duración.

31 Carta de los oficiales de Portobelo, 7 de julio de 1620, AGI, IG 1144.

registro.[32] Los funcionarios reales querían comparar los registros de los navíos con el volumen de ventas de la feria, y así poder estimar el fraude. No obstante, esa estimación no dejaría nunca de ser solamente parcial, porque a Portobelo también llegaban muchos metales preciosos con la única intención de ser embarcados, una parte de los cuales venían a cargo de peruleros, tal y como ya hemos explicado.

10. Los mecanismos de venta al llegar la flota

Las flotas descargaban las mercancías en la misma playa de Portobelo de forma acelerada. Ese trabajo solía hacerse con un gran desorden, en parte intencionado, para confundir así a los oficiales reales y evitar el pago de impuestos y, además, por la prisa que todos tenían por salir cuanto antes de un lugar peligroso, caro e insano, como era la propia aldea de Portobelo. Las prisas influían también sobre el embarque del metal precioso, pues a diferencia de lo que ocurría en Cartagena de Indias o Veracruz, los maestres de plata que recibían los caudales de la Real Hacienda, alegaban no tener tiempo para pesar el metal precioso y dejar constancia de lo que realmente se les confiaba. Por ese motivo, los oficiales reales les entregaban las barras sin declarar su peso en el registro, simplemente:

> [...] poniendo en él que reciben 100 o 200 barras de tal marca, y remitiéndose en quanto a los números leyes y pesso dellas a las cartas quenta de Lima, Potosí o a Oruro, de donde suelen venir las dichas barras.[33]

Esto dio origen a algunos fraudes por parte de los maestres y a quejas de los oficiales reales de Sevilla, cuando comprobaban que algunas barras no tenían el peso adecuado y no podían identificar al responsable.

---

32 Carta al Consejo de Indias, Sevilla, 9 de mayo de 1634, AGI, IG 1144. Por ejemplo, en 1634 se inició un interrogatorio secreto para averiguar los fraudes en las flotas. Una de las preguntas era: "Si saven o an oydo decir que cantidad de mercaderías de las que fueren el año pasado así en los galeones del cargo del marques de Cadereita como en la flota de Tierra Firme, General D. Luis Fernández de Córdoba, se vendieron de contado en Cartagena y en Portobelo y lo que importaron y si su procedido se cargo en dichos galeones y flota de vuelta a España".

33 Carta de la Casa de la Contratación al Consejo de Indias, 20 de septiembre de 1622, AGI, IG 1144.

Una de las fuentes disponibles para conocer el funcionamiento de las ferias de Panamá procede de los problemas que encontraron los oficiales reales al cobrar impuestos. Al igual que en Sevilla, los oficiales reales no podían realizar ninguna inspección sobre el contenido de los bultos que llegaban. Además, los oficiales reales de Portobelo se quejaban de la desorganización que existía:

> [...] no se les han de abrir ni pasar por la aduana, porque cada uno se los lleva a casa desde la playa, an perdido el miedo porque están seguros que al desembarcar, ni ay justicia, ni oficial real, ni guarda que se atreva a preguntar si los tales fardos y baúles vienen registrados o si han pagado, porque no saben a quien tocan.[34]

Esta práctica provocó que el valor del almojarifazgo pasase de 300.000 pesos a poco más de 32.000 en 1619.[35] Esas cifras no reflejan la evolución de las ferias ni, por tanto, la decadencia del comercio con América. Resulta difícil hablar de crisis comercial cuando a lo largo del siglo XVII la mayor parte de las transacciones fueron llevadas a cabo desde la ilegalidad, tanto en España como en América (Vila Vilar 1982: 278).

Los oficiales reales tenían muy poca autoridad en Portobelo y, con frecuencia, ocurrían incidentes hasta con los soldados de las flotas. "Y por ser la gente de guerra tan poderosa, los ministros reales están acobardados."[36]

Como no se podían abrir los fardos y las cajas, a la hora de pagar los derechos de almojarifazgo, los oficiales reales cobraban sobre un hipotético valor del registro que se calculaba al llegar la flota a Portobelo. Ese valor era el "avalúo" y se estimaba a partir del valor medio de los productos que se vendían en Tierra Firme. La flota se avaluaba en una reunión a la que acudían los oficiales reales del puerto, el gobernador y algún personaje importante que hubiese llegado en las flotas. En los últimos años del siglo XVI el porcentaje aplicado fue subiendo en proporción al fraude estimado. Entre 1601 y 1624 los avalúos incrementaron entre un 50 y un 100% el valor que el mercader declaraba en el registro (Vila Vilar 1982: 309). La Real Hacienda no era consciente, o quizá prefería no serlo, que esa forma de ajustar el

34 Carta de los oficiales de Portobelo, 7 de julio de 1620, AGI, IG 1144.

35 Carta de los oficiales de Portobelo, 7 de julio de 1620, AGI, IG 1144.

36 Carta de los oficiales de Portobelo, 7 de julio de 1620, AGI, IG 1144.

cobro de impuestos suponía un castigo para el que registraba, lo que incentivaba la defraudación.

En 1624, parece que para evitar que la flota fuese excesivamente avaluada, los mercaderes ofrecieron a los oficiales reales una contribución directa e inmediata de 1.000 ducados, recaudados entre ellos mismos por derrama. El propio general de la Armada, Tomás de Larraspuru, aceptó dicha entrega.

La feria de Portobelo planteaba dos problemas a los comerciantes de ambos lados del Atlántico: exigía realizar las transacciones en apenas tres semanas y, además, exigía una coordinación perfecta entre la llegada de la flota y la llegada del metal precioso desde el Perú. Los barcos tenían que continuar su viaje a Cartagena y luego hacia La Habana, desde donde retornaban a España. La flota de 1624 que llegó a Portobelo el 19 de junio de 1624 duró apenas veinte días.[37] El general Larraspuru que llegó a España en 1621 contaba que para recoger la plata se tardaron sólo 17 días, "cosa que jamás se ha hecho con tanta brevedad".[38] En una proposición al Consejo sobre la reforma del registro del metal precioso en el istmo, varios comerciantes de Sevilla indicaban que los galeones solían estar en Portobelo entre 12 y 13 días, pero que en los cuatro últimos se aceleraban las operaciones.

Se multiplicaban los pagos, de forma que las mismas barras pasaban por diez manos distintas en un solo día. La Corona quería obligarles a dejar constancia de esos tratos forzándoles a utilizar libranzas, pero ellos se negaban porque, además de ser un medio para controlarles, exigía más tiempo, lo cual entorpecía las operaciones. También alegaban que

> [...] la mayor parte de él (comercio) se hace a crédito y con secreto y por vía reservada para poder mantener el crédito y las fianzas. Si se consignara en las Casas del Tesoro (aduanas) la plata de cada uno, se conocería el caudal de cada cual y se vendría todo abajo.[39]

Según Haring, el nivel general de precios de la feria se establecía por el sistema de balancear el valor total de las mercancías con el valor total de los lingotes de plata y las mercancías que traían los comer-

---

37 Vila Vilar (1982: 314). A primeros de enero de 1625 parte de las mercancías habían partido del puerto de Perico hacia Lima.

38 Carta de Tomás de Larraspuru, 31 de octubre de 1621, AGI, IG 1142.

39 Vila Vilar (1991: 133) cita la proposición de Tomás Mañara para evitar el contrabando de plata de: AGI, IG 761.

ciantes americanos, lo cual, en su opinión, jugaba a favor de los sevillanos (Haring 1939: 115). No está tan claro. Los precios también dependían del número de mercaderes que bajase a la feria a comprar, así como del dinero que trajesen consigo. Si se retrasaba la flota del Mar del Sur que traía la plata desde el Callao, podía significar la ruina de los cargadores a Indias ante la imposibilidad de vender la carga (Chaunu/Chaunu 1956-1960, VIII/1: 924). Otro problema en la feria era la existencia de mercados alternativos donde conseguir productos similares a los europeos, pero en mejores condiciones. De hecho, el comercio entre Filipinas y México, así como la relación comercial directa entre Perú y México, supuso siempre un gran perjuicio para al comercio de Panamá (Borah 1954; Israel 1975). Además, en las ferias de Portobelo el tiempo jugaba en contra de los vendedores, que eran los que más prisa tenían para concertar un precio.

Parte de esos inconvenientes se podían evitar trasladando la mercancía a Panamá, donde podía almacenarse y venderse con mayor provecho, o consignarla directamente a cualquier otro punto de la geografía americana. Ahora bien, esta estrategia implicaba la cooperación a largo plazo con agentes comerciales establecidos en América y la existencia de mecanismos de reputación que hicieran posible la confianza depositada en ellos.

Esta hipótesis de que Portobelo no parece haber sido un mercado regido por la ley de la oferta y la demanda, sino más bien un lugar de paso, tanto para el metal precioso como para las mercancías, parece ser confirmada con el expediente abierto por Cristóbal de Balbas sobre la flota llegada a Portobelo en 1624. Su intención era poner de manifiesto los innumerables fraudes que se cometían en el registro de las flotas, donde la mayor parte de las mercancías no pagaban derechos ni al salir de España, ni al llegar a América. La mayor parte de ellas no se vendía realmente en Portobelo, sino que pasaban a Panamá con dirección a Lima. Por lo tanto, de existir un mercado de productos europeos en el istmo, ese mercado se llevaba a cabo en la capital panameña y estaba en mano de los factores comerciales.

Cuadro 1: Valor de las mercancías legales e ilegales llegadas a Portobelo en 1624 (pesos de a 8 reales)

Mercancías	Valor legal	Valor real total	Fraude
Valor registrado en Sevilla	1.385.297		
Valor de las ventas en Portobelo	1.081.000		
Valor registrado en la Casa de las Cruces	8.259.422		
Total	**1.385.297**	**9.340.422**	**7.955.125**

Fuente: Vila Vilar (1982: 321).

El cuadro muestra como sólo el 11,57% del valor de las mercancías embarcadas en la flota de Tierra Firme fue vendido en Portobelo. Otro dato importante es que de los 69 mercaderes que habían cargado en la flota, sólo 16, un 23%, lo hizo con la intención de regresar de inmediato a España, el resto continuó su viaje hasta el Perú con la carga. Además, aparecen 16 individuos que ni se registran en la flota, ni actuaron en la feria, y sin embargo, consta que pasaron mercancías al Perú. Seguramente, entre el grupo de mercaderes que regresaban estaban los que vendieron en Portobelo, pero no fueron los únicos. Una tercera parte de los comerciantes que iban al Perú vendieron mercancías en Portobelo, y a pesar de no ser una cantidad importante, supuso algo más de la mitad de lo que se vendió en la feria.

Los datos de esta denuncia muestran también la concentración del comercio en pocas manos. Cinco mercaderes concentraban el 31,58% del valor total de la flota (Vila Vilar 1982: 321). Además, sólo había 69 mercaderes para toda una flota anual, responsable de abastecer al sur del continente.

¿Quiénes podían estar interesados en vender en Portobelo a pesar de sus riesgos? El control de las mercancías y de las operaciones por los grandes mercaderes daba margen suficiente a los pequeños comerciantes y a los especuladores para sacar beneficios a corto plazo, y éste fue el espacio ocupado por las tripulaciones de las flotas para sus operaciones.[40] Esos oportunistas no eran exclusivos de las flotas americanas. Por ejemplo, en 1585, cuando las licencias de saca de metal

40 Carta de los oficiales de Portobelo, 6 de julio de 1620, AGI, IG 1144.

precioso estuvieron derogadas, los particulares que se embarcaban en España hacia Italia, como no podían llevar dinero al contado, llevaban cochinilla. Tan pronto llegaban a Liorna, la vendían al primer postor, sin importarles el precio a la que la vendían los mercaderes profesionales (Ruiz Martín 1990: 122).

11. La importancia de los factores en Panamá

¿Por qué es importante saber hasta qué punto Portobelo era un verdadero mercado o simplemente un lugar de paso? Porque de ello depende, en parte, la forma organizativa de los agentes que intervenían en el comercio con América.

Si no había mercado y, por lo tanto, los precios no dependían de las leyes de oferta y demanda en el marco de unos pocos días, los compradores tenían que contar con agentes permanentes en el istmo, encargados de llevar la mercancía a Panamá para negociar sin la presión que marcaba la partida de la flota. En ese caso, los factores eran una pieza clave del tráfico mercantil entre España y América.

Si por el contrario, los comerciantes españoles vendían sus mercancías en la feria de Portobelo en un mercado de libre competencia, los factores no serían muy relevantes, aunque en ese caso tendremos que explicar cómo eran capaces los cargadores de lograr precios que les reportaran beneficios, sabiendo que apenas tenían 15 días para negociarlos, y que no les compensaba volver a Sevilla con la mercancía que no vendiesen.

Parece que existía la costumbre de marcar un precio mínimo que asegurase la inversión de los cargadores. Según relata un contemporáneo, "en la dicha ciudad de Nombre de Dios se compran de ordinario las cargazones que van de España a aquel reyno a tantos por ciento sobre el costo de España".[41]

No se contaban los gastos originados por flete, acarreos, avería, seguros, almojarifazgos, sino sólo el costo de los géneros. En algunos casos se podía vender al 170% de su costo original. Teniendo en cuenta las pérdidas y gastos producidos en el envío de las mercancías y en el retorno del dinero a España, se calculaba que el beneficio rondaba

41 Solórzano (1590; es un ejemplo inventado en este libro); "Memorial de Pedro Luis de Torregrosa...", BRMEE, lib. 1. 12, ff. 130r-137r.

el 20%, aunque el Consejo de Indias pensaba que era mucho mayor. Por esa razón, a finales del siglo XVI se propuso moderar el margen:

> [...] con una honesta y razonable ganancia de manera que fuese a cincuenta por ciento, [...] los veinte dellos por la consideración del riesgo de la yda de las mercaderías y de la venida del retorno que es conforme a los premios que oy se pagan de los seguros poco más o menos, y los otros treinta de ganancia contando la tal cargaçón por los precios que en Sevilla valiesen.[42]

Esta forma de asignar el valor de la carga tenía una ventaja para el cargador, ya que le permitía cubrir sus costes y la posibilidad de obtener un beneficio, sólo por el hecho de cargar en la flota, sin preocuparse en exceso por la situación real del mercado americano o los de la feria.

El problema es que si ese porcentaje era igual para todos, ¿todos los cargadores habían comprado al mismo precio en Sevilla? ¿Quién verificaba la información en un mercado tan opaco, en el que se vendían lotes cerrados? Por otro lado, cualquier regulación suponía un perjuicio para los compradores en Portobelo, interesados en que el precio fuese el más bajo posible. ¿Qué recibían a cambio de esta regulación del precio?

Existen datos que ponen de manifiesto la importancia de los factores.[43] En 1568 aparecieron problemas para despachar las flotas y se pensó en la ayuda que podían prestar dos extranjeros: Lucian Centurión y Agustín Spinola. Ambos estaban dispuestos a invertir su dinero durante cinco años y permitir la salida de las flotas a cambio de que se les permitiese cargar mercancías para América y nombrar a ocho factores, aunque fuesen extranjeros. Exigían que sus factores pudiesen

---

42 Solórzano (1590; es un ejemplo inventado en este libro); "Memorial de Pedro Luis de Torregrosa...", BRMEE, lib. 1. 12, ff. 130r-137r.

43 De hecho, todos los trabajos sobre grandes mercaderes de la Carrera disponen de factores en el istmo. Juan Antonio Corzo tenía factores en Panamá. Su casa estaba asistida por nueve esclavos y equipada con útiles necesarios para el peso y embalaje de las mercancías. En 1558, fecha en la que Juan Antonio Corzo abandona las Indias y firma el contrato de factoría con Francisco Corzo, albergaba una buena cantidad de mercancías llegadas de España en la flota de Diego de las Roelas: aceite para enviar al Perú, jarcia, paños de Segovia, vino de Cádiz y bastantes escrituras de obligación como testigos de las numerosas operaciones de crédito en las que estaba basado el comercio colonial. También disponía de una recua de mulas para el paso de mercancías por el istmo y de bastante dinero en metálico (Vila Vilar 1991: 75).

residir en las Indias al menos cinco años para vender las mercancías que se les remitiesen y cuidar de los retornos, y dos más para recoger toda la hacienda y volver a Europa.

Por lo tanto, existen motivos para pensar que una parte importante de los cargadores de Sevilla no embarcaban sus mercancías en las flotas sólo para venderlas en Portobelo al llegar las flotas, sino con destino a sus factores en Panamá. Unas veces el factor iba en la misma flota, acompañando la mercancía y permanecía en el istmo hasta que la vendía, y, otras, el factor aguardaba en Panamá su llegada. Legalmente, los factores de los mercaderes sevillanos que pasaban a Indias con las mercancías de la flota podían permanecer en América un tiempo máximo de tres años hasta terminar sus negocios (Veitia y Linaje 1672: lib. 1, cap. 29, n. 8). Esos ritmos propios del comercio con Panamá son confirmados por Pedro Luis de Torregrosa, un mercader sevillano al servicio de la Corona a finales del siglo XVI. En su opinión, era:

> [...] menester ocupar muy grandes cantidades de dineros y en largo tiempo, por que es menester tiempo para hacer la cargaçón, y tiempo para ymbiarla y tiempo para vendella, y una cargaçón a de estar allá y otra que fuese y otra que se aparejase.[44]

Aunque Portobelo era el lugar donde se celebraba la feria y a donde llegaban las flotas y mercancías, los factores solían residir casi todo el año en la ciudad de Panamá, donde tenían casa y almacén. Los más importantes tenían incluso esclavos, los útiles necesarios para pesar y embalar mercancías, y sus propias mulas para su traslado desde el puerto atlántico. A principios del siglo XVII se informaba que en Panamá habían existido "treinta y cuatro o cuarenta factores que sustentaban casas, las más ricas y opulentas; porque los de Sevilla, Lima y Potosí remitían sus haciendas, y con esto estaba gruesísimo este reino".[45]

El contar con un factor al otro lado del Pacífico o del Atlántico implicaba una serie de problemas de agencia, cuya solución es necesario explicar. Las relaciones entre el cargador sevillano o el mercader, financiero o inversor limeño y los factores panameños, fueron siempre

44 "Memorial de Pedro Luis de Torregrosa...", BRMEE, Lib. I, 12, ff. 130 r-137r.

45 Panamá, 3 de enero de 1606, AGI, Panamá 15, r. 7, n. 8. Debo esta cita y otras valiosas sugerencias de este artículo a la generosidad del Prof. Sergio Rodríguez Lorenzo.

problemáticas. Los agentes económicos castellanos eran conscientes de esta problemática: "Por experiencia se ha visto que todos los desconciertos e inconvenientes que han sucedido y suceden a los que tratan en Indias son causados por los malos gobiernos de los factores" (Hernández Esteve 1986: 114).

Solían ser contratos por cinco años que podían interrumpirse cuando surgían desavenencias. Por ese motivo, la propia Corona se implicó legislando contra el comportamiento oportunista de los factores.[46]

12. Conclusiones

Esclarecer el marco institucional que regulaba el comercio con América es fundamental para entender el funcionamiento y evolución de la Carrera de Indias. No es lo mismo un comercio basado en mercados abiertos donde los agentes económicos actúan de forma anónima guiados por precios competitivos, que otro centrado en negociaciones bilaterales de larga duración entre agentes capaces de controlar los precios. Los costes de transacción no son los mismos y, por tanto, las estrategias tampoco lo son.

Los cargadores de la ciudad de Sevilla consiguieron agruparse y defender sus intereses ante la Corona, responsable de la regulación del comercio con América. Los cargadores estaban interesados en restringir la oferta y limitar el volumen de carga de los galeones para controlar la oferta de productos europeos en Tierra Firme. Su mejor estrategia no consistía en vender las mercancías rápidamente en la feria de Portobelo, sino en el lugar del continente americano donde alcanzasen los precios más elevados. Esta estrategia les exigía depender de factores o agentes comerciales, con los que mantenían relaciones estables a largo plazo.

Frente a este grupo, los peruleros, tanto españoles como americanos, trataron de ocupar su puesto comprando directamente en Sevilla. En Portobelo se limitaron simplemente a descargar mercancías y entregárselas a los factores de sus clientes, o bien, continuaron con ellas

46 Por ejemplo, se estableció que en el caso de retrasarse a la hora de dar cuenta de sus negocios, tenían que pagar intereses de demora, y si se descubrían irregularidades, eran perseguidos y juzgados por el tribunal de la Casa de la Contratación (Veitia y Linaje 1672: lib. 1, cap. 29, n. 8).

hasta entregarlas en otras ciudades, normalmente Lima. Una abundancia de peruleros eliminaba la necesidad de comprar y vender en el istmo, reduciendo el volumen de negocio en la feria de Portobelo, e incluso de Panamá.

El hecho de que los peruleros redujesen la demanda de productos americanos en el istmo, y de que los cargadores sevillanos contasen con factores en Panamá, convirtió a la feria de Portobelo más en un lugar de carga y descarga, que en un lugar de intercambio, como tradicionalmente se ha venido creyendo.

Para una de las flotas de las que tenemos datos globales, la de 1624, sólo el 12% del valor de las mercancías llegadas en ella se vendió realmente en la feria. De esa suma, más de la mitad, correspondía a comerciantes que iban hacia el Perú u otras partes de América con la mayoría de sus mercancías. Es decir, muy pocos comerciantes basaban la estrategia de sus negocios comerciales en vender en Portobelo y, por tanto, la evolución de los precios en esa feria, su mayor o menor saturación de productos en ella, o las dificultades para celebrarla, apenas fueron relevantes a la hora de tomar decisiones a uno y otro lado del Atlántico. Las operaciones de compra-venta que se realizaban en Portobelo parecen responder a mercancías ilegales que los marineros y soldados de las flotas cargaban antes de partir.

Si la mercancía se descargaba para venderla en lugares alejados de la costa atlántica, el metal precioso que se cargaba para retornar en las flotas no era el fruto de la venta inmediata de mercancías en Portobelo, sino rendimientos de operaciones comerciales a más largo plazo. Esto implica primero mayor duración de las inversiones en el comercio americano y, segundo, exigía una estructura empresarial lo suficientemente fuerte como para mantener acuerdos en mercados lejanos y a largo plazo. Ambos aspectos influyeron sin duda como barrera de entrada para todos aquellos que quisieron participar en este comercio. Una barrera más poderosa que cualquier otra restricción legal. Es precisamente por esto por lo que uno de los caminos más transitados para convertirse en cargador a Indias fue actuar previamente como perulero en uno o dos viajes. Además de adquirir los conocimientos necesarios sobre el funcionamiento de los mercados americanos, se establecían las relaciones personales y la reputación que eran imprescindibles para ser cargador.

Otra conclusión de este trabajo es que para entender las estrategias comerciales en el comercio con América, tan importante es esclarecer el funcionamiento de la feria de Portobelo, como el propio mercado de Sevilla. El margen de beneficio de los cargadores a Indias se basaba en dos pilares. El más estudiado hasta ahora es el que tiene que ver con los precios en América, fruto entre otras cosas del control de la oferta de mercancías ejercida por los cargadores de Sevilla a través del Consulado. Sin embargo, éste no es el único punto importante, su margen de beneficio no sólo dependía de los precios del mercado americano a la hora de vender, sino también de los precios de los productos que cargaban a la hora de comprarlos en Sevilla. En este caso, la oferta la ejercían los proveedores, la mayoría extranjeros, que se acercaban a Sevilla para vender mercancías, mientras la demanda dependía de la carga de las flotas.

Cuantos más peruleros tratasen de cargar en las flotas, o más personas tuviesen autorización para cargar a América, más altos serían los precios en Sevilla, y menor el margen para todos, con independencia de los problemas que después tuviese la venta en los mercados americanos. Quizá esto explica por qué el Consulado se opuso a la concesión de cartas de naturaleza, de forma acrecentada en el siglo XVII, no tanto por xenofobia hacia los extranjeros (de hecho, muchos cargadores lo eran o lo eran sus familias), sino porque aumentaba el número de competidores. Competidores reales, puesto que los que solicitaban las licencias tenían la infraestructura necesaria de reputación, capital y contactos para participar de forma inmediata en el comercio atlántico.

Esto no sólo afecta al volumen cargado en las flotas, sino también al ritmo de su despacho. Cuanto más tiempo hubiese para cargar una flota, mejor para los cargadores, porque, con independencia de lo que después ocurriese en América, más mercancías extranjeras llegaban a Sevilla y, teniendo en cuenta que la flota tenía un volumen fijo de carga aprobado de antemano por la Corona, a medida que aumentaba la oferta de productos en Sevilla los precios debían tender a la baja. Dilatar la salida de las flotas no tiene sentido sólo para aumentar los precios en América, sino para bajarlos en Sevilla. Es más, podríamos decir que lo primero se hizo más incierto a medida que creció el contrabando, pero el impacto sobre los precios en el puerto de partida fue indudable.

Por último, la importancia de los factores de Panamá pone de manifiesto la existencia de lazos mercantiles estables en la práctica del comercio. La existencia de redes de comerciantes capaces de controlar la información e imponer barreras de entrada, y el establecimiento de transacciones utilizando mecanismos interpersonales, fueron elementos mucho más relevantes que las operaciones anónimas llevadas a cabo en hipotéticos mercados competitivos que no existían.

Bibliografía

Acosta Rodriguez, Antonio/González Rodríguez, Adolfo Luis/Vila Vilar, Enriqueta (eds.) (2004): *La Casa de la Contratación y la navegación entre España y las Indias*. Sevilla: Universidad de Sevilla/CSIC/Fundación del Monte.

Alston, Lee J./Eggertsson, Thrainn/North, Douglass Cecil (eds.) (1996): *Empirical Studies in Institutional Analysis*. New York: Cambridge University Press.

Artíñano y Galdácano, Gervasio de (1917): *Historia del comercio con las Indias durante el dominio de los Austrias*. Barcelona: Talleres de Oliva de Vilanova.

Bernal Rodríguez, Antonio Miguel (1992): *La financiación de la Carrera de Indias (1492-1824): dinero y crédito en el comercio colonial español con América*. Sevilla: Fundación del Monte.

Bernal Rodríguez, Antonio Miguel/García-Baquero González, Antonio (1976): *Tres siglos de comercio sevillano (1598-1868). Cuestiones y problemas*. Sevilla: Cámara Oficial de Comercio, Industria y Navegación de Sevilla.

Bernard, Gildas (1955): "La Casa de la Contratación de Sevilla, luego de Cádiz en el siglo XVIII". En: *Anuario de Estudios Americanos*, 12, pp. 253-286.

Borah, Woodrow (1954): *Early Colonial Trade and Navigation Between Mexico and Peru*. Berkeley: Los Angeles University Press.

Carmagnani, Marcelo (1975): "Formación de un mercado convulsivo y el papel de los mercaderes: La región de Santiago de Chile (1559-1600)". En: *Jahrbuch für Geschichte von Staat, Wirtschaft und Gesellschaft Lateinamerikas*, 12, pp. 119-120.

Collado Villalta, Pedro (1983): "El Consulado de Sevilla: por un mayor protagonismo en la Carrera de Indias, 1591-1608". En: *Andalucía y América en el siglo XVI: actas de las II Jornadas de Andalucía y América*. Vol. I. La Rábida: Universidad Hispanoamericana Santa María de la Rábida, pp. 275-305.

Crespo Solana, Ana (1996): *La Casa de la Contratación y la Intendencia General de la Marina en Cádiz (1717-1730)*. Cádiz: Universidad de Cádiz.

Chaunu, Pierre/Chaunu, Hugget (1956-1960): *Séville et l'Atlantique (1504-1650)*. 8 vols. Paris: Colin.

Dánvila y Collado, Manuel (1892): *Significación que tuvieron en el Gobierno de América la Casa de la Contratación de Sevilla y el Consejo Supremo de Indias*. Madrid: Sucesores de Rivadeneyra.

Domínguez Ortiz, Antonio (1981): *Orto y ocaso de Sevilla*. Sevilla: Universidad de Sevilla.

Drobak, John/Nye, John (eds.) (1997): *The Frontiers of the New Institutional Economics*. San Diego: Academic Press.

Eggertsson, Thrainn (1990): *Economic Behavior and Institutions*. New York: Cambridge University.

Fisher, John Robert (1997): *The Economic Aspects of Spanish Imperialism in America, 1492-1810*. Liverpool: Liverpool University Press.

García Fuentes, Lutgardo (1980): *El comercio español con América (1650-1700)*. Sevilla: Escuela de Estudios Hispano-Americanos.

— (1997): *Los peruleros y el comercio de Sevilla con las Indias*. Sevilla: Universidad de Sevilla.

García-Baquero González, Antonio (1986): *Andalucía y la Carrera de Indias*. Sevilla: Editoriales Andaluzas Unidas.

Gil-Bermejo García, Juana (1976): "Traslado de la Casa de la Contratación de Sevilla a Cádiz". En: *La burguesía mercantil gaditana (1650-1868), ponencias presentadas en el XXXI Congreso luso-español para el progreso de las ciencias, celebrado en Cádiz*. Cádiz: Instituto de Estudios Gaditanos, pp. 139-144.

Greif, Avner (1997): "On the Interrelations and Economic Implications of Economic, Social, Political and Normative Factors: Reflections from Two Late Medieval Societies". En: Drobak, John/Nye, John (eds.): *The Frontiers of the New Institutional Economics*. San Diego: Academic Press, pp. 57-84.

Haring, Clarence Henry (1939): *El comercio y la navegación entre España y las Indias en la época de los Habsburgos*. México, D.F.: Fondo de Cultura Económica.

Heredia Herrera, Antonia (1970): "Apuntes para la historia del Consulado de la Universidad de cargadores a Indias en Sevilla, y en Cádiz". En: *Anuario de Estudios Americanos*, 27, pp. 219-279.

— (1982): "Las elecciones en el Consulado de Cargadores a Indias". En: *I Jornadas de Andalucía y América*. La Rábida: Universidad Hispanoamericana Santa María de La Rábida, pp. 169-179.

— (1985): "Los dirigentes oficiales del Consulado de cargadores a Indias". En: *Andalucía y América. Actas de las III Jornadas de Andalucía y América*. Vol. 1. La Rábida: Universidad Hispanoamericana Santa María de La Rábida, pp. 217-236.

Hernández Esteve, Esteban (1986): *Establecimiento de la partida doble en las cuentas centrales de la Real Hacien*da de Castilla. Vol. 1. Madrid: Banco de España.

Israel, Jonathan Irvine (1975): *Race, Class and Politics in Colonial México, 1610-1670*. Oxford: Oxford University Press.

Kellenbenz, Hermann (1971): "Mercaderes extranjeros en América del Sur a comienzos del siglo XVII". En: *Anuario de Estudios Americanos*, 28, pp. 377-403.

Lane, Frederic Chapin (1973): *Venice. A Maritime Republic*. Baltimore: Johns Hopkins University Press.

Lapeyre, Henry (1955): *Une famille de marchands: Les Ruiz*. Paris: Armand Colin.

Libecap, Gary D. (1989): *Contracting for Property Rights*. New York: Cambridge University.

Lohmann Villena, Guillermo (1968): *Les Espinosa: une famille d'hommes d'affaires en Espagne et aux Indes à l'époque de la colonisation*. Paris: École Pratique des Hautes Études/Centre de Recherches Historiques.

Loosley, Allyn C. (1933): "The Puerto Bello Fairs". En: *Hispanic American Historical Review*, 13, 3, pp. 314-335.

Lorenzo Sanz, Eufemio (1979): *El Comercio de España con América en la época de Felipe II*. 2 vols. Valladolid: Servicio de Publicaciones de la Diputación Provincial.

Mercado, Tomás de ([1570] 1977): *Suma de tratos y contratos*. Madrid: Edición de Nicolás Sánchez Albornoz.

Miró Quesada Canturias, Francisco/Pease, Franklin G. Y./Sobrerilla, David/Basadre, Jorge (eds.) (1978): *Historia: problemas y promesas. Homenaje a Jorge Basadre*. 2 vols. Lima: Pontificia Universidad Católica del Perú.

Morales Padrón, Francisco (1977): *Historia de Sevilla. La ciudad del Quinientos*. Sevilla: Universidad de Sevilla.

Moret, Michèle (1967): *Aspects de la Société Marchande de Séville au début de XVIIe siècle*. Paris: M. Rivère et Cie.

Navarro García, Luis (1976): "La Casa de la Contratación de Cádiz". En: *La burguesía mercantil gaditana (1650-1868), ponencias presentadas en el XXXI Congreso luso-español para el progreso de las ciencias, celebrado en Cádiz*. Cádiz: Instituto de Estudios Gaditanos, pp. 41-82.

North, Douglass Cecil (1990): *Institutions, Institutional Change and Economic Performance*. Cambridge: Cambridge University Press.

Otte, Enrique (1963): "Empresarios españoles y genoveses en los comienzos del comercio trasatlántico: la avería de 1507". En: *Revista de Indias*, 23, 93-94, pp. 519-530.

— (1964): "La Flota de Diego Colón: españoles y genoveses en el comercio trasatlántico de 1509". En: *Revista de Indias*, 24, 97-98, pp. 478-503.

Piernas Hurtado, José María (1907): *La casa de contratación de las Indias*. Madrid: [s.n.]

Pike, Ruth (1966): *Enterprise and Adventure. The Genoese in Seville and the Opening of the New World*. Ithaca: Cornell University Press.

— (1978): *Aristócratas y comerciantes: la sociedad sevillana en el siglo XVI*. Barcelona: Ariel.

Ramón, Armando de (1978): "Mercaderes en Lima, Santiago de Chile y Buenos Aires, 1681-1696". En: Miró Quesada Canturias, Francisco/Pease, Franklin G. Y./Sobrerilla, David/Basadre, Jorge (eds.): *Historia: problemas y promesas. Homenaje a Jorge Basadre*. Vol. 1. Lima: Pontificia Universidad Católica del Perú, pp. 141-176.

Rodríguez Vicente, María Encarnación (1967): "Los extranjeros en el reino del Perú a fines del siglo XVI". En: *Homenaje a Jaime Vicens Vives*. Vol. 2. Barcelona: Universidad de Barcelona, pp. 534-546.

— (1977): "Los cargadores a Indias y su contribución a los gastos de la Monarquía". En: *Anuario de Estudios Americanos*, 24, pp. 211-232.

Ruiz Martín, Felipe (1965): "Un expediente financiero entre 1560 y 1575. La hacienda de Felipe II y la Casa de la Contratación de Sevilla". En: *Moneda y Crédito*, 92, pp. 3-58.

— (1990): *Pequeño capitalismo, Gran capitalismo: Simón Ruiz y sus negocios en Florencia*. Barcelona: Crítica.

Ruiz Rivera, Julián Bautista/García Bernal, Manuela Cristina (1992): *Cargadores a Indias*. Madrid: Editorial Mapfre.

Schäfer, Ernesto (1935-1947): *El Consejo Real y Supremo de las Indias: su historia, organización y labor hasta la terminación de la casa de Austria*. 2 vols. Sevilla: Imp. Carmona/Escuela de Estudios Hispano-Americanos.

— (1945): "La Casa de la Contratación de las Indias de Sevilla durante los siglos XVI y XVII". En: *Archivo Hispalense*, 13, pp. 149-162.

Smith, Robert Sidney (1940): *The Spanish Guild Merchant. A History of the Consulado,1250-1700*. Durham: Duke University Press.

Solórzano, Bartolomé Salvador de (1590): *Libro de Caxa y Manual de cuentas de Mercaderes, y otras personas, con la declaración dellos: dirigido al Rey Don Felipe nuestro señor*. Madrid: Pedro Madrigal.

Spufford, Peter (2006): *Power and Profit: The Merchant in Medieval Europe*. London: Thames and Hudson.

Suárez Espinosa, Margarita (1995): *Comercio y fraude en el Perú colonial: las estrategias mercantiles de un banquero*. Lima: Fondo Editorial del Banco Central de Reserva del Perú/IEP Ediciones.

Veitia y Linaje, José de (1672): *Norte y contratación de las Indias occidentales*. Sevilla: Impresa por Juan Francisco de Blas.

Vila Vilar, Enriqueta (1979): "Extranjeros en Cartagena (1593-1630)". En: *Jahrbuch für Geschichte von Staat, Wirtschaft und Gesellschaft Lateinamerikas*, 16, pp. 147-184.

— (1982): "Las ferias de Portobelo: apariencia y realidad del comercio con Indias". En: *Anuario de Estudios Americanos*, 39, pp. 275-340.

— (1985): "Los gravámenes de la Carrera de Indias y el comercio sevillano: el impuesto de Balbas". En: *Andalucía y América. Actas de las III Jornadas de Andalucía y América*. Vol. 1. La Rábida: Universidad Hispanoamericana Santa María de La Rábida, pp. 253-270.

— (1991): *Los Corzo y los Mañara. Tipos y arquetipos del mercader con Indias*. Sevilla: Escuela de Estudios Hispano-Americanos.

Williamson, Oliver E. (1975): *Markets and Hierarchies: Analysis and Antitrust Implications*. New York: Free.

Zumalacarregui, Leopoldo (1947): "Las ordenanzas de 1531 para la Casa de la Contratación de las Indias". En: *Revista de Indias*, 30, pp. 749-782.

Wolfgang Lenk

Empire-Building and the Sugar Business in the South Atlantic (1621-1654)

The most important fact in the seventeenth-century history of sugar consists in the extension of its production to the Caribbean and the direct involvement of new European powers in this business, notably France and Great Britain. Both events are interrelated, and commerce with the Caribbean plantations would become increasingly mercantilistic, in spite of the role played by Dutch "internationalist" slave and sugar trades, as described by Pieter Emmer (Emmer 1991; 1998). On the other hand, Portuguese sugar production in Brazil was checked by the Dutch rule of the South Atlantic (1624-1654), and even Sicilian production, a Genoese investment, sees its final days in the seventeenth century, according to Antonino Morreale (2006). As the power of the Spanish monarchy declined, its rivals began a race of empire-building, and sugar was directly involved.

Some works also mention a certain diffusion of sugar consumption in Europe in this period. The classic *Geschichte des Zuckers*, by Edmund von Lippmann, describes (vaguely) a process ongoing since the late sixteen hundreds by which sugar ceased to be a medicine or a luxury to appears at the commoner's table. Sidney Mintz indicates the 1650s as the time when sugar consumption became popular in England. However, both authors recognize that the acceleration of sugar consumption among worker classes would be more important during the eighteenth and nineteenth centuries.[1] Hence, geographical expansion of the sugar cane, with its mills and slaves, and the involvement of new colonial empires in its trade are both prior to the consumption boom, so we shall focus on these events.

Geographical expansion and renewed empire-building are interrelated facts. Sugar was one of the most strategic goods in international trade between the fifteenth and eighteenth century (at least), as a lux-

1 Lippmann (1941: 157-158); Deerr (1949); Mintz (1985); Stols (1997: 127).

ury narcotic and as an energetic foodstuff. Even during the "general crisis" of the seventeenth century, sugar never lost its dynamism and capacity to open trade routes. In order to participate in this business, political connection to sugarcane-producing colonies was mandatory (Braudel 1996, II: 162). However, until the seventeenth century, the control of sugar production rested in Portuguese hands. Madeira reached its production peak in the 1530s, with approximately 5,000 tons of sugar. São Tomé and the Canaries were the main producers in the mid-century – mainly due to Portuguese investment trying to avoid taxation from Madeira (Vieira 2006). Finally, Brazil emerged in the late 1570s as the most important sugar field – in 1614, Brazilian colonies produced approximately 10,280 metric tons of sugar.

In spite of the virtual monopoly of Portuguese colonies in sugar production, there remains the fact that the main distribution centers were in Flanders. Throughout the sixteenth century until the Dutch occupation of 1585, Antwerp was the most important sugar port in Europe, followed by Rotterdam, Hamburg and Rouen. After that, it was Amsterdam that prevailed. These were the towns where buying and selling networks were in touch. In addition, much of the Portuguese overseas expansion was financed with Flemish capital, which came to the point of owning a few of the first sugar mills in American territory. That is to say, during most of the sixteen hundreds, sugar trade was a Portuguese staple business, yet it was open to foreign enterprise and largely dependent on Flemish connections.

One may come up with a few good explanations for these events, in itself a good topic for debate. First, there are the political circumstances and demographical movements between Portugal and Flanders at the time. The drawing of sugar routes was influenced by the emigration of Portuguese merchants accused of Judaism. Inquisitorial processes, particularly up to the 1620s, did not deny the possibility of communication between emigrants and their contacts in Portugal. According to David Grant Smith, this meant that merchant sojourn in foreign lands was restricted to New Christian exiles, with whom Old-Christians from Portugal could arrange their business. That would explain the political weakness of the merchant elites and its lack of cohesion as a social group, despite the profound mercantile traits of the Portuguese Empire (Smith 1975: 161-162; Costa 2002, I: 133). Conversely, Flanders was a region of strongly decentralized politics, inherited from its late middle-age organization and exacerbated during the sixteenth century by the wars of religion and the struggle for independence. It was a home of tolerance and cosmopolitism, in which many of the merchant emigrants of Europe could find a liberal environment (Mechoulan 1992).

The second reason for the outwardness in the Portuguese sugar trade is the geostructure of European commerce at the time, still gravitating around the net of semi-autonomous towns along the Flanders-Northern Italy axis. During the sixteenth and seventeenth centuries, the economic dynamism of the Northern Atlantic surpassed that of the Mediterranean, and the center of that "world-economy" shifted from the Italians to the Dutch. But the net of inland commerce, with its local fairs and markets, continued to be the base of European trade (Braudel 1996, II: 64). Portugal and Spain were secondary centers, constituting in fact a "semi-periphery" in the terms of Immanuell Wallerstein, despite the Habsburg predominance in the European political theatre (Wallerstein 1974; Arrighi 1996).

The outward and cosmopolitan traits of the Portuguese sugar business began to cause trouble in the late sixteenth century. The revolt of the Seventeen Provinces against Spanish rule and the dynastic union of the Iberian Crowns put the Portuguese and the Dutch on opposite sides. The fall of Antwerp had an important effect on the sugar trade, since merchant correspondents were forced to move. But the dynamism of the European economy and the expansion of sugar production in Brazil – specifically, the "structural turnover" of the Portuguese colonial Empire, from the Indian Ocean to the Atlantic (Godinho 1971: 175)– mitigated the effects of the conflict. The volume of sugar trade continued to grow within the framework of Portuguese-Flemish cooperation, now centered at the Amsterdam market.[2]

At the start of the seventeenth-century, production growth in Brazil started to decelerate. By that time, Brazilian sugar production had reached a total of ten thousand tons per year. Simultaneously, a small boom occurred in the Spanish colonies. The second largest producer then was Mexico, although its output would never reach the two-thousand-ton mark until the eighteenth century. Still, the sugar mill listings elaborated by Horacio Crespo indicates that sugar investment

2 A good summary of this discussion can be found in Emmer (2003).

accelerated between 1600 and 1630.[3] The island of São Tomé, at this time, was reported to load forty ships every year – even though its sugar was notoriously bad, the proximity to slave markets probably helped to sustain that plantation. There was sugar production starting also in the Caribbean. In Cuba, there are indications of a boom between 1605 and 1617, with production growing from 10 to 312 tons (the first Cuban mill was dated as of 1598). Conversely, in Hispaniola, sugar production reached a low point of 222 tons in 1608, after an early boom in the previous century. In Puerto Rico, the little production capacity previously installed was destroyed by a hurricane in 1615, but as soon as 1620 four new sugar mills were built, and three more until 1647 (Deerr 1949: 109-138). While growth in the Brazilian colonies was losing pace, the association of the Castilian Crown with Portuguese merchants (slave traders in particular) probably accounts for a small spur of sugar production in the Spanish Empire.

After 1620, political tension in the business turned into an open war. The European crisis of 1619-1622 forced bankruptcies and devaluations throughout the continent, implying the closure or diminishment of trade routes. With the end of the Twelve Year Truce between Spain and the United Provinces, followed by the escalation of war in the German countries, the Portuguese-Flemish sugar trade was caught in the crossfire. Besides the fast growth of Flemish corsair attacks on Portuguese navigation, jamming the flow of Brazilian sugar to Europe, the Habsburg embargo against the Dutch severely hindered re-exportations from Lisbon. At the same time, the Inquisition intensified its operations against New Christians, including the prohibition of the return of emigrants to Portugal. In 1622, a new system of customs inspection was created and foreign shipping was overtaxed, despite all protests from Lisbon. Many sought to conduct business in northern ports such as Oporto and Viana, where Spanish control was lighter. The Portuguese salt trade was also damaged, affecting the Dutch herring industry – the Habsburgs were trying to divert that salt to the fisheries of Galicia and the Asturias. Not even ships that sailed under a neutral flag (English or Hanseatic) managed to escape the new in-

3 See Crespo (1988). It should be stressed, however, that apparently this sugar industry is directed to Mexican *internal* demand. Mentz (1999) reminds that sugar can be a source of calories to a labor force working under near slavery conditions.

spectors of the "contraband administration", as it was named by the Lisbon townsfolk (Costa 2002). It is estimated that one fourth of the Dutch Sephardic population moved to neutral ports, especially Hamburg and other Hansa towns, and France and Italy in smaller scale. All of the Portuguese navigation resented the consequences of the Spanish embargo against the United Provinces.

Above all, the charter of the Dutch West India Company in 1621 marks the crisis of the former structure of the Portuguese-Flemish sugar trade. It is significant that the West India Company (WIC) was not really aimed at the preservation of a stable set of commercial ties. In fact, its charter found strong resistance within Amsterdam, indicating that a clash among merchant networks had occurred. It could be viewed as a mercantilistic policy by the States-General, seeking to seize control of the sugar supply from the hands of a foreign merchant group (Costa 2002, I: 135). After all, the debate on the company's objectives went between peaceful sugar producing in Curaçao and seizing Spanish ports in New Spain (Boxer 1957: 36). In any case, it was at least an effort to adjudicate the conflict between a traditional, cosmopolitan bourgeoisie and a new, rising, popular and nationalist one – an internal conflict that could hinder the Dutch fight against Spain. In the terms of Eddy Stols (1973: 47-50), it was "nationalization *avant la lettre*". As a result, Portuguese sugar merchants in Amsterdam were forced to choose between joining the WIC or transferring their businesses to another city outside the United Provinces.

In Portugal, merchants were also divided. The end of the Truce, the reenactment of the embargo and the Dutch offensive on sugar and salt production in America were nothing but grim news to a vast group of merchant networks and middlemen. Nevertheless, an elite of financiers and slave traders were aligned with Madrid, especially after the *asiento* of Flanders of 1626 and the Spanish bankruptcy of 1627, when Phillip IV sought Lisbon to replace Genoese lenders – in 1630, it was said that one in four people living in Seville came from Portugal (Novinsky 1972: 42; Boyajian 1983). The first group was naturally inclined to a peace agreement with the Netherlands – much of its profits came from the trade of Brazilian sugar, Setubal salt and Baltic woods, copper and grain (Godinho 1971: 276, 283-284).

Finally, the most important effect of the Dutch-Spanish crisis to the sugar industry was the Dutch occupation of producing areas in

America. In 1624, the WIC grasped for the Portuguese foremost colony in Brazil, at the Bay of All Saints (Bahia) – it failed, nonetheless, in dominating its plantation country, and a year later the town was liberated by an Iberian armada. In the northern colony of Pernambuco, the Dutch were more successful: the invasion of 1630 met strong resistance, but after five years most of the land was under control. In time, production in "New Holand" would reached a peak of six thousand tons, effectively reinitiating competition in the supply of sugar, ceasing the long Portuguese monopoly of the sixteenth century.

The conquest of Olinda and Recife in 1630 did not immediately grant control of the sugar-producing hinterland of Pernambuco to the WIC. The Dutch were isolated in the town and harbor, incapable of breaking local resistance. But the Iberian Crowns did not have the strength to provide another naval force against the invasion. Raids on the food-producing areas were effective in eroding the defenses. Between 1633 and 1636, all of the forts were taken, and the Portuguese started their retreat march to Bahia. By 1637, the Dutch Brazil was relatively safe from guerrilla campaigns, and the WIC started exporting its own harvests – until then, registered sugar exports refer to sugar boxes captured at the docks and warehouses during the occupation (Wätjen 1938; Boxer 1957; Mello [2]1998; 1999).

The last and most destructive Portuguese campaign against Dutch plantations occurred in 1639, after a failed attack against Recife. Two Portuguese regiments *(terços)* disembarked at the extreme northeast of the coast in order to march south, back to Bahia, burning sugarcane fields and destroying mills as they went. As a retaliation, the WIC's governor ordered the Dutch fleet to pillage and destroy sugar production in the Bahian *recôncavo*. Both sides agreed then to keep the conflict out of the sugar cane plantations, or they would destroy the very reason they were fighting for (Silva 1925: 98; Barléu 1940: 198; *Documentos* 1951, I: 14-16).

As an illustration, Figure A shows the exports of sugar from Dutch-controlled colonies, mainly Pernambuco but also Java (under supervision of the East India Company, or VOC). From Table 1, one will notice the importance of Pernambuco compared to other provinces of the Portuguese colony through a comparison of the number of sugar mills operating. However, the number of mills is not a good indicator of production, since many can be out of operation at any give period. Moreover, there is no available data on total production or exports from Bahia or Rio de Janeiro, except for the account of sugar making in one particular mill, the *Sergipe do Conde*. Therefore, similar numbers for the Bahian production need careful estimation, by organizing data on production capacity (sugar mills construction and slave labor) and prices.

Figure A: Sugar exports from Dutch-controlled colonies

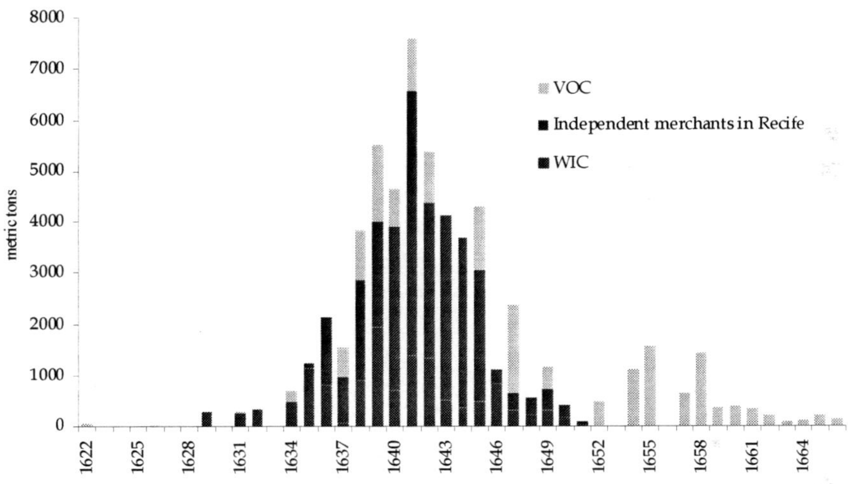

Source: Deerr (1949: 214-215); Puntoni (1999: 99).

The spread of the three-cylinder mill after the 1610s probably accounts for much of the numbers in Table 1, since that innovation not only increased productivity but also decreased the cost of construction. It is possible that the numbers for Bahia and Rio de Janeiro are underestimated. Antônio Vieira and Gaspar Dias Ferreira, two men of considerable importance at the time, wrote that there were 200 and 300 mills, respectively, under Portuguese control during the 1640s. The Municipal Council of Salvador also mentioned the existence of 300 sugar mills in the Bahian *recôncavo* alone, but that number is likely to be overstated in order to persuade the Crown to alleviate taxes in the province. In 1645, D. João IV ordered more mills to be constructed in Brazil.[4] However, since new mills gave tax exemptions to their owners, we should consider a bias toward mill construction without parallel growth in sugar production. In addition, many of the figures for the 1640s must be accounted by the reconstruction of incapacited mills. Therefore, an honest estimate of the number of sugar mills operating at that time in Bahia and Rio de Janeiro can only be estimated between 200 and 250.

Table 1: Number of sugar mills in Brazil, seventeenth century

	Bahia	Pernambuco	Rio de Janeiro
1570	18	23	
1583-1585	36	66	
1610	63		14
1612	50	90	
1622		119	
1629	80	150	60
1639			110
1662	69		
1675	130		
1710	146	246	136

Source: Schwartz (1985: 150).

The supply of slave labor also underwent a problematic period. In 1644, a letter signed by Gaspar de Brito Freyre stated that Bahia relied on 11,000 or 12,000 slaves yearly brought from Angola. But that was before the Dutch captured Luanda in 1641, ceasing the bulk of that commerce. Reducing Native Americans to forced labor or recapturing fugitives could hardly make up for the interruption in the slave trade. There was a considerable movement of masters and slaves from Pernambuco to Bahia after the Dutch occupation, between 1635 and 1638. But that hardly included more than 4,000 slaves (Schwartz 1985: 134). Moreover, the peak of slave acquisitions by the sugar mill

4 See Mauro (1989, I: 255-256); Silva (1959: 179). There is record of an invention by Belquior da Costa in the minutes of the Municipal Council of 1626, but there are no other indications of its nature and adoption among producers (*Documentos* 1944-1950, I: 55).

in *Sergipe do Conde*, in 1643-1644 (Figure B), matches the year of the smallpox outbreak in Rio de Janeiro, possibly meaning that Bahia also suffered from the epidemics.

Figure B: Slave acquisition and average price, Engenho Sergipe do Conde

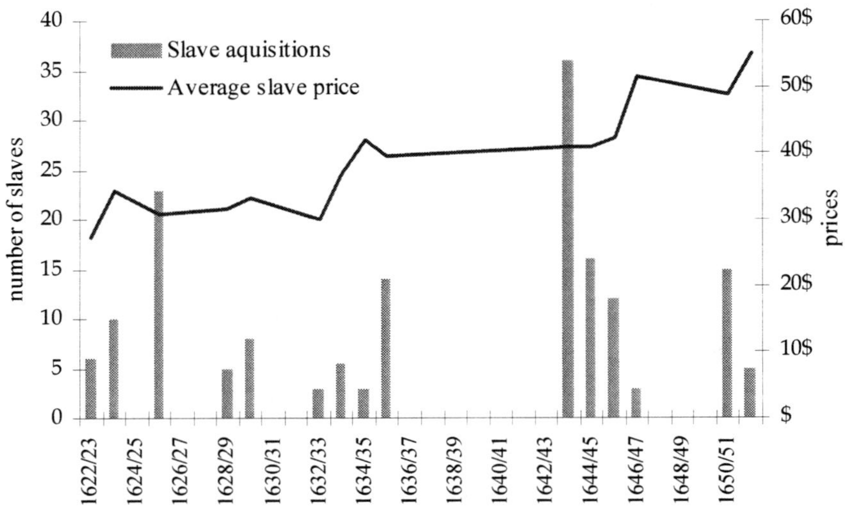

Source: *Anais* (1955: 485).

From Figure B, slave prices indicate two upward shocks: 40% between 1632 and 1635 and 23% between 1645 and 1647. On average, slave prices in the 1640s are 18% higher than in the 1630s. That is, slave prices had already increased considerably before the Dutch occupation of Luanda. But it is also visible that even the liberation of Angola by a Portuguese expedition in 1648 (led by colonists from Rio de Janeiro) did not halt the price hike, which therefore must have been influenced by the Dutch-Portuguese conflict as a whole, and not just by the dispute over slave markets.

Construction of mills and slave prices are some of the most important factors behind sugar production at the time. According to Frédéric Mauro, in 1643 Rio de Janeiro alone produced somewhere between 15,000 and 17,000 tons; total exports from Brazil reached 26,000 tons in 1641, which would indicate a total production in Bahia between

9,000 and 11,000 tons. Such numbers, however, overestimate the mass of sugar per box. Considering the amount collected by the *vintena* tax (a 5% duty on production) between 1642 and 1646, keeping in mind the flexible variety of exemptions to new mills and members of religious orders, we can estimate a minimum of 6,000 tons per year produced in Bahia. Sugar production in the Portuguese colonies as a whole during the 1640s must have been somewhere between 16,000 and 22,000 tons, which already indicates that production nearly doubled since the 1610s, despite the loss of Pernambuco (the largest of the sugar colonies).

As far as sugar prices are concerned, there are records of historical floors and ceilings (in the minutes of the Municipal Council at Salvador) and of prices obtained by the mill at *Sergipe do Conde* between 1622 and 1653. Two historical low points were registered by the Council: in 1626, producers complained that prices were halved, triggering widespread insolvency and dismemberment of farms and mills. The Council then fixed prices for the arroba of white, medium, low, brown and *panela* sugar ($750, $700, $600, $360 and $240 respectively). The same occurred in 1642, when Council negotiations set the prices of "sugar delivered by inhabitants to their debtors"; this time at 1$000, $900, $800, $550 and $240. These prices were negotiated by a commission of two producers, two merchants and two members of the Council (Mauro 1989, I: 323). In 1646, the opposite measure was taken, and the price of an *arroba* was limited at a ceiling of 1$600 "because it was more expensive than in Portugal". According to David G. Smith, in 1646 the arroba of sugar in Portugal was worth some 3$500 *réis* (Smith 1975: 342).

Price movements can also be reconstructed through the surviving balance sheets of the *Sergipe do Conde* mill (Figures C and D). The most striking observation is that prices hiked between the harvests of 1634-1635 and 1637-1638 – a rise in 73% for white sugar and 64% for brown, while production decreased 69 and 59% respectively. There is less data available for the decades of 1640 and 1650, but it is possible to underline that the price of sugar never returned to its levels in the 1630s.

Figures C and D: Production and prices, white and brown sugar, *Sergipe do Conde*

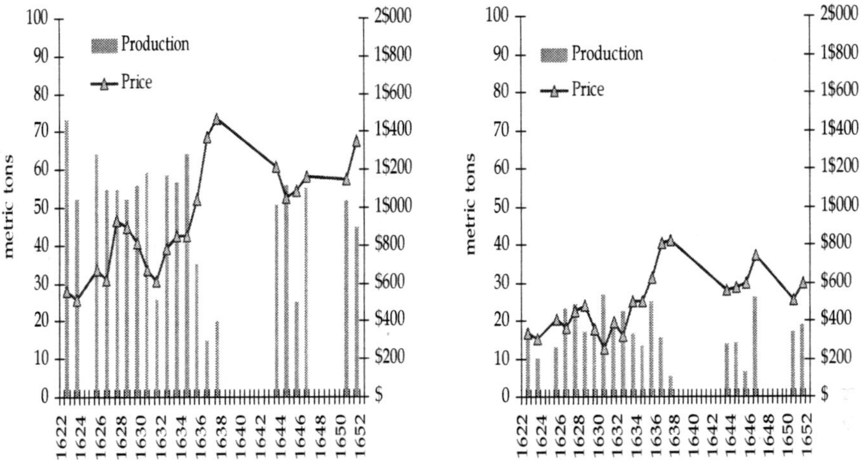

Source: Ferlini (1980: 229).

Figures E and F: Farming of tithes and the *verde*, Bahia

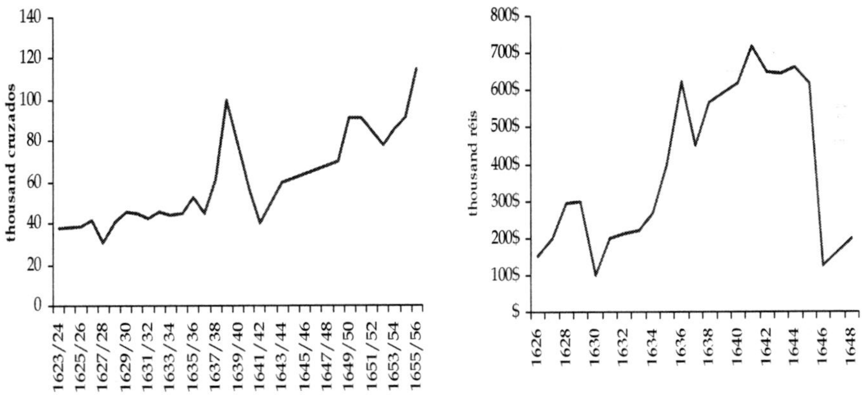

Source: Mauro (1989, I); *Documentos* (1944-1950, I-II).[5]

5 When using tithes collection as a proxy for price and production, one should bear in mind that it is only a very crude indication of fluctuations on the total value of sugar production, considering the vast amount of exemptions and particularities.

As Frédéric Mauro has already remarked, such price curves show a level of "parallelism" with the values for farming the collection of tithes. Here we have combined tithe contracts with the values of the *renda do verde*, a small farming of fines and weight inspection by the city of Salvador (Figures E and F).

The trend in Bahian sugar prices during the 1630s can be explained by the war in Pernambuco. With Olinda and Recife under foreign rule, exports of sugar brought through the Capiberibe and Beberibe rivers were halted; sugar prices in Bahia rose out of a ten-year low and levelled at a slightly higher ground until 1634. During the Dutch offensive of 1635, the Fort Narazé at the Cape of Saint Augustine was taken, closing another export route on the coast (for sugar produced in the southern plantations of the colony, particularly those around the rivers Serinhaém and Paraguaçu). Sugar exports from Pernambuco were compromised, and many must have resorted to the markets of Rio de Janeiro and Bahia, soaring its prices.

However, there were problems even for sugar produced in the Bahian *recôncavo*. Due to the assault of Dutch corsairs on Portuguese navigation, sugar exports from Bahia also suffered. In 1634, the Portuguese governor in Salvador desperately prohibited the crossing of sugar to Europe. Stored in the docks, without good prospects of transportation, sugar was worthless. Since the merchant fleet would only receive decent escort to cross the ocean in 1636, it is very likely that much of that merchandise went rotten. The prices of freshly made sugar were hiking, as indicated by the *Sergipe do Conde* balances. But dealers with accumulated losses (due to rotten stocks) and with a bad credit relationship were not able to profit from hiking prices. The fall of production in the *Sergipe do Conde* mill, which at this time processed only sugarcane from third parties, testifies to a crisis among planters *(lavradores)*.

In 1636, the colonial government reenacted the law that protected planters and mill owners against their creditors. In order to preserve the capacity of production from market movements, the Crown had always forbidden the settlement of debts through the seizure of any means of production – slaves, boilers, boats and ox-carts – by unpaid creditors. Thus, indebted producers could remain in business (*Documentos* 1928-1955, XVI: 388-391; Pinho 1982: 276). The reenactment of that law indicates a period of striking insolvency among planters and mill owners. In a scenario such as the 1634-1636 navigation crisis, it was crucial for producers to have a good relationship with credit sources – a friend or family member, a good connection with one of the clerical orders. Those were the ones who could not only sustain their production, but profit from the situation.

It should be noted that the 1630s turbulence in the sugar market rearranged much of the Portuguese trade with its American colonies. While the bankruptcy of the Spanish Crown had attracted the elite of Portuguese financiers to Madrid, the losses in the Atlantic navigation to Dutch piracy in 1627-1628 and 1633-1634 aggravated a shrinking of merchant capital in the sugar trade – very few were able to bear its risks. In 1630, in Lisbon, there is talk of a "lack of capital and businessmen", and the Council requests the Crown's authorization to admit foreign capital in the city (Costa 2002, I: 71-72). Still, during the 1630s the losses in the Atlantic were highly compensated by the "great price given for sugar", earned by those who could manage its crossing and sustain the colonial trade. This was the fountain which irrigated a generation of new fortunes, raising merchants who would soon be able to financially support the duke of Bragança's claim to the throne (Godinho 1971, II: 255).

The Portuguese Restoration of December 1640 had an immediate effect on the conflict. Portugal and the United Provinces signed into an anti-Spanish alliance as early as 1641, a deal which included formal recognition of the Dutch possession of Pernambuco. The conflict in Brazil had already lost intensity since 1640, and Portuguese navigation in the Atlantic was again safe from corsairs. In Salvador, sugar prices fell, probably indicating the recovery of production after the 1634-1636 slump. But it was also a reflection of the competition with sugar exported by the Dutch in Pernambuco. The Council negotiated a minimum price in 1642. At the same time, the Portuguese sugar trade with Amsterdam was reopened. Figures G and H, with index prices of sugar in Bahia and Amsterdam, provide a good image of that.

In that sense, the Restoration would be a fatal blow to the WIC, in spite of the Portuguese recognition of the "New Holand" colony. With Portugal allied to the United Provinces, much of the company's role in fighting the Spanish was lost. Furthermore, the Dutch colony in Pernambuco had internal problems. In 1637 and 1641, with the conquests of São Jorge da Mina and Luanda in the West African coast, the Dutch had set their foot in the slave trade, guaranteeing a labor force for its plantations. But most of the sugar-producing country was dominated by Portuguese inhabitants, through purchases and concessions. Even if most of them were on good terms with Dutch rule, the business of sugar producing required a protection against commercial mishaps. We have seen this in Bahia when the 1634-1636 navigation crisis brought pressure on sugarcane planters. But the colonial government of the Dutch WIC, being it a company with shares in the Amsterdam Exchange, could not afford such liberality.

Figures G and H: Index numbers for sugar prices, Bahia and Amsterdam

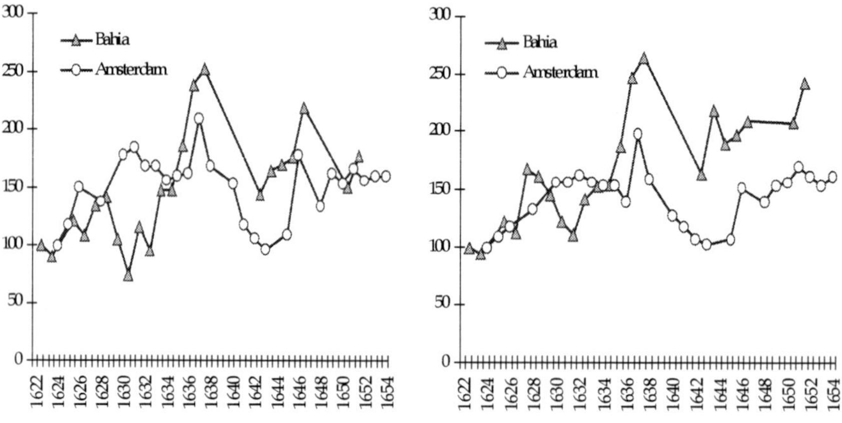

Source: Ferlini (1980: 241-244).[6]

In 1643, when four thousand African slaves disembarked in Recife (four times more than in the previous years), the insolvency of sugar mill owners was already startling. Sugar prices in Amsterdam were on the fall. The Dutch governor in Recife, an intelligent count from Germany, was aware of the problem and avoided the collection of debts.

6 It was impossible to set a basis for indexation on prices, since sugar prices for Bahia are related to harvests (1622-1623 or 1623-1624, for example), while Amsterdam prices are yearly averages. Since the purpose of these figures is to show parallelism in price tendencies, we saw no problem in establishing 1622-1623=100 for Bahian prices and 1624=100 for Amsterdam prices.

As a result, he was losing his support from the company's board of directors in Amsterdam. A declining market price for the WIC's shares put pressure on the board, who eventually replaced the governor in 1644. After he had left to Europe, sugar producers in Pernambuco were hardly pressed by the WIC's financial problems. After a sequence of embarrassments and disputes, in 1645 the sugar mill owners revolted against Dutch rule.

With support of the new Portuguese dynasty through Bahia, the revolt quickly gained control of the country and succeeded in isolating the Dutch in Recife. As early as 1646, sugar from Pernambuco was being boarded in Portuguese ships at the Cape of Saint Augustine. In Bahia, the revolt of Pernambuco made prices rise from the early 1640s low. Prices in Amsterdam reflect the upward trend. But as the Dutch were again isolated in Recife, they could only resort to naval warfare, by preying upon the enemy's ships. Their hope was to inflict enough damage on Portuguese shipping so that the conflict would return to a stalemate. The King of Portugal would be forced to negotiate, possibly withdrawing his support to the revolt. During 1648 and 1649, with the help of a corsair company from Zeeland, the Dutch nearly closed the Atlantic for Portuguese trade.

However, the Portuguese sugar trade at this time had enough capital and political power to arrange a fleet system, which they had not been able to do in 1627. A *General Company for the Commerce of Brazil* was chartered, with the responsibility of providing naval escort to merchant ships and with a monopoly of the four most important metropolitan goods in the colony: cod, salt, wine and olive oil (Costa 2002). Although the Company's privileges caused opposition among the colonists, the fleet system succeeded in safeguarding the navigation between Portugal and Brazil. The third fleet sailing under the Company's administration was the one responsible for the final blow on the WIC hold of Recife, and the Dutch surrended in January 1654.

With the end of the conflict, did Portuguese sugar production regain its predominance in the business? Most importantly, did the Lisbon-Amsterdam connection return to the center of sugar trade, as it was in the late sixteenth century? After all, the parallelism observed in price tendencies during the 1640s indicate the resilience of Portuguese-Flemish trade. The Spanish monarchy failed to dismantle this relationship and lost the Portuguese Crown in part because of that. It is equally true that the Dutch West India Company also failed to hold the Portuguese sugar-producing areas under its control. Nonetheless, the sugar trade underwent a vast transformation during these thirty years, both in the sphere of production and in the sphere of distribution.

Approximately between 1630 and 1650, sugar production was attempted in the Caribbean. Slowly, it would be learned about by the British and French colonies which had established themselves during the Dutch war against Iberian rule of the New World.

In 1639, the governors of the island of St. Kitts[7] agreed to destroy the tobacco fields and start the production of sugar. By 1643, the French side had started its production, a year before the British. However, only in the 1660s did sugar production surpass indigo in total exports. The island of Martinique was the site of a sugar-producing attempt by the *Compagnie des îles d'Amérique*, after a decision taken in 1638. The company gave 3,000 acres to a Rouen merchant, Me. Trezel, to initiate the production. Despite his personal effort and investment, Trezel met with resistance from local inhabitants and from the dense native jungle; his first sugarcane harvest was ready only in 1647. But the industry did not grow, not even after the arrival of Dutch experts in 1663. Until then, sugar was produced more as a refreshing drink than as an export good (Deerr 1949, II: 92).

Contrasting with the experiences of St. Kitts and Martinique, the sugar industry swept Barbados like a revolution. Since the occupation of the island in 1627, the island produced tobacco and cotton, mainly with contracts of indentured labor. It was a promising colony –to the windward of all the Antilles, it was out of reach for any Spanish attack from Central America. In addition, there were no hostile natives as on many of the other islands. Nevertheless, the fall of tobacco and cotton prices in Europe in the early 1640s (along with sugar prices, as we have seen) meant a crisis of export value for Barbadian goods, triggering a wave of emigration. Meanwhile, the outbreak of civil war in England led the local government to declare neutrality, and communication with the metropolis practically ceased. Therefore, the inden-

7 The small island was being shared by the British and the French since 1625.

tured labor contracts which sustained the island's economy was also halted (Green 1988; Emmer 1998).

This void in the Barbados export-import trade was filled by Dutch WIC merchants who were based at the island of Curaçao and by merchants of the English Guinea Company, which had not stopped its activities. Both these groups had a strong position in the slave trade, and so they offered the inhabitants of Barbados a complete package for the sugar industry: financing, capital goods, freights and export markets. Sugar prices in Europe were declining then, while indigo prices were on the rise. The colonists could have just as well chosen indigo instead of sugar to overcome the crisis. But their entry into trade was ultimately determined by the conditions of the slave trade.

After 1645, when the WIC was in control of two major West African outposts (São Jorge da Mina and Luanda), the revolt of sugar producers in Pernambuco left its slave trade without a market. Even after the Portuguese liberated Luanda in 1648, the WIC remained in control of slave exports from Mina. The development of a new sugar business in the Caribbean was the cornerstone which sustained the WIC after the 1650s –mainly as a supplier of slaves to new sugar plantations and mills. That was what caused the Barbadian "sugar revolution".

Therefore, during the war the Portuguese-Flemish sugar trade was cleavaged into rival merchant groups. First, there were Portuguese sugar traders in Amsterdam who fled to alternative ports. In time, Hamburg would emerge as a major refining center for Brazilian sugar. After the Restoration of 1640, sugar interests gained strong support from the Portuguese Crown, which succeeded in expelling the Dutch WIC from Brazil in 1654. On its turn, the WIC managed to survive in the business by developing a large slave-sugar market in the Caribbean, which would eventually trigger the development of French and British plantations.

Simultaneously, yet on another level of events, the decadence of Spanish preponderance in Europe paved the way for renewed expansionist struggle between states. Since Madrid was on the retreat, others sought to occupy strategic positions in the empire-building game, and colonial trade was right in the middle of it.

As far as the sugar business is concerned, this resulted in a spread of mercantilistic practices. During the 1660s, the British and the French closed their markets to colonial imports, in order to favor their own sugar refinery industries. As a merchant from Paris would later say, "the best sugar comes from Brazil, but its trade has almost disappeared". That accelerated the development of sugar production in the Caribbean and divided the sugar market in Europe: "in brief, there was a *partition of production*, then a *partition of refining* (an essential operation) and, finally, a *partition of the market*" (Braudel 1996, II: 164-165).

Bibliography

Anais (1955): *Anais do Primeiro Congresso de História da Bahia*. Salvador: Instituto Geográfico e Histórico de Bahia.

Arrighi, Giovanni (1996): *O Longo Século XX*. Rio de Janeiro: Contraponto.

Azevedo, João Lúcio de ([1921] 1989): *História dos Cristãos-Novos Portugueses*. Lisboa: Clássica.

Barléu, Gaspar (1940): *História dos feitos recentemente praticados durante oito anos no Brasil [...]*. Rio de Janeiro: Ministério da Educação.

Boxer, Charles Ralph (1957): *The Dutch in Brazil*. Oxford: Clarendon.

Boyajian, James C. (1983): *Portuguese Bankers at the Court of Spain, 1626-1650*. New Brunswick: Reutgers University Press.

Braudel, Fernand (1996): *Civilização material, economia e capitalismo nos séculos XV-XVIII*. 3 vols. São Paulo: Martins Fontes.

Costa, Leonor Freire (2002): *O Transporte no Atlântico e a Companhia Geral de Comércio do Brasil (1580-1663)*. 2 vols. Lisboa: Comissão Nacional para as Comemorações dos Descobrimentos Portugueses.

Crespo, Horacio (1988): *Historia del azúcar en México*. Mexico, D.F.: Fondo del Cultura Económica.

Deerr, Noël (1949): *The History of Sugar*. 2 vols. London: Chapman and Hall.

Documentos (1928-1955): *Documentos históricos da Biblioteca Nacional do Rio de Janeiro*. 110 vols. Rio de Janeiro: Ministério da Educação e Saúde/Biblioteca Nacional.

Documentos (1944-1950): *Documentos históricos do Arquivo Municipal. Atas da Câmara*. 5 vols. Salvador: Prefeitura Municipal.

Documentos (1951): *Documentos históricos do Arquivo Municipal. Cartas do Senado*. 3 vols. Salvador: Prefeitura Municipal.

Emmer, Pieter Emmer (1991): "The Dutch and the Making of the Second Atlantic". In: Solow, Barbara (ed.): *Slavery and the Rise of the Atlantic System*. New York: Cambridge University Press, pp. 75-96.

— (1998): *The Dutch in the Atlantic Economy, 1580-1880, Trade, Slavery and Emancipation*. Aldershot-GB/Brookfield-US: Ashgate.

— (2003): "The First Global War: The Dutch versus Iberia in Asia, Africa and the New World, 1590-1609". In: *E-journal of Portuguese History*, 1, 1, 14 pp.

Ferlini, Vera Lucia Amaral (1980): *Engenho Sergipe do Conde: contar, constatar e questionar (Bahia 1622-1653)*. São Paulo: Universidade de São Paulo (thesis M.A.).

Godinho, Vitorino Magalhães (1971): *Ensaios*. Lisboa: Sá da Costa.

Green, William A. (1988): "Supply Versus Demand in the Barbadian Sugar Revolution". In: *Journal of Interdisciplinary History*, 18, 3, pp. 403-418.

Lippmann, Edmund Oskar von (1941): *História do açúcar. Desde a época mais remota até o começo da fabricação do açúcar de beterraba*. Rio de Janeiro: Instituto do Açúcar e do Alcool/Leuzinger S.A.

Mauro, Frédéric (1989): *Portugal, Brasil e o Atlântico, 1570-1670*. 2 vols. Lisboa: Estampa.

Mechoulan, Henry (1992): *Dinheiro e liberdade. Amsterdam no tempo de Spinosa*. Rio de Janeiro: Jorge Zahar.

Mello, Evaldo Cabral de (^{2}1998). *Olinda restaurada. Guerra e açúcar no nordeste, 1630-1654*. Rio de Janeiro: Topbooks.

— (1999): *O negócio do Brasil: Portugal, os Países Baixos e o Nordeste, 1641-1669*. Rio de Janeiro: Topbooks.

Mentz, Brigida von (1999): "Notas sobre el estudio del azúcar en México: fuentes y algunos problemas interpretativos". In: *América Latina en la Historia Económica*, 11, pp. 15-23.

Mintz, Sidney Wilfred (1985): *Sweetness and Power: The Place of Sugar in Modern History*. New York: Viking.

Morreale, Antonino (2006): *Insula dulcis, l'industria della canna da zucchero in Sicilia (secc. XV-XVII)*. Napoli: Scientifiche Italiane.

Novinsky, Anita (1972): *Cristãos-Novos na Bahia, 1624-1654*. São Paulo: Perspectiva.

Pinho, Wanderley (^{2}1982): *História de um engenho no recôncavo. Matoim-Novo Caboto-Freguesia, 1552-1944*. São Paulo: Nacional.

Puntoni, Pedro (1999): *A míseria sorte: a escravidão africana no Brasil holandês e as guerras do tráfico no Atlântico sul, 1621-1648*. São Paulo: HUCITEC.

Schwartz, Stuart (1985): *Sugar Plantations in the Formation of Brazilian Society*. Cambridge: Cambridge University Press.

Silva, Ignacio Accioli de Cerqueira e (ed.) (1925): *Memórias históricas e políticas da província da Bahia*. Vol. 2. Salvador: Imprensa Oficial do Estado.

Silva, José Pinheiro da (1959): "A capitania da Bahía". In: *Revista Portuguesa de História*, 8, pp. 45-276.

Smith, David Grant (1975): *The Portuguese Mercantile Class of Portugal and Brazil in the Seventeenth Century: a Socioeconomic Study of Merchants of Lisbon and Bahia, 1620-1690*. Ph.D. thesis. Austin: University of Texas.

Solow, Barbara (ed.) (1991): *Slavery and the Rise of the Atlantic System*. New York: Cambridge University Press.

Stols, Eddy (1973): "Os mercadores flamengos em Portugal e no Brasil antes das conquistas holandesas". In: *Anais de História*, 5, pp. 9-54.

— (1997): "Convivências e conivências luso-flamengas na rota do açúcar brasileiro". In: *Ler História*, 32, pp. 119-147.

Vieira, Alberto (2006): "Fiscalidade e Negócios Sacarinos no Espaço Insular Atlântico". In: *IV Seminário Internacional de História do Açúcar*. Funchal: Centro de Estudos de História do Atlântico/AHICA-Associação Internacional de História do açúcar.

Wallerstein, Immanuel (1974): *The Modern World-System*. New York: Academic.

Wätjen, Hermann (1938): *O domínio colonial hollandez no Brasil: um capítulo da história colonial do século XVII*. São Paulo: Nacional.

Ana Crespo Solana

Dutch Mercantile Networks and the Trade with the Hispanic Port Cities in the Atlantic (1648-1778)*

1. Introduction

Historiography on Spanish colonial trade emphasizes the essential role played in the Spanish expansion in the Atlantic by non-Hispanic mercantile networks settled in the port cities of the Iberian Peninsula. Communities of foreign merchants, mostly Anglo-Irish, French, Flemish, and Dutch, lived in the Iberian Peninsula and enjoyed a prosperous trade at the main urban nuclei. The port city of Cadiz had a paradigmatic functionality as a crossing point for several maritime routes. Various studies have highlighted the prosperity reached by Cadiz and by so many other cities on the Spanish shore. Different communities of foreign merchants had settled there, to a lesser or a greater extent, mainly during the second half of the 17th century and throughout the 18th century. Due to the very nature of certain urban centers such as Bilbao or Malaga, foreign colonies had a considerable impact on the evolution and development of the economic relationship between the North of Europe and the South of the Iberian Peninsula. This is clearly shown, especially, in the influence that Southern Spain had on the Atlantic markets. It is worth highlighting that, in the most recent historiography, we have moved from studying those colonies *in situ* to analyzing them as actors and factors in a process of spatial and regional integration spreading beyond all national borders.[1] The complexity of the networks, finely interwoven by the various colonies of merchants of different nationalities in and around American and Span-

* Translated by Ernesto Alconchel Guido. This investigation has been done in the Project: *Nations and Communities: Comparative Perspectives in Atlantic Europe: 1650-1830*, Plan Nacional I+D, 2006 HUM-01679/*Ministerio de Ciencia e Innovación* (Spanish Ministery of Sciences and Innovation).

1 See Klein/Veluwenkamp (1993: 27-55); Crespo Solana (2001; 2002: 446-467); Weber (2004); Bustos Rodríguez (2005); García Fernández (2005).

ish markets and ports, deserves a deeper investigation. Such an investigation should aim at studying the role played by the mercantile actors who built the foundations supporting the different monopolies. Such monopolies were created by a multitude of trade companies thriving in some heavily competitive markets. These companies were swayed by shifting winds that affected the social fabric at political, social and economic levels.

Based on the example of the Dutch merchant community in Cadiz, this paper seeks to outline the role played by these communities in the Spanish Atlantic expansion. In order to do so, we have taken into account the strategies of the colonies' businessmen (extensively dealt with in my own works), and we have analyzed the major connections with those American ports reached via Cadiz. With that in mind, we will also try to offer a comparison between direct trade from Amsterdam to several American ports, mainly in the Caribbean, and trade carried out via Cadiz. We will describe the nature of this trade from Cadiz and its connection with various American cities. There are a number of reasons for choosing a specific chronological frame, in which factors of a political, social and economic character converge. A general assessment can be made between 1648 and 1778. Such a long period also meant a transition between centuries. It is a long period of crisis, in its etymological sense. A series of warlike conflicts caused certain structural changes of an economic nature. At the same time, well into the second half of the 17th century and throughout the enlightened 18th century, the old enemies of the Hispanic Monarchy had devised some sophisticated trading mechanisms between Spain and America. It was due, mainly, to the fact that the south of the Iberian Peninsula and the Baltic regions were highly complementary and mutually dependent areas, combined with the particular importance of Dutch transport in the exchange between both areas. In the same way, the complicity between Dutch merchants and the Flemish colony of Southern Andalusia (the latter being thoroughly integrated into the Spanish society), had been central to the routes of these convoys, which linked certain northern European ports to southern Spain and several American ports. At those American ports, Dutch merchants had appointed agents and partners. Many of them had a Dutch origin; among them many Jews could also be found.[2]

2. Foreign trade in Cadiz: The Dutch case in the 17th century

But, what was the nature of such trade carried out by Dutch colonies in the Hispanic world, and specifically, through the city of Cadiz?

Since the Truce of the Twelve years (1609), Dutch merchants were able to trade with America from Cadiz, Seville, Sanlúcar de Barrameda, El Puerto de Santa María and Malaga. They traded in cereals, textiles, manufactures from their own Oriental colonies, and shipbuilding material, in exchange for *spaansee vruchten* (Spanish fruits, i.e., raisins, fresh fruits, almonds and nuts, etc.) as well as an extensive variety of colonial produce from Spanish America, such as cochineal and cocoa. But the key years in order to understand their favourable position in this trade were between 1655 and 1665, when their business grew just as much as did migratory flows into Spain. Both the Peace of Munster and the treaties of The Hague in 1673 were the landmarks where the Dutch achieved two of their main objectives: on the one hand, they were granted by the Spanish Monarchy the right to engage in trade with the American ports; on the other hand, they were allowed to settle and trade in Spanish cities, and to send ships to them (Crespo Solana 2001: 40; Sánchez Belén 2005). According to Jonathan Israel, it is a fact that the Dutch stepped into a favorable position in the Spanish markets, partly due to the increasing disagreements between Spain and both England and France especially between 1650 and 1660 (Israel 1990: 189-213). Gaining direct control over the access to Spanish markets both in America and in mainland Spain was the key issue for Amsterdam commercial firms, as it was the best way to ensure the survival of their trade routes and the links between several different economic spaces. All this was made possible, too, by Spain's heavy structural dependence on Dutch commerce. We therefore see Cadiz rise as the key center to several markets in the second half of the 17th century. Cadiz was also a major port of call in the Atlantic routes to the Canaries and America.

---

2 Everaert (1973); Swierenga (1985); Klooster (1998); Crespo Solana (2001); Postma/Enthoven (2003).

It seems to be a paradox that a great influx of Dutch immigrants into Cadiz happened in the second half of the 17th century. Despite the fact that hardly any *carta de naturaleza* or "naturalization letters" were granted by the *Casa de la Contratación* in that period, a great number of commission agents and representatives from the Low Countries settled in Cadiz in those years. Many more "naturalization papers" were granted to Flemish than to Dutch citizens, since the latter would hardly ever meet the requirements. Very few of such "papers" were granted to the Dutch between 1612 and 1693. The same situation happened in the 18th century.[3] Besides, there were very few *contratos de compañía* – Company Contracts – signed in Cadiz by Dutch merchants in that period: only seven between 1650 and 1750. That is a very small number compared to an overall number of 108 contracts signed by merchants of all nationalities (Carrasco González 1997: 121-129). There is a simple explanation for both facts; Spanish sources give little or no information about migration of temporary labour force involved in secondary trading and financial activities that arrived in Cadiz within a specific framework, i.e., the *dienstcontract* or "office contract", which was signed either in the Dutch cities themselves or on board the ships bound for Spain.

This migration process can be put into a social context where single, young men born into families of traders and seamen would temporarily leave their homes. A good part of them belonged to a Catholic minority that had emigrated from the southern Low Countries. Others were Jews. Most of them would end up in Spanish port cities as partners of Flemish or other local merchants, bringing with them a *dienstcontract* that explains their temporary stay. Such a contract would enable them to set up an office or warehouse in order to send and receive money from Amsterdam and goods for redistribution towards various destinations (Crespo Solana 2000: 25). Despite the success of Dutch direct trade with several American ports, Dutch presence in Cadiz rose during the second half of the 17th century. From the *Archivo Provincial de Cádiz* we see that the migratory influx into Cadiz was much more important than Dutch migration to its own American enclaves, which was, demographically speaking, a complete

3 Naturalization papers, AGI, CC 50B, 596, and 596B, 51B; AGI, Cons. 445; Domínguez Ortiz (1959).

failure (Lucassen 1991; Crespo Solana 2001: 139; Emmer 2001: 31-49). Between 1680 and 1740 approximately, Dutch migration to Cadiz increased. In a 1662 census, there is a high number of Dutch taxpayers (31), from whom over 11,000 *reales de vellón* were collected. Both Genoans and French came second with 27 individuals in each group; a similar amount of taxes was levied. There were 14 Englishmen and 10 Flemings (Ravina Martín 1976; Oliva Melgar 2004: 83). Although most of them were only temporary residents, a few settled and set up house and business as they found a favorable social environment. The Dutch colony had more than 40 or 50 families.[4] In contrast to the sparse presence of Dutch merchants in American ports, in Cadiz, their presence and commercial activities were of great importance. Nevertheless, it is necessary to state that, from the sources available to us so far, it can be claimed that Dutch trade in the Atlantic has been grossly overestimated, and it only meant a small fraction of the overall Dutch trade worldwide, since its trade in other regions was significantly greater.[5] Cadiz was a substantial part of Dutch trade in Europe as it was its gateway to America at a time when Mediterranean trade was in crisis.

There are several examples of direct trips of Dutch ships bound for Spanish America, without calling at Cadiz. Mainly, their destinations were ports in and around the Caribbean and near the ports in Dutch colonies. They were also bound for the continent: Portobelo, Cartagena de Indias, Buenos Aires and, especially, Caracas. Direct trade from Amsterdam was probably used to bring colonial products in high demand into Europe, the most highly profitable of all trading activities carried out by the Dutch. Such activities were probably complemented with indirect trips via Cadiz. The Spanish authorities always fought the illicit trade carried out by the Dutch on those direct trips. However, it is very interesting to notice that foreign trade through and from Cadiz was deliberately accepted. By and large, except during certain wars, Dutch trade from Cadiz enjoyed a seamless continuity. This was due to the economic and social integration of Dutch and Flemish colonies in this city (Moutoukias 1989; Crespo Solana 2000: 35). We

4 Testament and Proxies, AHPC, PN, Notarías 5, 9, 15, 19 and 23. In my doctoral thesis a complete list can be found (Crespo Solana 1999: Appendix).

5 Steensgaard (1990: 148-149); Klooster (1995: 207 [I am indebted to the author for providing me with the original text of his thesis]; 2003); Enthoven (2003).

must know the main features of Dutch trade in Cadiz in the second half of the 17th century so as to understand its continuity after Utrecht. So far, studying shipping figures was the most reliable way to assess trade, as one of the main problems faced by the researcher is the fact that sources do not offer reliable data about goods and products. For instance, in that period, merchandise would not normally be manufacturer stamped. We can only know the ship on which products were carried, but not their origin (Sánchez Belén 2005: 165).

Shipping data, however, have not been processed and analyzed in the *long durée* in the period between Munster and the Free Trade agreements signed around 1770, and onwards. Van der Woude, De Vries, Sée and Klooster have collected data regarding the second half of the 17th century. According to Sánchez Belén, a report by the Spanish Consul in Amsterdam at the time, states that 25 vessels from Holland arrived in Cadiz in 1684. Other sources show annual figures between 100 and 150 ships (Sée 1926: 189-199; Van der Woude/De Vries 1995: 476). Such data are incomplete and are not based on the one source that is, to my mind, the most reliable of all when assessing Dutch sea trade with Cadiz, i.e., the *Straatvaart* lists.[6] Some works state that Cadiz did not appeal to Dutch traders since its warehouses were overstocked and because of the customs officers' zeal. However, profits gained through commission commerce helped to mitigate the situation.

It was a fact that Spanish trade with the Indies in the second half of the 17th century was not an easy business (Oliva Melgar 2004: 85). Besides, French products posed a stiff competition despite being banned from an already saturated market. In the 1680s and 1690s, imports by Cadiz-based traders slowed down and led the market into a crisis that reached its peak at the time of the War of Spanish Succession (Sánchez Belen 2005: 176). Nevertheless, the very nature of this trade would ensure its survival as it was based on produce from tropical areas which were in very high demand and had to be stocked at the

6 Between 1590 and 1625 the data were collected by the States Generals *(Staten Generaal).* Since it was founded in 1625, the *Directie van de Levantse Handel*, with branches in Amsterdam, Rotterdam, Hoorn and Middelburg, collected data on all ships bound for Cadiz (Heeringa 1917, II). Such data have been systematically used in my work for the 18th century (Crespo Solana 2000). Sources to be found in the NADH, LH Inventaris 1.03.01.

European staple markets. Large trading firms were growing increasingly powerful and wealthy owing to speculation at war times and the force-feeding of colonial products onto the markets. One of their main objectives was to gain control over the routes to the production areas. Not only were colonial products transported along these routes, but also a wide variety of goods demanded by the growing middle class in Europe and America. A great deal of such goods came from Asia: generally luxury items such as spice and expensive clothing. Cadiz would appeal to Dutch merchants for a number of reasons. One of them was American silver. It is widely known that Cadiz was extremely important as a drainage center for silver from America that was redirected to the rest of markets that the Dutch had access to. Numerous studies have dealt with the subject, and available figures show the ability of the Dutch to obtain large amounts of silver at Cadiz port. For instance, in 1682, 3,500,000 *pesos* in silver were sent to Holland. Such figures compare favorably to those for France. Certain works state that Holland was the main recipient of American silver, ahead of England and France. Silver was continuously drained away throughout the 18th century, but figures vary considerably from one year to another (Morineau 1985).

3. Two comparative issues: Direct commerce versus indirect commerce

There were two main routes connecting Holland to the American markets: What were their characteristics? What profits could be gained from them? A qualitative description of the functioning of these routes can be made, but a quantitative comparison between Dutch direct trade with America and trade via Cadiz still remains beyond our means.

As widely known, there was fierce competition in the American markets. The West India Company (*West-Indische Compagnie* – WIC) could only survive through smuggling against the aggressive commercial policies of the English and the French. Once the Dutch started to settle on certain islands of the West Indies, such as Curaçao and Sint Eustatius, these became important trading centers where smuggling with other colonies was commonplace. The ports in the area around the Caribbean were the ones most frequented by Dutch convoys (Arauz Monfante 1984; Aizpurua Aguirre 1993). Apart from smuggling, the success of private Dutch commerce throughout the 18th century made it possible for firms to reap larger profits from commission-based trade and scales along the route, mainly at European ports. Such trade contributed to the primacy of the Dutch as freighters and financiers in the European markets. Even in times of crisis, Dutch direct trade with the Caribbean was higher than trade from Cadiz. Very high figures were registered between 1701 and 1750 (Klooster 1998: 73, 207-224). However, by and large, trade via Curaçao was not detrimental to Cadiz trade, as direct and indirect routes were actually complementary to each other. And their importance was related to the ports they were connected to. We can see that, throughout the 18th century, Cadiz would link to the destination ports for the fleets, galleons and register ships of the Spanish monopoly even before the marginal areas of the Caribbean were included in the routes as from 1740. As seen in Figure 1 below, Dutch involvement in register ships rose significantly in that year, while their involvement in the system of fleets and galleons decreased considerably. Conversely, Dutch trade – and smuggling – from its enclaves in the West Indies had always targeted those areas that had been heavily marginalized by the system of fleets and galleons but which had developed strong economies with a produce surplus due to their agricultural output. The latter was one of the reasons why the Dutch tried to seize Puerto Rico (Vila Vilar 1974). They also tried to reach agreements with the colonial elites in areas such as Panama or Venezuela. Their goal was to gain profits by financing local enterprises such as cocoa-producing farms and also by securing exclusive rights to transport the goods to Europe and, most importantly as this was their most profitable business, to provide them with slaves. Exceptionally, the Dutch also traded directly with Cuba and Santo Domingo. Nueva Granada was also one of the main areas for the Dutch to settle, although profits gained from trade at these ports have been overestimated. Dutch presence in these markets resulted in a flagrant violation of the unwritten colonial pact whereby overseas territories would not engage in direct trade other than with their respective metropolis. Not only Spain, but also France and especially England were affected by Dutch trade. In fact, England had Holland as its main enemy regarding England's monopoly with its own American colonies (Céspedes del Castillo 1983: 361; 1999).

Long-term consequences of this direct Dutch trade were more important from a functional and structural standpoint than in terms of profits. Dutch freights, highly attractive because of their low cost and their readiness and speed, constantly encouraged transit trade in the Caribbean both for the Dutch themselves and for other foreign traders. All this led to a high development of tropical, single-crop economies and their regional economic integration (Goslinga 1985).

Cadiz trade in the 17th and the 18th centuries was fundamental for Dutch commerce in Europe, because Cadiz provided access to various interrelated spaces. Besides, American trade became a profitable alternative for the ships of the Mediterranean trade when they went into a crisis and had to face fierce competition by the English and the Genoans. In certain junctures, Cadiz was a kind of factory of scale providing profitable access to American markets. It was a highly suitable port of scale for the Dutch, greatly appreciated by them on their long transatlantic journeys. As a result, Cadiz was highly appropriate for storing goods from various markets, such as Asia Minor, Italy, North Africa or Sub-Saharan Africa (ivory was brought into Europe through the caravans coming from Africa). The ships of the Dutch East India Company (*Vereenigde Oostindische Compagnie* – VOC) also called at Cadiz in order to store products from the Far East.

Certain Cadiz partners involved in such business trips were Flemish who had settled in the capital of the Spanish monopoly. They had appointed agents to carry out the trips, making the actual link between the stopovers along a route. We have the example of Diego Albrecht, freighter of the ship *The Peace* that belonged to the firm Guillaume Bellin de la Garde. He set sail in 1655 from La Rochelle bound for Amsterdam, calling at Las Palmas de Gran Canaria, Cartagena de Indias, Portobelo and Curaçao. According to Willem W. Klooster, at the time, the volume of direct trade between Amsterdam and the Hispanic American colonies was higher than trade through Cadiz, at least as far as the actual number of ships is concerned. However, this was a peak period for Dutch trade volume through Cadiz, and sailing between Amsterdam and Cadiz was very abundant, ranging between 150 and 200 annual ships (Moutoukias 1989: 121; Klooster 1998: 41-58, 208-220). During the second half of the 17th century, these Dutch-Flemish communities were able to keep their profitable business, although in hard competition with France and England. These two countries wanted to snatch from the citizens of the Dutch Republic the privileges granted to them by the Spanish government (Pulido Bueno 1993). It is a fact that the inability of Spain to supply its colonies with products that were in growing demand greatly favored collaboration between foreign and Spanish merchants, since the latter were forced to buy goods from foreign middlemen from North European firms in order to be shipped in the American fleets. It is estimated that in the first half of the 17th century, the profit share, in silver, on the return fleets from America was as follows: Holland: 30%, France: 25-30%, Genoa: 10%, England: 5-10%; the remaining 25 to 30% of the silver stayed in Spain (Everaert 1973: 239-294; Klooster 1998: 48). A war broke out, upsetting such arrangements: the War of Spanish Succession (1700-1714), bringing about two main consequences. Firstly, both English and French merchants were granted a series of privileges that brought them to a highly privileged position, second to none. Secondly, the Spanish government began a series of reforms which, although intended to strengthen the Spanish monopoly, were not enough to keep foreign interests away from Spanish cities and ports. Cadiz was a city where foreign merchants had generally developed and perfected a sophisticated series of symbiotic instruments of integration into society at all levels, especially economic and social. Through such symbiosis, for Flemish and Dutch communities, even though they had been pushed away from their top position, was nearly "business as usual". In the year 1713, when the Peace of Utrecht was signed, Cadiz merchants eagerly expected the forthcoming implementation of certain commercial treaties that would undoubtedly bring them back their former privileges (as we can see from the explanation given by Martín Guillermo Van Hemert, consignee in May of that year of the Dutch ship *The Jorge and Isabel*).[7]

7 Shipping in *El Jorge e Isabel*, Cádiz, May 1713, AHPC, PN 9/1576, 398; Contract, Proxies and *attestaties*, 1713-1725, GAA, NA 5881/1447, 6033/1353, 622, 1377; 6485/715; 6052/1683; 4656/465; 4632/654; 6033/1582; 5975/718; 4658/218.

4. Trade in Cadiz in the 18th century: mechanisms and legal strategies

As I have already shown in my works, the route between Amsterdam and Cadiz was the mainstay of this integration of economic spaces between the north and the south of Europe. It was also the main trade link connecting the Europeans and Hispanic America. This was something of a paradox, as Cadiz was the headquarters of the Spanish institutional monopoly with America, as well as the naval base for the fleets, galleons and register ships. Although trading activities in the city were closely monitored by the Spanish administration for foreign trade, it was there where most foreign merchants trading with America could be found. The studies on foreign presence in Cadiz are nowadays very numerous and illustrative. There is a wealth of examples of the mechanisms and the nature of a trade that is probably very similar to that carried out by so many foreign colonies in many other port cities in Atlantic Europe.

Cadiz-based Dutch trade originated in the port of Amsterdam, which was the *entrepot par excellence* where all northern European trading firms were based, making this city the international financial and trading center of the time. After the turning point that the route between Amsterdam and Cadiz went through in the final years of the War of Spanish Succession (between 1709 and 1714 approximately), maritime connection between both ports began to recover. It happened thanks to the regular line of the fleet of the *Amsterdam and Middelburg Society of Oriental Trade*, or *Levantse Handel,* institutionally framed in several previous agreements between the Spanish Monarchy and the States Generals. The Society would fit out and inspect a convoy bound for Southern Spain and the Admiralty of Amsterdam would oversee the whole process. There is a wealth of information about how this commercial route was organized. It is to be found both in Amsterdam and Cadiz, where there are countless freight contract documents.[8] At a time when the decadence of Mediterranean commerce became apparent, this very Amsterdam–Cadiz route linked with other regions and more attractive markets. The official connection between Cadiz

8 Reports by Dutch Consuls from Cadiz *Comptoir*, 1713-1778, NADH, LH 173-174; Crespo Solana (2000: 21-32).

and America forced many businesses previously trading with Eastern areas, to relocate their contacts and partners to American ports.

The route between Amsterdam, Cadiz and the American ports was fundamental for Dutch commercial firms. There is a very interesting document that offers an important valuation of this route: the reports on the Spanish fleet attacked and wrecked near Vigo in 1702. This year meant a crucial moment in the political context, as the Anglo-Dutch alliance had declared war on Spain. The best part of commercial houses in Amsterdam showed their dissatisfaction at such war actions on a country in which they had strong commercial interests. Those firms sent their goods to American ports on board the Spanish fleets. The value of such cargoes ranged between 500 and 2,000 florins for each firm. Since such fleets always left from the Bay of Cadiz, agents there for those Amsterdam-based commercial firms stored goods for their bosses and sent them out when ordered. On August 15, 1702, the ports and towns of Rota and El Puerto de Santa María, in the Bay of Cadiz, were raided by an Anglo-Dutch fleet. The Spanish fleet sailing back from America, initially bound for Cadiz, was forced to seek shelter at the port of Vigo, in Northern Spain. A second Anglo-Dutch fleet waylaid the Spanish ships; most ships were wrecked and sunk. After the event, an inventory was made. We can gather from it that Dutch firms did not approve of a war that jeopardized their commercial interests, as the losses to be made in this type of naval disasters were huge.[9] It is possible, in the light of some sources, to make an approximate valuation on this trade starting from Utrecht. But before that, a description of its nature is needed.

Upon a study of the characteristics of Cadiz-based, Flemish and Dutch commercial companies, what first springs to mind is their high degree of complexity. This is due to a long process of integration into local society, at levels far exceeding the merely economic. As the main reason for the massive arrival of foreigners in Cadiz was their involvement in the American trade, most members of the Flemish and Dutch colonies were merchants (34.8%). Very often, Flemish families already settled served as welcome centers for many small and medium

9 Inventories of shipments to New Spain, June 20, 1720, Thomas Coghen and Diego Van Havre, GAA, NA 5672/1454-1458; Inventory of the fleet at Vigo, NADH, LH 279; Kamen (1966).

merchants coming from the merchant and manufacturing cities of the Republic, as they arrived in Cadiz intending to make profitable business. In the decades following the Peace of Utrecht, a new migratory wave of Flemings and Dutch citizens into the Bay of Cadiz took place. Very soon, there will be a sharp rise in Flemish businesses, coinciding with the relocation of the *Casa de la Contratación*, the Spanish Board of Trade, from Seville to Cadiz. There was also a steep rise in maritime traffic from this port since 1715. It is worth noting, nevertheless, the open rivalry between English, French and Flemish merchants, as well as the predominance reached now by British trade, which practically superceded the United Provinces in its economic relationship with Spain (Pulido Bueno 1993: 37-80; Crespo Solana 2001: 128).

The strategies of Cadiz-based Flemish and Dutch businesses bear a strong resemblance with those developed by other communities of this nationality settled in other geographical areas of Europe, such as the Baltic and the Mediterranean.[10] The interrelated group of mercantile and financial activities was carried out, generally, within a particular legal framework, i.e., the commercial company. The way trade was organized was very much like the way the networks of correspondents and maritime routes were connected. That way, the existence of a commercial firm provided the company's internal cohesion. Besides, the organization of such companies was very similar to other firms of correspondents or agents. Their evolution and dynamics, although fluctuating, were stable in the long run. Centralization of the networks, together with their extent, allowed capital to flow and to be deposited for credit purposes in the cities for later use. Techniques and mercantile practices carried out in such activities did not experience a great evolution in time. Deposit of money, commission, currency exchange, insurance, as well as the various occupations related with maritime transport were some of the key aspects on which the organization system of these companies was based.

Two fundamental pillars, i.e., the *goederenhandel* or *warenhandel* (trade of goods) and the deposit of money in the towns, were two intrinsically related aspects. They were essential for merchants in connection with the American market, as they enabled them to store an amount of goods to be loaded in the fleets bound for New Spain as

10 Engels (1997); Veluwenkamp (2000); Weber (2004); García Fernández (2005).

well as on the register ships that set sail regularly to various ports around the Caribbean and to the mainland. The reason for the credit deposits was to maintain the trade of goods, since the best part of such goods was brought in the fleet of the *Levantse Handel* (Crespo Solana 2000: 32-36). Founded in June 1625, this society specified in its regulations that a branch should be set up in Cadiz, where merchants and correspondents or agents, both in Amsterdam and in Cadiz, should pay a series of taxes in order to guarantee the legality of this trade. This Dutch Oriental convoy began to arrive in Cadiz annually, coinciding with the time of the year when preparations were made for the departure of the fleets and galleons arranged by the Spanish Board of Trade.

The relationship between goods and deposit of money was very important. It was also the means to check the consignee's effectiveness in the port: ships loaded with goods freighted by a commercial firm arrived at the destination port where the consignee was the firm's agent. He would then store the merchandise and would go on to sell it and redistribute it. He would also pay the business' overheads at port and keep the money that was not his own, in deposit, to be used later as instructed by his partner. The accounts would be settled when the supplier thought it to be appropriate, or at certain important moments in the life of any of the partners, such as a wedding or a death. Some documental types, such as the inventories of bankruptcies, although not very abundant, give us details of how the storages or the deposits were carried out, and how the payments between suppliers and buyers were made. In these indirect businesses, Dutch merchants played a pivotal role as middlemen regarding the capital flow between the marketplace – Cadiz – and the financial capital – Amsterdam. That way this coming and going of money and goods would go round full circle. It all happened despite the fact that, sometimes, many years would have to lapse between the beginning and the completion of a business with America through Cadiz. In most cases, such deposit accounts would be opened in Cadiz, with the purpose of storing both capital and merchandise, in locations near the ports of the Bay of Cadiz, destined to the ships bound for America. Warehouses were located in Cadiz and in El Puerto de Santa María, and their keepers would regularly send out the merchandise, either in their own name or in someone else's, whether in the fleets or on the register ships. The way such deals were conducted hinders any calculation of the volume of goods shipped and received by the Dutch community in Cadiz; and the same applies to all other foreign communities. But it is a known fact that the structure of those exchanges was substantially invariable, i.e., the export of Spanish fruits, raw materials (such as wool), wine and colonial produce in exchange for the import into Spain of textile and other manufactures that would then be shipped to America. Such was, in essence, the basis of this traditional economic relationship. According to some specialists in Economy of the Low Countries during the 17th and 18th centuries, towards 1700, between 150 and 200 ships every year would cover the route between Amsterdam and Cadiz, and would load up to 30% of the silver that arrived in Cadiz from America.[11]

The documents found in the General Archive of the Indies in Seville are completely complementary to the notarial documents from the municipal archives in Amsterdam and Cadiz. That is why it is feasible to make a general and approximate assessment of the evolution of this trade since 1713. The fluctuation of profits is closely related to the commercial flow that Dutch merchants kept with the American ports. It is also related to the flow of Cadiz economy itself. The general tendency of participation in the fleets, galleons and single register ships is shown in Figure 1 below. This figure has been drawn from the building of a database of register ships as well as the *conocimientos* of goods signed by those merchants involved in the fleets and register ships bound for the Indies (The *conocimientos* were a kind of notarial deed listing and describing the type of goods shipped by a merchant and their value).

11 *Dienstcontract*, GAA, NA 2942/520; AHPC, PN 9/1578, 342; Sée (1926: 190).

Figure 1: Dutch participation in fleets, galleons, and register ships

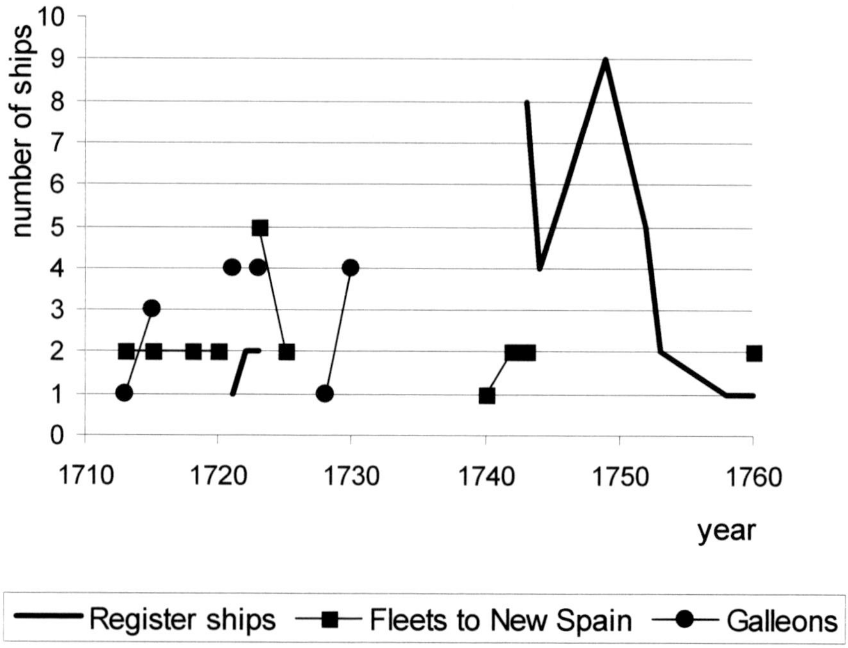

Source: Register Ships, 1713-1778, Books of Registers from the *Casa de la Contratación*, AGI, CC 1281-1284; *Conocimientos* (Knowledgement) of merchandises, AHPC, PN, Notarías 5, 9, 15, 19, 23.

There is deep controversy over the amount of precious metals collected on return of the fleets from America in order to be transported to the Low Countries. Relevant available data are scattered throughout. Nevertheless, we will mention the data collected by Morineau and García-Baquero from the *Gazettes* of Amsterdam, because of their interest. There are further available data from Spanish sources that show evidence of the Dutch ability to obtain American silver, even after 1700. In fact, the amount of metal that arrived to Amsterdam was very high. Such quantities explain, to a great extent, the high quantity of silver in circulation in the Low Countries. In fact, there was a great surplus, in spite of the large amounts of it that flowed to the East. This situation had a strong influence on both the great financial peak of Amsterdam and its serious cycles of crises that began in 1720 (Morineau 1985: 351-549; Pol 1985; García-Baquero González 1996: 203-

266). However, profits obtained by Cadiz-based Dutch traders were, comparatively, much smaller than those obtained by the French. France, together with England, had found a way very deeply into the Spanish markets. Both countries together obtained almost 42% of the silver registered on the return ships (Klooster 1998: 46). Between 1721 and 1740, when the reforms carried out by the Administration of Phillip V were implemented, it became apparent to foreign merchants that they would have to use the classic convoys of fleets and galleons for their commercial purposes. Those were very difficult years, until late in the 1730's, due to several causes: firstly, the crisis suffered by Europe because of the War of Spanish Succession; secondly, the old recurring problems of the Spanish merchant navy, in serious need of encouraging ship-building – this was the main reason for the creation of the *Intendencia General de Marina* (or General Administration for the Navy). Everything contributed to a slump in the fitting-out of the fleets, bearing a strong negative influence in private trade. There was a further underlying problem that explains the recession curve in the participation of the Dutch in the ships for the Indies: a sharp rise in direct participation by England, as well as the strong competition posed by the members of the British colony in Cadiz. Besides, fleets and galleons in those years were very badly affected by misfortune: a great deal of high sea accidents and shipwrecks, combined with the need for long stays at American ports, which delayed return trips between 20 months and 5 years. There are multiple testimonies of the damage caused in the purses of Cadiz-based foreign merchants. As a knock-on effect, these had to delay payments to their partners in the North.[12] However, the largest amounts of gold and silver recorded as having arrived in Europe, according to the Gazettes, are for the 1720s. At the same time, there was an increase in the involvement of Flemings and Dutch in the fleets and galleons.

It is possible to make an assessment of the peak years of such involvement, insofar as the number of ships freighted, and the goods and products bound for America. We can tell from Figure 1 that the highest level of involvement in fleets and galleons happened around 1717, when trade tribunals were relocated from Seville to Cadiz. It

12 Cases described in AHPC, PN 9/1589, 661-666; 23/5317, 703; 9/1578, 306; GAA, NA 11457/109; 11374/129.

was also a time when a high number of fleets were fitted out and sent (such as that in 1720, where a great number of Flemish and Dutch merchants were involved). The main way to trade with America via Cadiz was to load goods in the fleets and galleons. The level of involvement in the second half of the 17th century and in the first part of the 18th century was very high. But the Anglo-Spanish War in 1739 negatively affected all Cadiz trade. In those years, Dutch merchants began to suffer stiff competition by the English in the Bay of Cadiz. Here is a fact: in 1734 only 147 Dutch ships anchored in the bay. That was only 14.6% of the total for that year; there were 596 English ships and 228 French ones (Klooster 1998: 57). It was very often that foreign Cadiz-based merchants had to use English and French ships, as there was a shortage of Dutch vessels available in the bay at certain times. This kind of situation had been unheard of in previous times.[13]

5. The route to America: examples of networks and vested business interests

How can we describe the intrinsic nature of these networks? The only way to do it is by analyzing several examples within a theoretical framework that includes sociological premises as well as historical anthropological premises (Baud 1994: 83). For instance, when we look at the cooperation between Flemish and Dutch traders in Cadiz, their close ties between 1720 and 1740 become apparent. Other communities also took part in the game, included the natives, who doubtlessly made handsome profits from the foreigners. Flemish-Dutch cooperation began to falter late in the 1750s. Their common interests started to break apart even at their home countries, possibly due to the political crisis originated by the Orangist Revolution and the political shift that occurred in the Southern Provinces. Although this theory still remains to be proven, there is some documental evidence (Serruys 2006). Whereas the Flemings in Cadiz were more interested in reinforcing direct trade with Flemish ports such as Ostend, Dutch traders in Cadiz continue with the strategy of introducing their ships of the Levant fleet as register ships bound for America. Such strategy

13 Statement by Joseph Gadeyne in 1748, AHPC, PN 25/5338, 120.

seemed to reach very high levels in the 1740s and the 1750s (see Figure 1).

For the most, the structure and connections of the networks that Cadiz-based Flemish and Dutch merchants had spread all over the American ports cannot be fully depicted, although several instances can be shown. Broadly speaking, such networks would link many Dutch commercial activities in Cadiz with those American harbors that were not directly connected to Amsterdam. Powers of proxy granted by Dutch traders to Flemings, Spaniards and other agents appointed in American ports provide a great deal of information regarding such commercial ties. Most of such documents were drawn up in order to ensure the selling at the American ports of all the merchandise on board the register ships and in the fleets and galleons (Bustos Rodríguez 1994: 155-169). Business would remain to be profitable for as long as the frequency of the fleets would allow it and providing that the networks would remain fully operational. The main American connections for Dutch traders in Cadiz were as shown in Table 1 below.

Table 1: Main American ports related with Dutch trade from Cadiz (1689-1730)

Ports	**Number of ships**
Cartagena	22
Mainland (1)	44
La Guaira /Caracas	8
Veracruz	48
Portobelo	26
Tabasco	2
Buenos Aires	14
El Callao	2
Maracaibo (2)	4
Santa Marta	2

Source: Books of *registro* ships between 1717-1740, *Pliegos y Reglamentos de Registros de venida*, 1717-1778, AGI, CC 1281-1284. This survey has been compared with the notarial documents of the AHPC, PN, Notaría 9 (deeds for the years 1690-1729).

It is necessary to highlight that many ships bound for *Tierra Firme* – the mainland – arrived at several harbors not shown in the table. These ships sailed within the fleets of Galleons. It is also worth noting the low number of trips to destination ports that, nevertheless, were very commonly used by Dutch fleets in their direct trade from the Republic. Such ports were Caracas and La Guaira. They were, together with other islands and continental ports around the Caribbean area (such as Puerto Rico), usual operation centers for both Dutch smugglers and those Flemish and Dutch merchants that came from Cadiz during the years of the War of Spanish Succession. Most of the trade in this area was actually illegally undertaken, and it was never officially verified or recorded. Nevertheless, many of those merchants that had by then settled in those smuggling centers carried on operating as partners of the merchants from Cadiz. From them they received cargoes of goods to be sold, and they sent back produce, such as cocoa, straight to Spain on the return ships, without having to go by the warehouses in Amsterdam (Emmer 2001).

There were many vested interests in the merchants' involvement in the fleets and galleons. Since Cadiz was a gateway to America, a great deal of commercial firms regarded the American markets as suitable for more lucrative business (more profitable certainly than the trade carried out by the *Levantse Handel* with the Mediterranean ports). Sadly, it is not possible to find out whether this trade with Spanish America via Cadiz was higher than direct trade from the ports of the Republic, or indeed higher than that carried out mainly from its own Caribbean colonies. Despite the ban, it is known that a great number of ships that left Amsterdam under the flag of the States Generals crossed the ocean bound for the Spanish territories overseas. This could happen either deliberately or because of bad weather and wrong winds. On many occasions, such as the case of the *Veleta Marija* in 1746, the ship put in at Cadiz and then at Tenerife, before crossing the Atlantic towards Cartagena, Buenos Aires or Caracas.[14] However, more often than not, once arrived in Cadiz as part of the fleets of the *Levantse Handel*, those Dutch ships, after a convenient change of name, would be registered as galleons or into the Spanish fleets bound for America. How were they able to do this? Obviously

14 Ship loaded in Amsterdam by Jan Smidts in 1746, NADH, LH 173.

with the help from Spanish merchants, from Flemings settled in Cadiz, or indeed once given the green light by the officials of the Board of Trade, who also took part in this illegal game.

Although there are no definite quantitative data, Dutch involvement in the fleets, galleons and register ships could have been very high as well as highly diversified, ranging from operations such as the underwriting of policies of marine risk, to appointing a *testaferro* or front man, as well as all the other usual commercial activities. There are reports showing that in the 1720s, a high percentage of the trade with the ports of Havana, Veracruz and Cartagena de Indias was carried out by Dutch shipping from Cadiz. Interestingly, though, in Portobelo, fierce competition from the French meant that hardly any other European nation was able to trade at this port. As an example of the predominance of the Dutch, it is worth recalling that firms from the Low Countries monopolized the trade in certain products such as cocoa or cochineal. It was also them who exported most fabrics and textile manufactures to the ports of Spanish America, just as they did in the 17th century (Everaert 1973: 372-379; García-Baquero González 1976, I: 324-325). As far as the re-export business is concerned, they brought to Europe products such as indigo, quinine and other drugs, as these were not available in their own overseas centers.

In the first decades of the 18th century, Dutch merchants redirected goods on board the fleets and galleons. And it was done either in the name of the ship's captain, of the ship master, or in the name of a trustworthy agent or consignee. There are testimonies of some of these consignments, sent mainly in the 1720s by highly reputable Cadiz-based Flemish families. It is highly likely that, without the help of these families, the fleets would have not overcome the crisis experienced early in the century. For instance, the fleet of New Spain arranged by Fernando Chacón, set sail with a cargo of textile goods worth about 371,777 silver *reales*, freighted mainly by the Coghen y Montefrío family and in the name of Joseph of Leyza.[15] Other Cadiz-based merchants loaded ships on their own behalf. Such was the case of Francisco Joseph Van Hemert, loading in the fleets of the 1720s and up to the 1760s, to a total of 16,091 *palmos*, and an equivalent amount of wine and spirits. It is generally possible to depict almost all

15 Declaration of Beatríz Jacome, February 1, 1723, AHPC, PN 5/996, 36.

these traders from Cadiz in a similar way as Van Hemert, born into a family originally from Haarlem (García-Mauriño Mundi 1999: 304). They were exporters of textile products and metals, and only occasionally of agrarian products, as the latter were, as it has been said, merchandise for the Europe-bound return ships. And there are no indications to demonstrate that the involvement was different from that described here. Most of the time, the Dutch dealt only in manufactured products.

Second and third generations of Dutch and Flemings became completely Spanish. This process was advantageous not only to themselves, but also to their relatives' trading firms in the Low Countries, as the latter used to trade through the former. That was the reason why Flemings were always the first citizens to be accused of contravening the main prohibition of the Spanish monopoly, i.e., to receive commands from foreigners. Flemish descendents were granted a good deal of licenses by the *Casa de la Contratación*. Such licenses allowed them not only to load goods but also to travel on board the fleets and galleons. But this was only a part of the connection between Cadiz and America carried out by Dutch businesses. On many occasions there have been mentions of a kind of indirect involvement, characterized mainly for being an illegal, undercover activity. One of such frequent ways to take part was that that involved a *testaferro* or Spanish agent or middleman that loaded the fleets with goods stored on behalf of or brought into the city by foreigners. All foreign merchants were able to appreciate the importance of Cadiz as a money depot, a warehouse and an information center. All the above explains the existence of such a great deal of documents from the notarial offices in Cadiz stating the true identity of the owners of the merchandise loaded onto the ships. The most appropriate thing to do is to explain this involvement exactly as the merchants themselves described it, although there were only a very few cases when the merchants admitted how they engaged in such trade. Christian Duisbergh embarked, on the galleons arranged by the Conde de Casa Alegre, "a frangote of merchandise in the name of Juan Arteaga y Ochoa, on whose behalf the receipt was signed at the foot of the invoice by Cristóbal de Barrabarzena, who was his consignee".[16] Since the consignee had died, the trade officials, by virtue of the contents of the invoice, collected the capital belonging to the Dutchman from the Consulate of Cadiz, worth 5,446 *pesos* and 5 *reales*. Before his death, Juan of Arteaga had secretly signed a deed for the same amount, with Joseph of Iriarte as the beneficiary, who should hand in the money to Duisbergh. Apparently, this Dutch merchant had various other sums of money deposited in the Consulate by way of invoices for goods sent to America in different fleets or on register ships.

This kind of collaboration between Flemish and Dutch merchants in Cadiz was on the increase since 1720. But in 1740, the implementation of the system of single register ships meant a reinforcement of the alliance between both colonies with the idea of embarking a high amount of merchandise. The implementation of such system would help Dutch merchants to profit again from the gold and silver that arrived in Cadiz, as they were heavily involved with most Cadiz-based Flemings who would serve them as storekeepers for capital on deposit and merchandise. The money was used to finance cargoes bound for the Indies. According to the information found in the newspaper *Amsterdam News*, the highest percentage of gold and silver from America (in *libras tornesas* and in *piastras*, although no figures are quoted) between 1748 and 1753 came from New Spain; Lima and Cartagena also sent a great deal – with similar amounts quoted for each –, as well as Buenos Aires and Caracas. These harbours were the ones most frequented by Cadiz traders from the Low Countries in those years (Morineau 1985: 381). Register ships were an interesting alternative to the system of fleets, although there were many risks involved. Battles in the Atlantic always posed a threat for register ships, and such trips were likely to end up as shipwrecks or to be the victims of attacks. Although in 1754 the system of fleets was restored, there are few indications that Dutch merchants began to use them as before, and the use of register ships continued to be the preferred way, as shown in Figure 1. This spectacular growth could have been encouraged by a new era of hegemony for Dutch trade in Cadiz. In the 1750s and 1760s, the number of Dutch ships in the Bay of Cadiz

16 Will by Christian Duisburg, a Catholic trader from Amsterdam but residing in Cadiz, March 11, 1738, AHPC, PN 2/371.

seemed to grow (up to 155 or 38.1%) just as there was a sharp decline in the number of English and French ships. The likely reason for it could be the battles in the Atlantic, on which both England and France had to focus, driving them away from the commerce in Cadiz during the Seven Years' War and leaving Holland as the sole nation capable of concentrating on it.[17]

Table 2: Gold and silver brought into the Republic from Cadiz

Year	Amounts in *pesos escudos*	Amounts in florins
1758	1,670,000	-
1759	2,920,000	300,000
1760	4,770,000	3,900,000
1761	1,110,000	180,000
1762	-	1,200,000

Source: Report, 1762, AGS, Estado 6338.

The problems in the American colonies were a reflection of this rivalry in the very heart of the Spanish monopoly. In 1759, the members of the Amsterdam firm Pierre and Stephanus Locquet seemed to reflect such situation when they granted a power of proxy to the Cadiz firm Verduc & Vincent Co, in order to collect goods to be loaded onto the Dutch ship *De Vreede*. This ship had been captured in Jamaica by English corsairs. Such incidents were also noticeable in Port au Prince as well as in other Caribbean ports. All this trouble switched attention away from Cadiz, and the Dutch seemed to concentrate on American ports. There was a great deal of trouble for Anglo-Dutch trade in Caribbean ports during the Seven Years' War.[18]

It has been said that this active involvement was somehow sustained by the close collaboration with the Spaniards. Obviously, in such a problematic historical context, negotiating through Spanish middlemen was one of the main ways to gain access to the American silver loaded in the return fleets. One of the widespread tactics was to secretly load goods on the ships bound for the Indies straight from the

17 Reports on Dutch ships in Cadiz, 1758-1763, AGS, Estado 6338, 6364.

18 Statement on February 28, 1759, GAA, NA 11380/162; January 15, 1760, GAA, NA, 10291/38; AHPC, PN 23/5334, 160-162.

Dutch ships anchored in the Bay of Cadiz. On return of the fleets, the same strategy would be used, loading the silver straight onto Dutch ships that would then set sail as part of the convoy to Amsterdam. Using a middleman or *testaferro* was perfectly accepted by Dutch firms – as they shamelessly stated in 1716 – in order to avoid merchandise and precious metals to be confiscated by the Spanish authorities. This strategy poses one of the main difficulties, making it impossible to quantify Dutch trade with America. According to them, "all invoices, *conocimientos* and consignments of products belonging to Dutch or to other Cadiz-based foreign merchants that are to be sent to Spanish America must always be drawn in the name of a Spaniard". And it was added that "this was a necessary practice in order to avoid the confiscations of goods".[19] The procedure was as follows: merchants would sell their products to a Spanish merchant that would make a part payment in advance. The balance went on credit, usually through a contract of marine risk.

These practices would normally work perfectly, unless misfortune struck, which would hinder the arrival of the profits at the hands of the actual owner of the merchandise. In the already mentioned case of Christian Duisbergh, in 1738, the shipment of goods for America was declared as belonging to Juan of Arteaga y Ochoa, a Cadiz citizen and a member of the Order of Santiago. This course of action was necessary "as the grantor is not allowed because he is of a foreign nation".[20] In such cases, foreign merchants could be hit by unpleasant news: the seizure of their gold and silver "in service to the Crown". These confiscated goods, however late, would almost invariably be returned to their owners, plus any interest accrued. On certain occasions, the money seized by the Crown was returned as an amount, or license, of tons, which, paradoxically, seemed to set the wheel of interests in motion again. The involvement in the register ship was, maybe, the most lucrative business. Although this type of shipment had a prece-

19 Statement on July 14, 1716, GAA, NA 5821A/ 556: "Philippe Courtier, Francisco Van Hemert, Frederick Mandt, Francesco de Roy, Isaac Rutgers en Jean de portier, kooplieden in Amsterdam, verklaren, dat de facturen, connossementes en consignatiën der goederen van Nederlandse of andere buitenlandse kooplieden, welke uit Cadiz, naar de Spaanse Westindiën altijd gaan op de namen van Spaanse onderdanem, Dit gebruik was nodig, omdat de goederen namens niet Spanjaarden séller geconfiskeerd warden".

20 Codicil of March 11, 1738, AHPC, PN 2/371.

dent from the years immediately after the Peace of Munster (1648), in the 18th century it was perfected and its volume increased due to diverse institutional factors such as the implementation of the reform process in Spain. The main consequence of this process was, no doubt, the increase in register ships, which began to reach a higher number of American harbors.

There was an endemic problem in Spain, which forced merchants to devise a specific strategy: the lack of Spanish shipbuilding production. This problem meant that foreign ships had to be used in order to reach an adequate number of ships for the Spanish convoys to America. The use of Dutch transport, even necessary in this trade, made it possible for foreign merchants of all nationalities to include Dutch ships, having previously changed their name and sold them in Cadiz to Spanish and Flemish partners, as register ships to America. There is evidence to show that some Dutch companies received consignments on ships under Dutch flag loaded with diverse goods and whose cargoes were immediately embarked on the *naos* for New Spain. Sometimes, a Dutch ship as a whole was registered for America. The operations carried out in this Amsterdam-Cadiz-America circuit can be proven in the description of some cases that took place in the 1750s and 1760s, as there is enough information available.

However, it is so far impossible to quantify a practice that could be very habitual mainly due to the shortage of ships in the navies and the Spanish fleets. An example already described as follows. In 1767, the ship *De Ludermina María*, after arriving in Cadiz on behalf of Amsterdam merchant Michel Goris and in the name of his correspondents De Somer & Van Rechem, set sail for Veracruz as a register ship as part of the fleet of New Spain.[21] Her cargo was textiles. In such cases, Amsterdam firms conferred powers of proxy and sent money to their partners in Cadiz to enable them to include their ships in the despatch of the fleets. These ships set off with the same cargo (or maybe with new merchandise added in the Bay of Cadiz) heading for America. In a proxy of the year 1710, an order can clearly be seen with the purpose of sending goods on board the fleets to the Indies in the name of a correspondent. This correspondent either travelled on the ship as an agent or was already living in America, and was respon-

21 July 24, 1767, GAA, NA 11457/109.

sible for the merchandise "to be sold in the West Indies on behalf of Gaspar and Manuel Winjgaert".[22]

The consignees found another appealing business, i.e., buying and selling Dutch ships, or even ships of other nationalities, to be later sent to America as single register ships convoyed by warships. The cases registered by notaries, although not very numerous, offer significant examples of direct commercial trips to America. Although some of the ships were not built in Dutch shipyards, they were all consigned to Cadiz-based Flemish or Dutch merchants, and were sold in the city. Such was the case of a ship from Genoa bought by Henrique de Roo and sons after buying a sailing license for the Indies. Or the case of the formerly English ship *San Felipe*, bought by Livino B. Van den Broucke, which sailed to Buenos Aires. Also bought in the bay was the ship from Hamburg *La Galera del Naranjo Dorado.*[23] Shortly afterwards, Admiral Adrián Colarte became her proud owner, although the galley had just arrived in Cadiz with a cargo of goods consigned to the Flemings *Bellot and Warnck.*[24]

In general terms, the way a ship was sold in Cadiz was as follows: the agreed price was paid; sometimes a certain amount of money was included for the captain, together with, in some cases, a hat as a gift, although the gift could also be money.[25] Besides, the *alcabala* – a kind of import tax – had to be paid, together with a 4% tax for the general Collection of Rents of the city. The payment of tax shows that the Spanish authorities were perfectly aware and informed of such transactions.[26] When the ship was sold in Cadiz, the terms of the repayment schedule was set by the freighter. For the most, having sold the whole ship with its cargo and crew meant actually keeping a fair share of the whole business of going to the Indies. In May 1743, Lorenzo Del

---

22 Quoted literally: "om ze in West-Indie te verkopen ten behoere van Gaspar en Manuel Winjgaert"; Proxy granted by the Wijngaert brothers to Gaspar de Conincq y co, Cadiz, Amsterdam, January 31, 1710, Merchandise was consigned to Diego Alonso Toscano, in Honduras, GAA, NA 2941/73 (see Crespo Solana 2001: 79).

23 AHPC, PN 23/5338, 140-46; AHPC, PN 23/5322, 456-460.

24 Cases described in AHPC, PN 5/992, 5/1030, 9/1585, 9/1586, 9/1605, 16/3768, 19/4452, 23/5338, 23/5322; GAA, NA 7965/55, 8048/17, 10453/755.

25 Purchase of a ship by Adrián Colarte in 1743, AHPC, PN 23/5322, 456-460.

26 Sale of the *The Ana María Galley*, of the captain Cornelio Leendertsz in 1743, AHPC, PN 9/1605, 299-300.

Arco, a Cadiz merchant, bought a ship from the *Directie van de Levantse Handel* called *The Ana María Galley*. 36,000 florins was the asking price, inclusive of the load. Amsterdam merchant Louis Laer hired interpreter Jacob Jacobsenz on these instructions:

> [...] if you happen, although I doubt it, to find a gentleman inclined to the purchase of the ship with all her belongings save for the passport of Algiers, you should obtain for her 36,000 florins, average currency of Holland, hard cash first thing and in no other way.

The galley eventually fetched 32,000 florins (18,000 "pesos escudos en plata vieja de a 128 cuartos").[27]

Along the evolution of commerce in Cadiz, the peak was reached soon after the use of register ships became widespread; and foreign merchants were very much engaged in it.[28] Commercial firms in Cadiz were also openly involved. The obvious reason for it was that register ships were much more regular than fleets and galleons from 1739 onwards. Merchants enjoying special privileges as citizens of the Flemish nation were openly financially involved in the fitting out of the register ships. They used to appoint a manager to liaise with the consignee appointed by the register licensee in order to oversee all operations.[29] Another way for Dutch traders to collaborate with the Spaniards has been called the *supercargo* by W. Klooster, where several Spaniards joined forces in order to obtain a license for a shipment to the Indies. Foreign merchants introduced their products in the shipment after having given a loan to the Spanish licensees. Such particular way of trading was known as participation or sharing in the licenses of tons. Licensees were allowed to share in a ship's cargo for a certain number of tons. They then did make those tons available in the open market. Dutch ships were often used. The Flemish consignee of the ship would have provided the Spaniards with the capital to pay the Administration for the license. This kind of mortgage-like loan entitled both the consignee and the captain of the ship to load merchandise on their own ship. These loans also allowed the creditors to embark their own goods.

---

27 Cadiz, May 23, 1743, AHPC, PN 9/1605, 299-300.

28 Proxy, Cadiz, May 23, 1743, AHPC, PN 9/1605, 299-300; García-Baquero González (1976: 163).

29 Cadiz, January, 26, 1730, AHPC, PN 9/1593, 30.

On other occasions, a Dutch register ship would be made available to Cadiz merchants by her Flemish owner. Such was the case of Livino Bernardo van den Broeck, owner of the *Ana María y San Féliz*, captained by Joseph Félix de Flores, who was granted the king's permission for a register ship to Cartagena. In February, 15.1748 the captain became the proxy for the owner, in charge of raising the capital needed for the trip.[30] Such powers of proxy illustrate the existing obligations between the captain of the ship and the owner of the register ship: the captain was fully accountable for all money, payments to officers and crew, hiring the crew for the return trip, as well as for the whole maintenance and upkeep of the ship. With regards to strictly commercial duties, the captain was responsible for delivering to the consignee the merchandise loaded on the ship on departure, exactly as stated in the register. Once in Cartagena, he requested the appropriate certificates from the royal officials. Both captain and consignee were also responsible for the sale of the goods.

Regarding the financing side of this trade, it is worth noting that, from the great variety of services related with sailing and shipment, the Dutch and Flemish colonies were behind a great number of private loans. There was a gradual shift from the old fleets and galleons to the register ships, and an increased trade, which was fuelled with capital through private commercial loans and policies of marine risk. Table 1 shows the evolution of such investments, taken from notarial documents which provided a wealth of information on these commercial loans. Marine risk policies included a mortgage, which was a very common practice in Cadiz and elsewhere in Spain, and in the rest of Atlantic and Mediterranean Europe. Some Dutch merchants, owners of ships that were part of convoys, or owners of cargoes and merchandise loaded on those ships, requested loans to subscribe policies of marine risk. The premium was almost invariably payable on return to Cadiz in silver minted in America. For this operation, a Spanish correspondent had to be appointed. Many verified cases show that the capital came mostly from the Flemings' financial operations in Cadiz, acting as bankers for the deposit of capital, and the Dutch merchants involved in the *Straatvaart* route. The Flemish community in Cadiz invested capital, however irregularly, in the American trade by means

30 Proxy, Cádiz, February 15, 1748, AHPC, PN 25/5338, 92-96.

of this well-known financial instrument. This was a very usual type of contract in the trade with America, and its documental description has been so profusely dealt with that we will obviate it. From a total sample of 67 policies of marine risk, signed between 1717 and 1763, more than half were worth a minimum of 1,000 *pesos escudos* (52.2%). It is worth stating, however, that these loans were moderate when compared to other contracts underwritten by merchants from the Bay of Cadiz. It appears that Flemish and Dutch merchants reaped largest profits from other types of financial services whose legal framework seemed to be similar to the risk. Flemish and Dutch bankers in Cadiz had large amounts of capital available to be invested partly on American trade. Commerce in Asia Minor was also targeted, as there is evidence of capital deposits in the hands of Flemish bankers loaded onto ships of the VOC anchored in the Bay of Cadiz, before continuing journey to the oriental markets. Between Cadiz and Amsterdam a mechanism had been set in motion that produced a constant output of capital, going both ways. The Bay of Cadiz was a major center for redirecting gold and silver.

Regarding the investments in the contracts of marine risks, the amount of the loan was linked to the value of the embarked merchandise -usually textiles. The cargo owner also provided the capital. This type of contract was mostly a credit instrument, but it also specified a series of duties designed to feed the whole circuit of operations in order to keep the machinery going along certain business lines. Its use was widespread in the Amsterdam-Cadiz route. Local men could also be involved in raising the capital needed to conduct trade with America with the help from the Dutch. Marine risk was a very effective instrument for collecting American silver. The moneylender/underwriter used to be the owner of the goods. He could either embark or sell the merchandise. Spanish masters, agents or correspondents, and captains, provided the legal framework for this trade. The lender also provided cash that "went running the risk" ("corriendo riesgo") on the trip.[31] Merchandise was thus insured by the lender as well as by the individuals involved in handling the goods, who "would take it upon

31 Contract of *riesgo marítimo* (Maritime Risk) between Hercq & Vandentrille and Dionisio del Duque, Cádiz, October 8, 1726, AHPC, PN 9/1589, 661-666.

themselves to account for the safety of such effects or fruits".[32] This way risk contracts and marine policies always sailed together on each and every ship bound for America. On return, profits gained with the merchandise or the silver meant canceling the policy and settling all accounts, fulfilling a whole cycle. Middlemen helped to guarantee the fulfillment of the cycle by storing and selling the goods. As far as the repayment schedule is concerned, it could take up to five years for capital and interests to reach the hands of the lender [...] as long as the merchandise sold well in America and middlemen and sailors were not struck by misfortune. Ships brought colonial products consigned to the underwriters of the policies. For instance, all register ships from Caracas brought cocoa consigned to several Flemish merchants. It could also happen that the contract of risk was applied to goods bought in America by the lender. A risk contract was worth "10 thirds of cloth outbound and three portions of cocoa worth a total of 4,903 pesos homebound-value of the going risk. The cocoa would be loaded on the same ship and consigned to the lenders". Flemish merchant Guillermo of Wint received a cargo of coca on a register from Caracas on a full round trip. This is enough for illustration purposes.[33]

Flemish and Dutch merchants' financial involvement in trade in Cadiz by means of the contracts of marine risks started to diminish in the 1760s. There are only two policies from 1760 underwritten by the Fleming Alejandro Beyens, although he had cargoes in the fleets of later years. Also, one policy underwritten by another Fleming in 1768, six policies underwritten by the firm Hercq y Vandentrille in 1765, and five by Román Vienne in the fleets of 1774 and 1776 (Bernal 1992: 592). It is worth noting again that the destination ports on these contracts generally implied a round trip. The port of Veracruz was the most frequented with 35.8% of the times. Then Portobelo (19.4%) and Cartagena de Indias (17.9%). The highest number of entries for fabrics from the Low Countries is also found in Veracruz. It seems that their minor presence in other ports, such as Buenos Aires, La Guaira or Maracaibo means that Flemish and Dutch merchants brought their goods to America on the register ships. The total figures amount to

32 Contract of *riesgo marítimo* (Maritime Risk) between Hercq & Vandentrille and Dionisio del Duque, Cádiz, October 8, 1726, AHPC, PN 9/1589, 661-666.; Bernal (1989: 288-313).

33 Contract, Cádiz, July 2, 1723, AHPC, PN 19/4452, 638-39.

more than five million florins. Private loans were not always profit-driven, as immersed in a society of wide interests. Besides funding American trade, Flemings and Dutch in Cadiz lent money to other foreign merchants just arrived in town.[34] Other North European firms investing indirectly on the Cadiz market also borrowed money from them. Some companies *hit by warfare and lack of trade* resorted to them to raise capital. Running interest types ranged between 5 and 8%. Cadiz had become a major financial center, complementary to Amsterdam. Cadiz was the main center for collecting gold and silver for Dutch bankers. It is not surprising then the keen interest shown by commercial firms in the Republic to keep the link with their relatives and friends and partners in Cadiz and their American businesses. This Cadiz connection explains, to a great extent, that precious metals kept being drained away from Spain and into the Dutch's hands throughout the 18th century. The great flexibility in loan repayment offered by Flemings and Dutch in Cadiz gave them ample room for manoeuvre as private bankers. Speculation was a main feature of marine transport. That is why marine risk policies were inextricably linked to this kind of business. This financial instrument was perfected within Dutch commerce, as there was a long tradition in Antwerp and Bruges going back to the Middle Ages. Marine risk in the Southern Low Countries was, still in the 18th century, very similar to that in Amsterdam. Interest rates and premiums varied depending on the geographical area and the juncture, ranging between 3 to 6% in the Atlantic and 4 to 7% in the Mediterranean. Foreign merchants also monopolized the insurance business in Cadiz in the second half of the 17th century. A proof of this is a document dated in 1688 on insurance policies and premiums payable for trips to and from Cadiz, where clauses were to be decided on by representatives of the merchants. Throughout the 18th century, most business trips from, to or stopping over in Cadiz were insured in Amsterdam. However, there is little information on this kind of contract, as the only written evidence is found when shipwreck or other misfortune prevented the insurers from collecting the premium. Interest in American market was notorious. Cadiz-based Flemish and Dutch merchants delegated in their correspondents the implementation of insurance policies on cargoes on board the fleets and register ships.

---

34 AHPC, PN 9/1576, 733.

It is worth mentioning, as an example, the policy underwritten by Octavio Barbour, a member of the consulate of the Netherlands, which illustrates freight and insurance practices. In 1751, Barbour & Compañía signed a policy worth 10,000 silver *escudos*, running the regular risk on a ship owned by the Fleming Livino Bernardo Van de Broucke. The ship sank off Corrientes Cape, which meant that around 15,000 *pesos escudos* had to be paid by the underwriters to cover the loss of the ship and all its fittings. In March 1752, Barbour & Compañía underwrote a policy covering a shipment owned by Spanish merchant Lorenzo del Arco, worth 233,691 *reales* on board the *Nuestra Señora de la Esperanza.* After the shipwreck, "off a wild coast next to Rio Grande, in the vicinity of the port of Buenos Aires, loosing the entirety of the hulk and the cargo, and perishing the whole crew", the underwriters had to pay 7,360 pesos.[35]

To sum up, whenever there was a possibility of speculative business, merchants from all nationalities would engage in them, even Spaniards. Speculation in concessions of licenses of tons was somehow arbitrary, as Spanish officials granted them in exchange for bribes or goods, in an attempt to fill up the ships and make such long and hazardous trips worthwhile. However far from quantifiable, such complex speculative network built around Cadiz trade had turned this city into a paradise for survival for all and sundry.

Bibliography

Aizpurua Aguirre, Ramón (1993): *Curaçao y la costa de Caracas: Introducción al estudio del contrabando en la provincia de Venezuela en tiempos de la Compañía Guipuzcoana, 1730-1780.* Caracas: Academia Nacional de Historia.

Arauz Monfante, Celestino Andrés (1984): *El contrabando holandés en el Caribe durante la primera mitad del siglo XVIII.* 2 vols. Caracas: Academia Nacional de Historia.

Baud, Michael (1994): "Families and Migration: Towards a Historical Analysis on Family Networks". In: *Economic and Social History in the Netherlands*, 6, pp. 83-132.

Bernal Rodríguez, Antonio Miguel (1989): "Riesgos y cambios en la Carrera de Indias, 1760-1788)". In: *Actas del Congreso Internacional Carlos III y la Ilustración.* Madrid: Ministerio de Cultura/CSIC, pp. 288-313.

35 Declarations, Cádiz, 1751, AHPC, PN 25/5748, 410.

— (1992): *La financiación de la Carrera de Indias (1492-1824): dinero y crédito en el comercio colonial español con América*. Sevilla: Fundación El Monte.

Bustos Rodríguez, Manuel (1994): "El apoderado en el comercio de América a través de Cádiz (siglos XVII-XVIII)". In: *Actas del II Congreso de Historia de Andalucía. Andalucía y América*. Córdoba: Universidad de Córdoba, pp. 155-169.

— (2005): *Cádiz en el sistema atlántico: la ciudad, sus comerciantes y la actividad mercantil (1650-1830)*. Cádiz: Universidad de Cádiz.

Carrasco González, María Guadalupe (1997): *Comerciantes y casas de negocios en Cádiz, 1650-1700*. Cádiz: Universidad de Cádiz.

Céspedes del Castillo, Guillermo (1983): *América hispánica: (1492-1898)*. Barcelona: Labor.

— (1999): "Formas de la expansión europea en América". In: Moya Pons, Frank/Pease, Franklin (eds.): *Historia general de América Latina*, vol. 2: *El primer contacto y la formación de nuevas sociedades*. Paris: UNESCO/Editorial Trotta, pp. 71-88.

Crespo Solana, Ana (1999): *Cádiz, Flandes y la República holandesa: burguesía mercantil y comercio, 1713-1778*. 2 vols. Cádiz: Universidad de Cádiz.

— (2000): *El comercio marítimo entre Amsterdam y Cádiz (1713-1778*). Madrid: Banco de España.

— (2001): *Entre Cádiz y los Países Bajos. Una comunidad mercantil en la ciudad de la Ilustración*. Cádiz: Fundación Municipal de Cultura.

— (2002): "Las comunidades mercantiles y el mantenimiento de los sistemas comerciales de España, Flandes y la República Holandesa, 1648-1750". In: Crespo Solana, A./Herrero Sánchez, Manuel (eds.): *España y las 17 Provincias de los Países Bajos. Una revisión historiográfica (XVI-XVIII)*. Córdoba/Madrid: Universidad de Córdoba: Ministerio de Asuntos Exteriores/Fundación Carlos de Amberes, pp. 446-467.

Crespo Solana, A./Herrero Sánchez, Manuel (eds.) (2002): *España y las 17 Provincias de los Países Bajos. Una revisión historiográfica (XVI-XVIII)*. Córdoba/Madrid: Universidad de Córdoba: Ministerio de Asuntos Exteriores/Fundación Carlos de Amberes.

Davids, Karel/Noordegraaf, Leo (eds.) (1993): *The Dutch Economy in the Golden Age. Nine Studies*. Amsterdam: NEHA.

Domínguez Ortiz, Antonio (1959): "La concesión de naturalezas para comerciar con Indias en el siglo XVII". In: *Revista de Indias*, 19, 76, pp. 227-239.

Emmer, Pieter (2001): "The Dutch Atlantic, 1600-1800. Expansion without Empire". In: *Jahrbuch für Geschichte Lateinamerikas*, 38, pp. 31-49.

Engels, Marie-Christine (1997): *Merchants, Interlopers, Seamen and Corsairs. The "Flemish" Community in Livorno and Genoa (1615-1635)*. Hilversum: Verloren.

Enthoven, Victor (2003): "An Assessment of Dutch Transatlantic Commerce, 1585-1817". In: Postma, Johannes/Enthoven, Victor (eds.): *Riches from Atlantic Commerce. Dutch Transatlantic Trade and Shipping, 1585-1817*. Leiden: Brill, pp. 386-445.

Everaert, John (1973): *De Internationale en Koloniale handel. De Vlaamse Fima's te Cádiz*. Brugges: De Tempel.

García-Baquero González, Antonio (1996): "Las remesas de metales preciosos americanos en el siglo XVIII: una arimética controvertida". In: *Hispania*, 192, pp. 203-266.

— (1976): *Cádiz y el Atlántico, 1717-1778*. 2 vols. Cádiz: Diputación Provincial.

García Fernández, María Nélida (2005): *Comunidad extranjera y puerto privilegiado. Los británicos en Cádiz en el siglo XVIII*. Cádiz: Universidad de Cádiz.

García-Mauriño Mundi, Margarita (1999): *La pugna entre el Consulado de Cádiz y los jenízaros por las exportaciones a Indias (1720-1765)*. Sevilla: Universidad de Sevilla.

Goslinga, Cornelius (1985): *The Dutch in the Caribbean and in the Guianas, 1680-1791*. Assen/Mastricht/Dover: Van Gorcum.

Heeringa, K. (1917): *Bronnen tot de geschiedenis van de Levantschen handel*. Vol. 2. Den Haag: Instituut voor Nederlandse Geschiedenis.

Israel, Jonathan I. (1990): *Empires and Entrepôts. The Dutch, the Hispanic Monarchy and the Jews, 1585-1713*. London: The Hambledon Press.

Kamen, Henry (1966): "The Destruction of the Spanish Silver Fleet at Vigo in 1702". In: *Bulletin of the Institute of Historical Research*, 39, pp. 165-173.

Klein, Pieter W./Veluwenkamp, Jan Willem (1993): "The Role of the Entrepreneur in the Economic Expansion of the Dutch Republic". In: Davids, Karel/Noordegraaf, Leo (eds.): *The Dutch Economy in the Golden Age. Nine Studies*. Amsterdam: NEHA, pp. 27-55.

Klooster, Willem W. (1995): *Illicit Riches. Dutch Trade in the Caribbean, 1648-1795*. Leiden: Universidad de Leiden (Ph.D. thesis).

— (1998): *Illicit Riches. Dutch Trade in the Caribbean, 1648-1795*. Leiden: KITLV Press.

— (2003): "Curaçao and the Caribbean Transit Trade". In: Postma, Johannes/Enthoven, Victor (eds.): *Riches from Atlantic Commerce. Dutch Transatlantic Trade and Shipping, 1585-1817*. Leiden: Brill, pp. 203-218.

Lucassen, Jan (1991): *Dutch Long-Distance Migration: a Concise History, 1600-1900*. Amsterdam: International Institute of Social History (Research Papers n. 3).

Martínez Shaw, Carlos/Oliva Melgar, José Maria (eds.) (2005): *El sistema atlántico español (siglos XVII-XIX)*. Madrid: Marcial Pons.

Morineau, Michel (1985): *Incroyables gazettes et fabuleux métaux: le retour des trésors américains d'après les Gazettes Hollandaises (XVIe-XVIIIe siècles)*. Paris/Cambridge: Éditions de la Maison des Sciences de l'Homme/Cambridge University Press.

Moutoukias, Zacarias (1989): *Contrabando y control colonial en el siglo XVII*. Buenos Aires/Tucumán: Centro Editor de América Latina.

Moya Pons, Frank/Pease, Franklin (eds.) (1999): *Historia general de América Latina*, vol. 2: *El primer contacto y la formación de nuevas sociedades*. Paris: UNESCO/Editorial Trotta.

Oliva Melgar, José María (2004): *El monopolio de Indias en el siglo XVII y la economía andaluza. La oportunidad que nunca existió*. Huelva: Universidad de Huelva.

Pol, Arent (1985): "Tot Gerieff van India. Geldexport door de VOC en de muntproduktie in Nederland 1720-1740". In: *Jaarboek voor Munt- en Penningkunde*, 72, pp. 65-195.

Postma, Johannes/Enthoven, Victor (eds.) (2003): *Riches from Atlantic Commerce. Dutch Transatlantic Trade and Shipping, 1585-1817*. Leiden: Brill.

Pulido Bueno, Idelfonso (1993): *Almojarifazgo y comercio exterior en Andalucía en la época mercantilista, 1526-1740*. Huelva: Artes Gráficas Andaluzas.

Ravina Martín, Manuel (1976): "Un padrón de contribuyentes de Cádiz a mediados del siglo XVII". In: *Archivo Hispalense*, 181, Separata facticia de 19 pp.

Sánchez Belén, Juan Antonio (2005): "El comercio holandés en la bahía de Cádiz en 1684". In: Martínez Shaw, Carlos/Oliva Melgar, José Maria (eds.): *El sistema atlántico español (siglos XVII-XIX)*. Madrid: Marcial Pons, pp. 163-201.

Sée, Henry (1926): "Bosquejo de las relaciones comerciales de Holanda con España y Portugal a fines del siglo XVIII". In: *Anuario de Historia del Derecho español*, 3, pp. 189-199.

Serruys, Michel (2006): "The Austrian Netherlands' Transit Policy and the Dutch Decline in the 18th Century: A Policy of Revenge?". Paper presented *Conference Dutch Decline in Eighteenth Century Europe*. Rotterdam: Erasmus Center for Early Modern Studies.

Steensgaard, Niels (1990): "The Growth and Composition of the Long-Distance Trade of England and the Dutch Republic Before 1750". In: Tracy, James D. (ed.): *The Rise of Merchant Empires. Long-Distance Trade in the Early Modern World, 1350-1750*. Cambridge: Cambridge University Press, pp. 102-153.

Swierenga, Robert P. (ed.) (1985): *The Dutch in America: Immigration, Settlement and Cultural Change*. New Brunswick: Rutgers University.

Tracy, James D. (ed.) (1990): *The Rise of Merchant Empires. Long-Distance Trade in the Early Modern World, 1350-1750*. Cambridge: Cambridge University Press.

Van der Woude, Adrianus M./De Vries, Jan (eds.) (1995): *Nederlands 1500-1815. De eerste Ronde van moderne economische groei*. Amsterdam: Uitgeverij Balans.

Veluwenkamp, Jan Willem (2000): *Archangel. Nederlandse ondernemers in Rusland, 1550-1785*. Amsterdam: Uitgeverij Balans.

Vila Vilar, Enriqueta (1974): *Historia de Puerto Rico, 1600-1650*. Sevilla: EEHA.

Weber, Klaus (2004): *Deutsche Kaufleute im Atlantikhandel 1680-1830. Unternehmen und Familien in Hamburg, Cádiz und Bordeaux*. München: C. H. Beck.

Leonor Freire Costa/Maria Manuela Rocha

Merchant Networks and Brazilian Gold: Reappraising Colonial Monopolies

1. Introduction

In 1737, the receiver-general of Cornwall stated that "now and for many years past the importation of Portugal gold coin hath been so great in Cornwall that very little specie of any other kind is to be met with there" (Boxer 1969: 469). Such a flow of Portuguese gold coins to England reveals much about the English balance of payments surplus with the Iberian Peninsula in general and with Portugal in particular.[1] The question has been dealt with recurrently in the historiography on the subject and is particularly crucial for analyzing the importance of Amsterdam and London in the trading of precious metals, for which there was already a global market in the 18th century (Neal 1990; Flynn 1996).

Since this same global market relied on monopoly rents determined by the State, intended to grant access to strategic goods only to native-born merchants (Buchanan 1980; Ekelund/Tollison 1997), the remark made by the receiver-general of Cornwall underlines both the central importance of the English market and the contradictions generated by such systems of colonial monopoly. Thus, fiscal systems built upon the exclusive right to colonial trade, together with the integration of colonial spaces in international flows, gave rise to a tension that would make illegal trade and smuggling an integral component of the growth in international trade during the *Ancien Régime*. This is also an issue that is fully explored by the historiography of the colonial empires.[2] However, it is still necessary to come down to the microanalytical level and seek out the business organizations that sometimes opposed and, on other occasions, made profitable use of that

1 For a survey of studies estimating the flows of precious metals and a discussion of available data, see Barrett (1999) and Oliva Melgar (2005).

2 See Canabrava (1944); Moutoukias (1988); Pijning (1997); Oliva Melgar (2005).

indistinct borderline between legal and illegal trade (Moutoukias 1999).

This paper argues that the institutional framework of the 18th century international trade constrained the building of global networks, confining them to that blurred frontier between licit and illicit organizations. It seeks to discover the circumstances under which smuggling guided competitive strategies and led to certain forms of agency that called for multicultural networks. It considers the pattern of Iberian specialization, in which re-exports of manufactures imported from Europe, mainly from England, were used to maintain trade with the colonies. Such a pattern favored the fragmentation of the flows linking Europe and South America, as much as it granted a monopoly rent to the members of the national trading community. Consequently, there was a separation between groups connected to European trade, the so-called “foreigners”, and those who enjoyed the status of being considered “native-born” citizens and dealt with colonial trade. Nonetheless, diplomatic issues arising from the restoration of Portugal’s autonomy from Spain in 1640 allowed for the participation of foreigners in Brazilian trade. More specifically, the English enjoyed much broader diplomatic protection in the Portuguese space than they did in Spain (Prestage 1925; Shaw 1998; Oliva Melgar 2005). Therefore it should be asked how fully such diplomatic advantages were exploited in relation to trade in the South Atlantic. Such a series of questions might help to reveal culturally heterogeneous networks responsible for the effective globalization of commercial flows.

The first section of this article focuses on foreign merchant communities in Lisbon. It assesses the role of these agents in connecting the realm to the European markets and reveals their presence in Portuguese colonial trade, following a strategy that had to rely on multinational networks. The second section looks into the different interests of these trading networks and stresses their activities close to the River Plate, where they operated beyond the limits of legality. It highlights how such potential smuggling organizations may have served as opportunistic proxies of the State’s goals in protecting national monopolies and ensuring the respective fiscal activities. The conclusion will draw upon some of the topics explored throughout the paper, with the aim of stressing the apparently paradoxical relationship between global networks and colonial monopolies.

2. Foreigners in Portuguese trade

In the 18th century, Lisbon and Cadiz re-established their position as the main trading centers for South American products. If, during the last quarter of the 17th century, sugar from Brazil had ceased to overwhelm the international markets, thereby plunging the Portuguese Atlantic empire into an economic crisis, the outbreak of mining activity roused the colony from this lethargy and relaunched the economy on an entirely new basis. At the same time, the diplomatic negotiations imposed by the circumstances of the War of the Spanish Succession reinforced Lisbon's position by forcing Portugal to align with England and Holland. The signing of treaties with England in 1703 (May and December) set the seal on an old alliance and guaranteed the entry of manufactured products through the Portuguese customs under advantageous fiscal conditions, as well as providing a trading outlet for Portuguese wine. Thus, both the colonial economy, reinvigorated by the new "cycle of gold", and these diplomatic negotiations succeeded in once again placing Lisbon firmly on the list of capitals that were highly attractive for the setting up of trading houses. At the same time, Portugal was placed within the orbit of English interests, as was constantly underlined by contemporary documentation drawn up by foreign observers, and as many more recent studies of recognized importance have also sought to illustrate.[3]

In the 1770s, there were 450 to 500 Portuguese merchants and roughly one hundred and fifty foreign trading houses in Lisbon, a city with slightly less than 200,000 inhabitants at the end of the 18th century (Pedreira 1995: 127). Unlike their Spanish counterparts, Portuguese merchants did not have a formal institutional organization. The *Consulado*, created in 1592, was closed down shortly afterwards, in 1605. So, the Portuguese merchant community might well have missed the beneficial effects of a formal representation whereby it could have decreased transaction costs (Ibarra 2000).[4] Nonetheless,

3 Macedo (1966; 1982); Sideri (1978); Fisher (1984); Martins (1990); Cardoso (2003).

4 This particular short-lived outcome of the Habsburg consular experience in Portugal has been neglected by Portuguese historiography. The reforms of the Marquis of Pombal, who created the *Junta do Comércio* (the Portuguese Board of Trade), deserves a fresh appraisal in the light of its similarities with the Spanish institutional framework. For new readings on consular issues, making use of the

the costs of that institutional framework, a tax that had been levied for its maintenance, remained, and its records provide the limited data available in relation to Lisbon's customshouse that were not destroyed in the 1755 earthquake. The available series starts as late as 1751.

The presence of foreigners might have been less marked in Lisbon's trading houses than in those of Cadiz, where half of the merchants were foreign, most notably French (Pedreira 1995: 129). But these figures provide no relevant information about the prosperity of their respective businesses in each city. In fact, the balance of English trade with Lisbon was twice as favorable as its balance of trade with the city of Cadiz (Christelow 1947: 17). The War of the Spanish Succession has to be taken into consideration in assessing the importance of the English community within the social space of any of the main Portuguese cities (Fisher 1981; 1984). In a letter written in 1752, the ambassador Lord Tyrawly guaranteed Newcastle that "a great body of his Majesty's subjects reside at Lisbon, rich, opulent and every day increasing their fortunes and enlarging their dealings" (Lodge 1933: 225). Indeed, the first half of the 18th century represented a genuine "golden age" for English trade with Portugal, though the organization of this community into a factory had its origins in the 17th century. The war for the restoration of Portugal's independence from Spain had resulted in an Anglo-Portuguese alliance that established ample privileges through the treaties of 1654 and 1661, which would certainly have taken on even more wide-reaching economic overtones and perhaps acquired more important long-term implications in 1703. Despite the longstanding nature of this Portuguese-British alliance and the profuse diplomatic documentation describing the economic power of the members of the Lisbon and Porto factories, the data available for establishing the true size of this community are scarce and rather imprecise (Fisher 1981: 24). Around the time of the earthquake in 1755, a list of English residents in Lisbon contained the names of 155 merchants and 165 people involved either in the provision of services or in the retail trade (innkeepers, carpenters, tailors or shoemakers). Besides these two groups, with their clearly differentiated occupations, there was also mention of 13 widows of important merchants and

transaction cost approaches deriving from Douglass North's contributions to Economic History, see Hausberger/Ibarra (2003).

15 people without any occupation related to trading (Shaw 1998: 54). It is known that not all the members of the community enjoyed the rights established in the setting up of the factory, so that the number of Englishmen in Lisbon could quite easily have gone well beyond the numbers suggested by that census. Lord Tyrawly informed London that there were 2000 subjects of His Majesty the King of Great Britain and Ireland living in Lisbon in 1732 (Boxer 1969: 465).

There is a shortage of studies dealing with the Dutch and Italian communities. The Dutch are known to have been granted the same privileges as those afforded to the English during the War of the Spanish Succession, through a treaty signed in 1704. But French observers, who were always alert to the potentialities of the Portuguese market for providing them with identical privileges, painted a picture of Dutch trade in the first half of the 18th century that showed them to be in some difficulty in view of the competition that they faced from English manufactures. In fact, the only merchants of Dutch origin that were firmly established in the flows of colonial trade and the wine business were people who had long been settled in Portugal, such as, for example, the Van Zeller and the Pedroseem families (Schneider 1980: 133). Italians can also be found in the records of Portuguese gold flows, but little is known about the Italian community as a whole in Portugal.

Although not very extensive, the French community displayed clearer internal divisions than the English community. Amongst the French merchants, only a limited group, that of the elite, could be compared with the English in terms of the volume of trade which they enjoyed. From amongst the 34 or 35 houses that existed around the time of the earthquake in 1755, only five or six had any real importance (Labourdette 1988: 459, 498).

The presence of foreign communities in Lisbon, as in any other trading center, must be thought of as a device used for the development of business. Such trade diasporas were, however, part of cultural encounters that could frequently create a tension between the interests that encouraged social and political integration and certain mechanisms, most of them cultural barriers, that ran counter to this trend. Diaspora merchants needed contact with their hosts, but they also needed to keep their distance and retain enough of their original culture to be able to serve as brokers making the link between European markets and the host market (Curtin 1984).

The distribution of European goods in the Portuguese market was guaranteed by these foreign communities, who organized their agencies in such a way as to respond to the demand existing in Portugal, which was subject to the seasonal nature of the departure of Brazilian fleets. A substantial part of imports, namely English cloths, was re-exported to South America and, to guarantee the continuation of these flows, it was necessary to sell goods to the Portuguese merchants on credit.

Little is known about the way in which credit practices for these colonial markets were operated in Portugal. All that is available is some qualitative information, originating from England, which tells of the importance of these credit lines in guaranteeing the services of a clientele that would then become responsible for distributing the remainder of the goods imported to Brazil (Boxer 1969: 459; Maxwell 1973: 8). If many of these goods that were then transported by the fleets were bought on credit in the markets of Lisbon and Porto and if, in the view of the English agents, trade in Lisbon did not have a higher opportunity cost than in Cadiz (Christelow 1947: 4), then it is quite likely that in Portugal the organization of business did not differ greatly from the one that was practiced there, with the application of the rules of bottomry loans, in which interest rates could sometimes exceed 30% (García-Baquero González 1988: 483, 521-523).

The interest charged on the provision of credit was one of the ways of ensuring the profitability of the deals reserved for these foreign groups of brokers. Another of their possible sources of remuneration was the collection of commissions. Furthermore, English sources draw attention to the fact that many of those who were initially designated as factors, residing in Lisbon and only responding to the orders and instructions of their principals residing in England, found opportunities to branch out autonomously into other forms of business, namely re-exporting to other parts of Europe the goods that the Portuguese imported from Brazil (Fisher 1981: 28; Maxwell 1973).

Information produced by foreign communities residing in Portugal therefore characterizes the business controlled by Portuguese merchants as being limited to the distribution of goods in the Portuguese territories in the South Atlantic. This segmentation of markets is borne out by the customs records, which consider the payment of a tax of 3% (the *Consulado*) charged on the value of imported goods. It should be noticed that those colonial goods that entered the country through the *Casa da Índia*, including those that originated from Brazil, were excluded from these records. An exception was made in the case of slaves that were brought to the city for domestic use.

Table 1: *Consulado* tax (1751): Lisbon customshouse

	Nº of agents	%	Tax (in *réis*)	%
Foreigners	394	28.2	36,171,782	71.5
Portuguese	964	69.2	11,467,185	22.7
Unknown	36	2.6	2,929,009	5.8
Total	1,394	100.0	50,567,976	100.0
Average	-	-	36,275	-

Source: AN-TT, Alfândega de Lisboa, Consulado, 1751.

The importance of the trade controlled by the foreigners is clearly shown in the table and it becomes even clearer when the values above the average are taken into account. Above the average figure was a group of 126 importers responsible for a subtotal of 443,321,311 *réis* (85.6% of taxes). Amongst this restricted group of traders were 33 Portuguese; amongst the remaining 93 individuals were 5 importers whose origin is unknown, and 88 foreigners, who paid 32,048,154 *réis* (88.6% of the total amount of taxes levied on imports controlled by the foreign group). The Portuguese were therefore left with business that was frequently limited to the importation of slaves for domestic use and this explains why, despite the overwhelming number of agents engaged in the import business, this involvement is not proportionally reflected in the amount of tax paid.

A good deal of import flows required the exportation of gold, which was legally forbidden but accepted as inevitable by the political authorities, showing the ambiguity of the normative universe of the *Ancien Régime*. These illicit flows had their own informal institutions, where decorum and discretion played a significant role. The ambassador Lord Tyrawly condemned the indecorous manner in which any English ship that entered the port of Lisbon, particularly cod-fishing vessels arriving from Newfoundland, would seek to arrange a charter for the transport of gold coins. For the ambassador, this undisguised form of smuggling, frequently accompanied by truculent and arrogant behavior, blemished the reputation of the community:

> indeed, if there was no other method for us to send it home, it would be right, but we have our packets that go constantly and merchant-men that usually attend the Lisbon trades, that are fully sufficient to carry our balance home, and both these have their plausible pretence of coming here, the packets with our letters, the merchant-men with our goods; besides that the officers and even the sailors of these are so acquainted with the nature of the place that they know how to go about this business privately and discreetly (Boxer 1969: 466).

Even amongst the merchants of the English factory, there was a lack of appropriate discretion. The ambassador was surprised by the behavior of certain merchants who spoke publicly of the cash that they had embarked on ships setting sail for England, "[with] as little secrecy [they] send it on board as they do a chest of oranges" (Boxer 1969: 468). These improper displays of ostentatious behavior gave rise to imprecise information that began to circulate in the press (Boxer 1969: 468) and, for this reason, there may have been a surprise when, in 1769, the minister Lyttleton and the Board of Trade undertook a detailed review of the balance of Anglo-Portuguese trade for previous years and discovered that both the volume and the surplus of the English balance of trade had been regularly exaggerated in the popular mind (Christelow 1947: 17). Even so, the trade with Lisbon remained the most promising avenue in terms of access to precious metals, not only because it was the main outlet for Brazilian gold, but also – as will be revealed later on – because it enabled Spanish silver to arrive at the port of Lisbon.

There is a clear need for a reappraisal of this segmentation between the European and colonial markets. As far as the presence of foreigners in colonial trade is concerned, the diplomatic framework led to differences in the Portuguese and Spanish systems. The English were given permission to charter ships that formed part of the Portuguese fleets, as well as to maintain four permanent trading houses in Rio de Janeiro and Bahia and to have consuls in these same places. Similar freighting concessions were also achieved by the Dutch with the treaty of 1641. But conflicts between the Netherlands and Portugal meant that these advantages could not be made use of after 1645 (Mello 2001). The rules of the Portuguese monopoly over colonial trade contained yet another feature that clearly distinguished it from the Spanish system: the absence of any restrictions on participation in the flows of colonial trade through the use of the Portuguese fleets sailing between Lisbon and the Brazilian ports, a guarantee that was given to foreigners of any nationality.

Such a facility has not been afforded the necessary attention on the part of Portuguese scholars, who have been concerned, above all, with demonstrating the segmentation of markets and merchant organizations (Pedreira 1995). Indeed, this possibility may well have prevented the occurrence of what was happening in the neighboring country of Spain, where the participation of non-nationals had to take place in a dissimulated fashion, through the well-known recourse to the services of cover-men, or through slower processes of naturalization (Christelow 1947; García-Baquero González 1988; McFarlane 1993).

However the Portuguese government tried to reduce such diplomatic advantages by imposing systematic restrictions on the right granted to the English to remain in the colony. Without countermanding the principles established in the treaties, the "passive resistance" (Pijning 1997: chapter 1) of the Portuguese Crown ended up achieving the main goal: foreign merchants became obliged to use Portuguese agents as middlemen as a result of the regular expulsion of their factors, who were still residing in Brazil. The reaction of the English factory to restrictions on their previous freedom in dealing with Portuguese colonies (Boxer 1969) is clear evidence of their interest in operating directly with Brazil, through English agents residing there.

It is therefore important to investigate how this legally-permitted participation in the flows of trade with Brazil was made use of. Such an approach is made possible through the reading of the *Livros de Manifesto*, the records of the gold that was legally transported from Brazil, which were surveyed at the Lisbon Mint after fulfillment of the appropriate formalities.[5] The year 1751 was chosen as sample, since it permitted a crossover of information with *consulado* records previously analyzed.

5 For more information about the characteristics of this source and their potentialities for analysis: Godinho (1950); Boxer (1962); Russell-Wood (1983); Costa/Rocha/Sousa (2002).

During 1751, the year when the fleet from São Salvador da Baía was not included in the records, remittances of gold arrived from Rio de Janeiro and Pernambuco destined for 1852 recipients[6] and amounting to 3,143,726 $218 *réis*. Amongst those 1852 recipients, there were just 126 (6.8%) foreign names.[7] The value of the gold received by the latter group corresponded to 4.6%. A close analysis of the distribution of the values of the remittances amongst all the private agents (Costa/ Rocha 2007) highlights two central aspects: a) the extremely scattered distribution of small amounts (75% of recipients received 25% of the overall amount withdrawn from the mint); b) the concentration of the remittances in the hands of a restricted group of agents (229 agents – 12.4% – received 57.4% of the gold). Included within this restricted group of agents, which, for the sake of argument, we can refer to as the "elite" of the recipients of gold, were 13 foreigners. In other words, the overwhelming majority of non-Portuguese merchants received amounts of gold that were below the average value of the remittances.

An analysis of the remittances of gold that arrived in Lisbon in different years, particularly in 1731, confirms such a limited participation of foreign merchants in trade flows with Brazil, which was detected 20 years later: 7.4% of private agents were foreigners and the amounts that they received represented 6.8% of the total of gold brought by the fleets in that year. Nonetheless, smaller amounts may not be a synonym for weakness in trading with Brazil. Highly valuable cargoes were sent to the colony and sold there on credit to a wide range of merchants, who reimbursed the creditor in so far as their own business allowed them to do so. In fact, the whole system of trade was based on a cascading chain of credit, much of which was difficult to recover, as the main creditors frequently complained (Alden 1975). Feliciano Oldenberg, born in Hamburg, who arrived in Lisbon at the age of 19 and was then employed as a clerk by foreign merchants, is a

6 This number excludes the remittances destined for the Crown and those private agents (84 recipients) who were not identified by name in the source. The total amount of gold shipped in these two fleets was 5,255,753 $946 *réis*, that is, 10,795 tonnes of gold or £1,423,166 (3.693 *réis* = £1). For different estimations of the gold arriving in Lisbon, which take into account different documentary sources, see Pinto (1979), Morineau (1985) and Costa/Rocha/Martins (2010).

7 All those who did not have a Portuguese name were identified as foreign agents. Some of these are known to have become naturalized as Portuguese.

case that clearly illustrates the economic rise and subsequent integration of foreigners into Portuguese society. He also highlights the participation of foreigners in colonial trade by shipping highly valuable merchandise, whose reimbursement involved the sending of small amounts of gold distributed amongst the different fleets. The list of Oldenberg's debtors clearly illustrates this situation.[8]

No matter how limited the amounts of gold received were, there was a fringe group of merchants, essentially composed of foreigners that were involved in the whole flow of goods linking the European and the colonial markets. Only on rare occasions did Portuguese merchants belonging to the Lisbon customs take part in Brazilian trade in 1751. Alberto Borges, the largest Portuguese importer of European goods at the customs, was the paradigmatic example of this situation and he too, just like most of the foreigners, did not belong to the list of the "elite" of the recipients of gold. Hence, the vast majority of transactions with Brazil were in the hands of the Portuguese merchants, who seemed to have no notable connections to European markets.

The social segmentation of these global flows suggests that cultural differences contributed to reinforcing the political aim of keeping the foreigners away from the colonial monopoly. However data provide evidence of foreign merchants shipping their capital in the Portuguese Brazilian fleets. It should be questioned if the forms of agency involved were substantially identical to those adopted by foreign merchants in Cadiz, who were supposed to have used traveling agents as cover-men. In the Portuguese colonial trade, one may also find the figure of the traveling agent representing a form of agency that answered quite well to the needs of a business based on long-distance demand. For this reason, traveling agents were not a device used exclusively by foreigners (Costa/Rocha 2007). At the same time, resident agents were not a distinguishing feature in the organization of Portuguese business. Although trust was certainly a major factor, and although cultural identity reinforced bonds of trust (Nee/Sanders 2003), foreigners were forced to learn how to deal with Portuguese agents. Perhaps relying on agents who had to sail to and fro in the same fleet might have been thought of as limiting their chances of committing fraud incurring moral hazard. Since the use of the services

8 AN-TT, *Junta do Comércio* 38, maço 10.

of either a mobile or a resident agent was a choice shared by both groups trading in Brazil, the difference separating national from foreign trade organization is instead to be found in the setting up of a network providing multiple relationships and numerous agents in the same port. While foreigners resorted, above all, to just one sender in the colony, the Portuguese traders belonging to the "gold elite" were more significantly involved in multiple relationships (various agents in Brazil sending gold to various recipients in Lisbon).

The establishment of a wide range of contacts was, in fact, a possible strategy amongst Portuguese merchants that was not so easily accessible to foreigners. The diversification of links and the establishment of more than one agent in Brazil are clearly documented through the well-known case of the trader Francisco Pinheiro (Alden 1975; Donovan 1990; Furtado 1999). When he opted for a fixed agency in the colony, he made connections with several agents simultaneously, being conscious of the many frauds that these perpetrated readily and frequently. Even though his preferred option was to send correspondents that were his relatives (a brother, a godson and a nephew), and even though the control that he exercised was kept as tight as possible (as can be seen from the correspondence full of instructions that he exchanged with them) (Donovan 1990: 259-283), still the agents took advantage of the colonial market conditions for their own benefit due to common agency problems stemming from asymmetric information.

However, sending to Brazil agents in whom one could place greater trust, even though it was known that such trust was frequently broken, was a mechanism that foreigners had greater difficulty in arranging. With a more restricted group of relations and with legal constraints that prevented the establishment of agents of their own nationality in the colony, their possibility of choice was reduced and, consequently, trust was a scarcer resource. This is a reason for the lower number of contacts established by foreigners in the colony. Such a handicap forced them to choose their Portuguese agents carefully and selectively.

3. Conflict of interests

The everyday scene that the King Dom João V was able to witness from the window of his palace close to the River Tagus must have caused him some consternation. Constantly sailing out of the port of Lisbon were ships laden with precious metals and heading for England (Boxer 1969). Although there was undeniably room enough to allow for some exports, which were an essential counterpart for guaranteeing the imports that were so necessary for Portugal, this excess exportation of precious metals was certainly a cause for concern. The law decreed a ban on the export of precious metals, but at the same time their flow out of the country was seen as inevitable. For this reason, whenever there was any seizure of gold, which was the most abundant of the two precious metals in Lisbon, the English complained that such action was totally unjust, arguing that they were merely exporting money that naturally resulted from the "balance" of their trade.[9] The Portuguese, however, evoked the law, claiming that these were cases of smuggling. It should be noted that the English themselves had no interest in seeing this legislation altered. When an attempt was made to normalize what was inevitable, in other words when the Crown sought to introduce a 3% tax on the exportation of gold, there was widespread resistance to such a move (Christelow 1947: 7). Clandestinity or the illicit side of such transactions brought its own distinct advantages. Because of the immunity offered to their packet-boats, the English monopolized transport and offered to provide freightage services to the Dutch and French, or else they would exchange the gold for bills of exchange, which provided them with the chance to make a profit twice over and, at the same time, contributed towards London's consolidation as an important financial center (Shillington/Chapman 1907: 249).

This smuggling of gold is not the main topic here. Rather, the main issue here is the analysis of other kind of interests that also operated beyond the limits of legality, involving merchant networks in the trading of precious metals between the colony and the metropolis. It is known that untaxed gold arrived in Lisbon in quantities that it is im-

9 "Memórias do Cônsul e Factorias Britânica na Corte de Lisboa ao Embaixador de Sua Magestade Britânica na mesma Corte e às Secretarias de Estado deste Reino", BNL, CP 93.

possible to determine precisely. In some cases, this was gold that had escaped payment of the tax levied on its production in the colony of one fifth of its value (Boxer 1969: 461, 465); in other cases, it was metal that had escaped the tax of 1% that was charged on its transport (decree of February 1, 1720). Whether it was camouflaged in sugar-chests (Boxer 1969: 461) or transported by other artifices, the smuggling of gold was a breach of the law that involved trading at prices that were lower than the legally-established value (Alden 1968: 329). But it was not only gold that circulated in the fleets sailing between Brazil and Portugal. Silver, which also left Lisbon in the same English vessels that had so disturbed the King, arrived in Portugal as a result of the illegal trade carried out through the Colônia do Sacramento (Maxwell 1973: 8-9). Such silver was the fruit of smuggling, but on this occasion a form of smuggling to which the Crown lent its active support.

The establishment of the Portuguese in areas close to the River Plate, achieved in 1680 with the foundation of the Colônia do Sacramento, was intended to give greater dynamism to trade with Brazil, by then faced with a crisis caused by the decline of the sugar trade. Nevertheless, this new Portuguese colony became above all a gateway providing access to the Spanish silver essential to the Portuguese realm. The trade that was carried out from there was far too important for the merchants of Brazil and the metropolis to even think about losing the Colônia do Sacramento as a result of the systematic military threat from the Spanish (Almeida 1973: 136-145).

The interest that Portugal placed in this region was shared by other European powers, especially those that found in the colony an outlet for their manufactures and a gateway to the vast regions of the Bourbon Empire, receiving, most importantly, silver in return. On the other hand, in these dealings, the Spanish population living on the other side of the River Plate, in Buenos Aires, found European commodities being supplied at lower prices than in the official Spanish trade, which originated from a long distance away in Lima. These were therefore sufficient reasons for the development of an intense smuggling activity that transformed the southern region of Brazil into an economic complex formed by the various trade routes connecting Rio de Janeiro, the Colônia do Sacramento and Buenos Aires to the international flows. This was a business in which both Portuguese and foreign trading houses played an active role. The correspondence exchanged between the merchant Francisco Pinheiro and his agents in Brazil not only illustrates the main features of this trading activity, but also shows how heavily foreign enterprise depended on certain local networks.

In 1722, José Meira da Rocha was sent to the Colônia do Sacramento as an agent for two Italian merchants residing in Lisbon, Egneas Boroardi and Paulus Hieronimo Medici. Three years later, Meira da Rocha proposed a partnership to Francisco Pinheiro. The high rates of profit provided by the sales, which could be as high as 100%, justified the expansion of trading activities into this region, all the more so when the payment of goods was effected here in cash, thus avoiding the use of credit, which was the most common practice in other parts of Brazil. In view of the well-known difficulties arising from the collection of debts, the ready payment of the goods transacted was undoubtedly a considerable added advantage (Possamai 2006: 352-355). The formation of such a company would bring together both Italian principals, Meira himself, two other Portuguese merchants residing in Lisbon and yet two others residing in the Colônia do Sacramento. Once the partnership had been accepted, the subsequent correspondence highlights the role that the Colônia do Sacramento played alternately as an outlet for either leather or silver, depending on the state of the market in Lisbon and Europe. In 1725, Pinheiro asked his correspondents to send leather, but in 1728, and again in 1730, he requested that they send only silver and not leather due to the low price at which this commodity was then being transacted (Possamai 2006: 366-367). On the other hand, the goods that were being sent to the colony were, above all, textiles, thus fulfilling the predictions of a Portuguese sergeant-major at the beginning of the 18th century:

> The people of these Indies, being rich in silver, are extremely poor in clothes; having the road open, the remedy at their doors and the naturally urgent need, and seeing themselves without hindrance and free of fear, they will send us silver to clad themselves in our clothes (Almeida 1955: 46).

Rio de Janeiro served as the gateway for the arrival of merchandise originating from Lisbon, thereafter acting as the distribution center for these same goods southwards, depending on the conditions of the market (Possamai 2006: 372).

The case of Egneas Boroardi and Paulus Medici is one among many others that can be used to illustrate how foreigners could exploit the opportunities provided by the Portuguese colonial empire, using either fixed agencies or traveling agents. Beroardi, operating either individually or in association with other merchants, was one of the recipients of gold recorded in the *Livros de Manifestos* in 1731 and 1741, while in 1751 there arrived a fresh amount of this metal now recorded in the name of his heirs.[10] It is therefore clear that records of gold flows, linking Brazilian ports to Lisbon, were just part of a wider world of transactions that also involved payments made in silver.

Feliciano Velho Oldenberg provides yet another example of the participation of foreigners in the Portuguese colonial trade, partly with the aim of gaining access to the South American silver-producing region. He was one of the main importers registered at the Lisbon customs house, having invested 400 *contos* in shipments, between 1748 and 1754, destined not for Rio de Janeiro, but for Buenos Aires.[11] Although Feliciano Oldenberg is not listed as a recipient of gold in 1751, for reasons that probably derive from the random nature of any sampling technique, he is recorded as such in 1721 and 1731. His preference for Sacramento did not therefore exclude him from the gold circuits.

As stated above, foreigners had a more limited number of connections in Brazil. An analysis of gold remittances involving foreigners in Lisbon, as well as of the respective relationships between senders and recipients, shows that 24.6% of remittances were despatched by a single Portuguese sender who had several foreigners in his networks. Elias Perochon, Cristiano Fhope Anuche and João José Chamberlain shared the same agent in Rio de Janeiro. Cristiano Frezy and Felisberto Coullisier had a common agent in Pernambuco. Van Zeller, Drekey and Inácio António Henhel, operating in trading houses located in Porto, received gold sent by Tomás Pinto da Silva. It there-

10 The indication of these years does not in any way mean that there were no receipts of gold recorded at other times. Under the scope of the research project to which this text is intrinsically linked, the only records surveyed were the complete records of the fleets in the years 1721, 1731, 1741, 1751 and 1761.

11 AN-TT, *Junta do Comércio* 38, maço 10.

fore seems possible to identify individuals who polarized relationships in Brazil and were particularly well-connected with wealthy merchants, including several renowned foreign trading houses. Perhaps information about the reputation and social capital of these agents was an important factor in assessing their performance of this role. Manuel Pereira do Lago, another Portuguese merchant who sent gold for foreigners in Lisbon, serves as an example of this. He was appointed administrator of the exchequer of the Colônia do Sacramento on June 20, 1731 and, in 1736, he was made captain of one of the local militias. In 1749, he moved to Rio de Janeiro after being appointed administrator of the exchequer of this captaincy.[12]

This crossover between militias, local administration and merchant networks is nothing new. The process has been fairly well documented and studied in the case of Spanish America (Moutoukias 1988). The administrative structures that exploited the flexibility of the frontiers between what was legal and illegal formed a colonial system based upon the tolerance of a certain amount of venality (Feliciano Ramos 1990; Pijning 1997). However, the networks that sustained smuggling in the areas on the fringes of the empires have been poorly studied from the Portuguese viewpoint. The remarkable studies on the history of Colônia do Sacramento (Almeida 1973; Cortesão 1954) have looked at smuggling from the viewpoint of the diplomatic tensions existing between the Iberian states in the region, seeing it more as a political issue than as an organized activity that was subject to its own economic rationale.

There is therefore a lack of studies making it possible to establish a framework into which we might fit such cases as that of Manuel Pereira do Lago, whose importance in this context might not have lain in his potential venality. Instead it might have been rooted in the social capital (Lin 2001) that he had accumulated in Colônia do Sacramento, making contacts that would later have been useful for doing business in the region. Thus, the case of Pereira do Lago provides some useful pointers for reflecting on the interest that foreigners clearly had in being represented in Brazil through individuals whose social capital had been built up in the silver-producing regions. Some

12 "Chancelaria de Dom João V", AN-TT, v. 125, book 80, p. 181; v. 126, book 92, p. 389 back; v. 125, book 118, p. 255 back.

other personal experiences shed light on agents who resided in Colônia do Sacramento, providing evidence that these individuals were much more than simple dealers who enjoyed connections with important merchants in the realm. José Ferreira de Brito[13] followed a similar trajectory to Pereira do Lago. He was also a captain of the militia in Colônia do Sacramento, just as his father had been. During the course of his appointment as a captain, he also had a shop where he acted as a wholesaler. Anacleto Elias da Fonseca[14] lived in Rio de Janeiro and shipped commodities both to Colônia and to Angola. António Borges de Freitas[15] also stayed for some years in that same southern region before choosing Rio de Janeiro as his place of residence.

There are several personal stories showing the excellent connections that a few agents in Brazil enjoyed both with foreign traders and with the elites of Colônia do Sacramento. Those agents who had foreigners in their networks, whether they were resident in Brazil or acting as traveling agents, belonged to organizations that involved their principals in all stages of the distribution of goods. In view of the fact that the tax system penalized such initiatives, it is necessary to discover the factors that lay behind such choices.

In the Portuguese colonial system, if we take a close look at the first half of the 18th century, the exclusive monopoly of trade with Brazil was not part of a policy designed to promote national manufactures. It was, instead, a way of obtaining customs revenue, in which the re-exportation of European manufactures, and English manufactures in particular, accounted for the lion's share of such taxation. The protection of the colonial market thus followed a logic of tax collection (Klaveren 1969: 150) which considerably increased the prices of the goods in circulation.

An import tax of 26% was levied on European products coming into Portugal, except for goods arriving from England and Holland, which, due to the advantages afforded under the terms of the treaties of 1654, 1703 and 1704, paid tax at a rate of 23%. A further tax of 3% (the so-called *Consulado* tax) was also added to these amounts, paid

13 AN-TT, *Habilitações à Ordem de Cristo*, Letra J, maço 30, n.14.

14 AN-TT, *Habilitações à Ordem de Cristo*, Letra A, maço 5, n. 2.

15 AN-TT, *Habilitações à Ordem de Cristo*, maço 138, n. 2267.

whenever goods entered or left the port. Once they had been unloaded at Brazilian ports, the products were again taxed at 10% of their value. One of the main sources of revenue from the taxes levied by the central administration was the compulsory transhipment of imported goods at Portuguese ports, which, in turn, justified the transactions made between different groups of traders who shared responsibility for distribution at each of the separate stages in the shipment of goods. Or, in other words, this division of the market amongst different economic operators corresponded to a sharing of the tax burden.

In fact, in a system in which the market was far from integrated and in which the prices at each of the points of transhipment reflected a multiplicity of factors that went far beyond simple variations in supply and demand (Mathias 1987), this division of the various stages in the trading flows amongst different operators might well have resulted in a reduction of both the risks involved and the tax burden. Prices in Portugal and Brazil exhibited stability in the long run (Sousa 2006: 195; Alden 1990). They nonetheless continued to be subject to short-term variations determined by the pace of the fleets. Such occasional volatility allied to the heavy tax burden, could reduce expected profits. In fact, for a trading company to be involved in all the stages of distribution, from the European markets to the mining world in Brazil, the arbitrage premium would have to compensate for a tax burden of around 40%. Such a strategy called for a rationale that was based on expectations of extraordinary profits and thus incompatible with the competition of distinct organizations that would lower the prices by increasing the supply of foreign cloths. The formation of global networks was only justified so long as the business offered the promise of an extraordinary profit, a quasi-monopoly rent, whether this was achieved through smuggling or through the diversification of strategies that would include the arbitrage of precious metals. In this way, the multinational networks were formed not only in order to gain access to gold – which, in any case, would always be obtained as a form of payment for transactions undertaken solely in Lisbon – but, particularly, to silver.

The advantages of this silver business were limited when the Colônia do Sacramento market was inundated with goods shipped directly from England. The English smuggling developed under the cover of the *asiento* competed with Portuguese organizations in

Colônia. Meira da Rocha, who was an agent of Francisco Pinheiro, Beroardi and Medici, frequently complained of the English illegal presence. In 1726, for example, he referred in a letter to Lisbon to the difficulty in ensuring the flow of Portuguese goods by virtue of the arrival there of the ship named the *Duke of Cambridge*, which, after the pressure exerted by the authorities of Buenos Aires in their attempt to prevent the smuggling of goods, had decided to leave this latter port. Moving to a region close to Colônia do Sacramento, but strategically out of reach of the Portuguese cannons, it intercepted the Spanish longboats heading for Colônia. The English audacity reached the point of sending out cutters in search of the Spanish, inviting them to come aboard and bargain. At the same time, they impeded the Portuguese business carried out in the shops in Sacramento by informing the Spanish smugglers of the lower prices that they were charging (Possamai 2006: 389-391). This was therefore a form of competition that was being carried out at the level of prices, as if it were an unregulated market.

Multinational networks, with the presence of agents in Colônia do Sacramento, were therefore, together with the exclusively Portuguese networks, the organizations that considered themselves to be the most heavily penalized by smuggling. The correspondence of Meira da Rocha continues to be crucial for illustrating, in this way, the denunciation that was made of English smuggling and the pressures exerted for combating it. The opposition between the traders based in Colônia and the governor is recorded in an exhaustive fashion in the letters exchanged with Lisbon. According to Meira da Rocha, the governor displayed an attitude that was too accommodating towards the officers of the English ships, who used different forms to carry out the smuggling that caused such disturbance to business in this region. Invoking the need for taking supplies on board, the ships remained close to Colônia and ended up unloading goods that had come directly from England and whose price had not been increased by the tax burden imposed under the Portuguese colonial system. In this way, they impeded the flow of identical cargoes that had been received from Rio de Janeiro, having arrived at a higher price. Meanwhile, not only did the governor not do anything to limit such activities, but he even invited the English captains ashore and entertained them with banquets. As a result of one of these episodes, a petition was sent to Lisbon signed by all the traders in Colônia, requesting that measures be taken against the English smugglers and that the governor be dismissed. It is interesting to note that Meira da Rocha used his links with Francisco Pinheiro, Beroardi and Medici, people who enjoyed good relations with the central administration and who had him placed in Sacramento as an agent for the illegal silver trade. Meira da Rocha sought to ensure that this petition reached the hands of the King himself, sending the missive via three different routes – Rio de Janeiro, Salvador and London.

Ironically, the petition did in fact arrive in Lisbon via an English ship. It was duly subjected to the consideration of Meira da Rocha's partners, who decided, however, not to make it known to the king. According to Pinheiro, it could cause more harm than benefit to the business in the colony; in Beroardi's opinion, the whole affair was an "indecorous" one (Possamai 2006: 393-394). Of course, this problem was seen differently by the governor. His version of events reveals the constraints arising from the intricate diplomatic situation of the period. When the captain of the *Duke of Cambridge* asked him for permission to unload goods in Colônia do Sacramento, he excused himself by invoking the "strict orders that the governors of America and the conquests have regarding foreign vessels" (Possamai 2006: 390). On another occasion, on receiving a recommendation from the governor of Buenos Aires to impede the supply of the English ship since this ran counter to the stipulations of the Treaty of Utrecht, he answered that "according to the orders of my master the king it was impossible not to provide the hospitality that is permitted to nations with whom he considers himself to be at peace" (Possamai 2006: 390). On third occasion, he suggested to the king that he should thank the president of the English *asiento* for the favors rendered to Portugal during his stay in Buenos Aires, probably referring to information that had been provided denouncing Spanish military manoeuvres (Possamai 2006: 397).

The complexity that was to be found in the relations between nations also determined the nature of the relations existing within trading organiZations. In opposition to the direct trade between England and the River Plate region, there appeared the multinational networks that joined the Portuguese traders in Colônia do Sacramento to other Portuguese and foreign traders established in Lisbon. The diplomatic protection afforded to the English who were resident in Lisbon, allowing them to take part in the fleets transporting gold, was used to achieve the same goal that their compatriots had when they set sail from London directly for Buenos Aires in order to obtain silver through contraband activities. The two strategies, dependent on different organizations but involving agents of the same nationality, competed with one another.

4. Conclusion

The analysis of the trading organizations involved in the flows of gold provided data that led us to question the institutional factors discouraging the formation of global networks and the way in which specific advantages arising from certain diplomatic contexts might help to remove these obstacles. The basic line of research followed in the demonstration of such an argument is stressed in this conclusion.

The logic of colonial pacts promoted a taxation system that encouraged the sharing of the different stages involved in the distribution of goods. The data provided by the Lisbon customs house illustrate this division of markets and of merchant organizations, with the foreign communities based in Lisbon playing the main role in the importation of goods originating from Europe. The development of global networks, which joined together the whole of the business involved in the distribution, importation and re-exportation of goods to Brazil, was made more difficult by the system of an exclusive monopoly over colonial trade.

However, the diplomatic concessions afforded to the English by the treaties of 1654 and 1703 opened up the Portuguese colonial trade to these foreigners and gave them the opportunity to form multinational networks that were faced with competition from the smuggling activities undertaken by members of the same nationality. In this way, the division of interests did not take place along the lines of different nationalities and therefore different levels of access to the privileges of the colonial pact, but instead depended on the level of control of the channels providing access to precious metals.

The existence of two distinct forms of smuggling resulted in competition between them which led to denunciations and the request for intervention on the part of the central administration in order to keep away the English who traded directly from England with the River Plate region.

In such areas where the borderline between different forms of illegal trade was relatively indistinct global networks were easier to find. In an international system that was fragmented in the form of exclusive national spaces, such networks highlighted a paradox: on the fringes of the colonial empires, the State found in multicultural networks the best allies in the defense of the colonial pact. The main aim of this article has been to make these networks visible.

Bibliography

Alden, Dauril (1968): *Royal Government in Colonial Brazil, with Special Reference to the Administration of the Marquis of Lavradio, Viceroy, 1769-1779*. Berkeley/ Los Angeles: University of California Press.

— (1975): "Vicissitudes of Trade in the Portuguese Atlantic Empire During the First Half of the Eighteenth Century. A Review Article". In: *The Americas*, 32, 2, pp. 282-291.

— (1990): "Price Movements in Brazil, Before, During and After the Gold Boom with Special Reference to the Salvador Market". In: Johnson, Lyman/Tandeter, Enrique (eds.): *Essays on the Price History of Eighteenth-Century Latin America*. Albuquerque: University of New Mexico Press, pp. 335-371.

Almeida, Luís Ferrand de (1955): *Informação de Francisco Ribeiro sobre a Colónia do Sacramento*. Coimbra: Coimbra Editora.

— (1973): *A Colónia do Sacramento na época da sucessão de Espanha*. Coimbra: Faculdade de Letras da Universidade de Coimbra.

Barrett, Ward (1999): "World Bullion Flows, 1450-1800". In: Tracy, James D. (ed.): *The Rise of Merchant Empires. Long Distance Trade in the Early Modern World, 1350-1750*. Cambridge: Cambridge University Press, pp. 224-254.

Böttcher, Nikolaus/Hausberger, Bernd (eds.) (2000): *Dinero y negocios en la historia de América Latina / Geld und Geschäft in der Geschichte Lateinamerikas*. Madrid: Iberoamericana/Frankfurt am Main: Vervuert.

Boxer, Charles (1962): *The Golden Age of Brazil, 1695-1750*. Berkeley/Los Angeles: University of California Press.

— (1969): "Brazilian Gold and British Traders in the First Half of the Eighteenth Century". In: *The Hispanic American Historical Review*, 49, 3, pp. 454-472.

Buchanan, James M. (1980): "Rent Seeking and Profit Seeking". In: Buchanan, James M./Tollison, Robert D./Tullock, Gordon (eds.): *Toward a Theory of the Rent-Seeking Society*. College Station: Texas A&M University Press, pp. 2-15.

Buchanan, James M./Tollison, Robert D./Tullock, Gordon (eds.) (1980): *Toward a Theory of the Rent-Seeking Society*. College Station: Texas A&M University Press.

Canabrava, Alice Piffer (1944): *O comércio português no Rio da Prata (1580-1640)*. São Paulo: Edusp.

Cardoso, José Luís (ed.) (2003): *O tratado de Methuen (1703). Diplomacia, guerra, política e economia*. Lisboa: Livros Horizonte.

Carmagnani, Marcello/Hernández Chávez, Alicia/Romano, Ruggeiro (eds.) (1999): *Para una historia de América*. Vol. II. México, D.F.: El Colegio de México.

Christelow, Allan (1947): "Great Britain and the Trade from Cadiz and Lisbon to Spanish America and Brazil, 1759-1783". In: *The Hispanic American Historical Review*, 27, pp. 2-29.

Coleman, Donald C. (ed.) (1969): *Revisions in Mercantilism. Debates in Economic History*. London: Methuen.

Cook, Karen S. (ed.) (2003): *Trust in Society*. New York: Russell Sage Foundation.

Cortesão, Jaime (1954): *O tratado de Madrid. Antecedentes – Colónia do Sacramento (1669-1749)*. Rio de Janeiro: Biblioteca Nacional.

Costa, Leonor Freire/Rocha, Maria Manuela (2007): "Remessas do ouro brasileiro: organização mercantil e problemas de agência em meados do século XVIII". In: *Análise Social*, 182, pp. 77-98.

Costa, Leonor Freire/Rocha, Maria Manuela/Sousa, Rita Martins de (2002): *A circulação do ouro no Brasil: o direito do 1%*. Working Paper 21. Lisboa: GHES, ISEG-UTL.

— (2010): *Brazilian Gold in the Eighteenth Century: a Reassessment*. Working Paper 42. Lisboa: GHES, ISEG-UTL (<www.ghes.iseg.utl.pt/index.htm?no=5010001>.

Cottrell, Philip Leonard/Aldcroft, Derek Howard (eds.) (1981): *Shipping, Trade and Commerce. Essays in Memory of Ralph Davis*. Leicester: Leicester University Press.

Curtin, Philip D. (1984): *Cross-Cultural Trade in World History*. Cambridge: Cambridge University Press.

Donovan, William Michael (1990): *Commercial Enterprise and Luso-Brazilian Society during the Brazilian Gold Rush: the Mercantile House of Francisco Pinheiro and the Lisbon to Brazil Trade, 1695-1750*. Ph.D. thesis. Maryland: The Johns Hopkins University.

Ekelund, Robert Burton Jr./Tollison, Robert D. (1997): *Politicized Economies. Monarchy, Monopoly and Mercantilism*. College Station: Texas A&M University Press.

Feliciano Ramos, Héctor R. (1990): *El contrabando inglés en el Caribe y el Golfo de México (1748-1778)*. Sevilla: Diputación Provincial de Sevilla.

Fisher, Harold Edward Stephen (1981): "Lisbon, its English Merchant Community and the Mediterranean in the Eighteenth Century". In: Cottrell, Philip Leonard/Aldcroft, Derek Howard (eds.): *Shipping, Trade and Commerce. Essays in Memory of Ralph Davis*. Leicester: Leicester University Press., pp. 23-44.

— (1984): *De Methuen a Pombal – o comércio anglo-português de 1700 a 1770*. Lisboa: Gradiva.

Flynn, Dennis O. (1996): *World Silver and Monetary History in the 16th and 17th Centuries*. London: Variorum.

Furtado, Júnia Ferreira (1999): *Homens de negócio. A interiorização da metrópole e do comércio nas minas setecentistas*. São Paulo: Hucitec.

García-Baquero González, António ([2]1988): *Cádiz y el Atlántico (1717-1778): el comercio colonial español bajo el monopolio*. Cádiz: Diputación provincial de Cádiz.

Godinho, Vitorino Magalhães (1950): "Le Portugal, les flottes du sucre et les flottes de l'or". In: *Annales*, 5, pp. 184-197. Reprinted in: Godinho, Vitorino Magalhães (1978): *Ensaios II. Sobre História de Portugal*. Lisboa: Livraria Sá da Costa Editora, pp. 423-448.

Hausberger, Bernd/Ibarra, Antonio (eds.) (2003): *Comercio y poder en América Colonial: los Consulados de comerciantes, siglos XVII-XIX*. Madrid: Iberoamericana/Frankfurt am Main: Vervuert/México, D.F.: Instituto Mora.

Ibarra, Antonio (2000): "El consulado de comercio de Guadalajara, 1795-1821. Cambio institucional, gestión corporativa y costos de transacción en la economía novo hispana". In: Böttcher, Nikolaus/Hausberger, Bernd (eds.): *Dinero y negocios en la historia de América Latina / Geld und Geschäft in der Geschichte Lateinamerikas*. Madrid: Iberoamericana/Frankfurt am Main: Vervuert, pp. 231-263.

Johnson, Lyman/Tandeter, Enrique (eds.) (1990): *Essays on the Price History of Eighteenth-Century Latin America*. Albuquerque: University of New Mexico Press.

Klaveren, Jacob van (1969): "Fiscalism, mercantilism and corruption". In: Coleman, Donald C. (ed.): *Revisions in Mercantilism. Debates in Economic History*. London: Methuen, pp. 140-161.

Labourdette, Jean-François (1988): *La nation française à Lisbonne de 1669 a 1790. Entre colbertisme et libéralisme*. Paris: Fondation Calouste Gulbenkian.

Lin, Nan (2001): *Social Capital. A Theory of Social Structure and Action*. Cambridge: Cambridge University Press.

Lodge, Richard (1933): "The English Factory at Lisbon". In: *Transactions of the Royal Historical Society*, 16, pp. 211-247.

Macedo, Jorge Borges de (1966): "O tratado de Methuen". In: Serrão, Joel (ed.): *Dicionário de História de Portugal*. Vol. 3. Lisboa: Figueirinhas, pp. 48-55.

— ([[1]1963] [2]1982): *Problemas de história da indústria portuguesa no século XVIII*. Lisboa: Querco.

Martínez Shaw, Carlos/Oliva Melgar, José María (eds.) (2005): *El sistema atlántico español (siglos XVII-XIX)*. Madrid: Marcial Pons.

Martins, Conceição Andrade (1990): *Memória do vinho do Porto*. Lisboa: Instituto de Ciências Sociais.

Mathias, Peter (1987): "A formação de uma economia mundial". In: *Ler História*, 11, pp. 77-93.

Maxwell, Kenneth (1973): *Conflicts and Conspiracies: Brazil and Portugal 1750-1808*. Cambridge: Cambridge University Press.

McFarlane, Anthony (1993): *Colombia before Independence. Economy, Society and Politics under Bourbon Rule*. Cambridge: Cambridge University Press.

Mello, Evaldo Cabral de (2001): *O negócio do Brasil. Portugal, os Países Baixos e o Nordeste, 1641-1669*. Lisboa: Comissão Nacional para as Comemoracões dos Descobrimentos Portugueses.

Morineau, Michel (1985): *Incroyables gazettes et fabuleux métaux: le retour des trésors américains d'après les Gazettes Hollandaises (XVI-XVIIIe siècles)*. Paris/ Cambridge: Éditions de la Maison des Sciences de l'Homme/Cambridge University Press.

Moutoukias, Zacarías (1988): *Contrabando y control colonial en el siglo XVII*. Buenos Aires: Centro Editor de América Latina.

— (1999): "Contrabando y sector externo en Hispanoamérica colonial". In: Carmagnani, Marcello/Hernández Chávez, Alicia/Romano, Ruggeiro (eds.): *Para una historia de América*. Vol. 2. México, D.F.: El Colegio de México. pp. 172-197.

Neal, Larry (1990): *The Rise of Financial Capitalism. International Capital Markets in the Age of Reason*. Cambridge: Cambridge University Press.

Nee, Victor/Sanders, Jimy (2003): "Trust in Ethnic Ties: Social Capital and Immigrants". In: Cook, Karen S. (ed.): *Trust in Society*. New York: Russell Sage Foundation, pp. 374-392.

Oliva Melgar, José María (2005): "La metrópoli sin territorio. ¿Crisis del comercio de Indias en el siglo XVII o pérdida del control del monopolio?". In: Martínez Shaw, Carlos/Oliva Melgar, José María (eds.): *El sistema atlántico español (siglos XVII-XIX)*. Madrid: Marcial Pons, pp. 19-73.

Pedreira, Jorge Miguel (1995): *Os homens de negócio da praça de Lisboa de Pombal ao vintismo (1755-1822). Diferenciação, reprodução e identificação de um grupo social*. Ph.D. thesis. Lisboa: Faculdade de Ciências Sociais e Humanas.

Pijning, Ernst (1997): *Controlling Contraband: Mentality, Economy and Society in Eighteenth-Century Rio de Janeiro*. Ph.D. thesis. Baltimore: Johns Hopkins University.

Pinto, Virgílio Noya (1979): *O ouro brasileiro e o comércio anglo-português*. Rio de Janeiro: Nacional.

Possamai, Paulo (2006): *A vida quotidiana na Colónia do Sacramento (1715-1735)*. Lisboa: Livros do Brasil.

Prestage, Edgar (1925): *The Diplomatic Relations of Portugal with France, England and Holland from 1640 to 1668*. Watford: Voss & Michael.

Russell-Wood, A. J. (1983): "As frotas do ouro do Brasil, 1710-1750". In: *Estudos Econômicos*, special issue, 13, pp. 701-717.

Schneider, Susan (1980): *O Marquês de Pombal e o vinho do Porto. Dependência e subdesenvolvimento em Portugal no século XVIII*. Lisboa: A Regra do Jogo.

Shaw, Leslie M. (1998): *The Anglo-Portuguese Alliance and the English Merchants in Portugal, 1654-1810*. Aldershot: Ashgate.

Shillington, Violet Mary/Chapman, Annie Beatrice Wallis (1907): *The Commercial Relations of England and Portugal*. New York: Burt Franklin.

Sideri, Sandro (1978): *Comércio e poder. Colonialismo informal nas relações anglo-portuguesas*. Lisboa: Edições Cosmos.

Sousa, Rita Martins de (2006): *Moeda e metais preciosos no Portugal setecentista (1688-1797)*. Lisboa: Imprensa Nacional/Casa da Moeda.

Tracy, James D. (ed.) (1999): *The Rise of Merchant Empires. Long Distance Trade in the Early Modern World, 1350-1750*. Cambridge: Cambridge University Press.

Bernd Hausberger

Una historia cotidiana de la Carrera de Indias. El viaje del comerciante Tomás Ruiz de Apodaca a Veracruz, 1759-1760

La gran mayoría de las investigaciones que se dedican a redes sociales en su dimensión histórica intentan abordar su tema desde un enfoque bastante benévolo, es decir, quieren analizar cómo las redes se forman y qué ventajas aportan a sus integrantes. En cambio, este trabajo describirá un viaje concreto de Cádiz a Veracruz, realizado entre 1759 y 1760, y prescindirá de cualquier intento de matematizar el tema o de presentarlo en cuadros y gráficas sofisticadas. Retomando uno de los postulados básicos de la historia cotidiana e independientemente de lo anecdótico del relato, quiere revelar qué fue concretamente lo que la red aportaba a un comerciante de la Carrera de Indias, pero también dónde estaban los límites de tal utilidad.

El objeto de estudio es el comerciante Tomás Ruiz de Apodaca. Nacido en 1702 en Manurga, un pequeño poblado de Álava, Apodaca se crió en una red de parientes y paisanos.[1] En 1716, se estableció en Cádiz en la casa del comerciante Andrés Martínez de Murguía, paisano de Manurga, y en 1720 viajó por primera vez a México. A partir de 1732 realizó la travesía atlántica a Veracruz como comerciante independiente y dueño de navío propio, hasta su muerte en el puerto mexicano el 13 de enero de 1767. Aunque estuvo muy lejos de figurar entre los comerciantes más importantes de Cádiz (Ruiz Rivera/García Bernal 1992: 301; Bustos Rodríguez 1995: 238), Apodaca logró un asombroso ascenso social; trayecto que resalta aún más tomando en cuenta

1 La biografía de Tomás Ruiz de Apodaca se encuentra tratada en extenso por José Garmendia Arruebarrena (1990). El autor me había señalado la riqueza de la correspondencia de Apodaca en 1988. Desde entonces la he consultado para diferentes propósitos. Al mismo tiempo, y sin que supiéramos de nuestras respectivas actividades, Silvia Jiménez Martínez de Lagrán, de la Universidad del País Vasco, ha empezado una tesis bajo la dirección de José María Imízcoz Beunza, con el título *Procesos de ascenso social de las élites alavesas en el siglo XVIII: el ejemplo de la familia Ruiz de Apodaca.*

las carreras de sus hijos, entre los cuales destaca Juan Ruiz de Apodaca, el conde de Venadito y, de 1816 a 1821, último virrey efectivo de la Nueva España (Hausberger 2004; 2007).

A principios de 1759, Apodaca obtuvo el permiso real para navegar a la Nueva España con su barco y "conducir azogue de Su Majestad y frutos de particulares".[2] Esta licencia tiene que haberle parecido muy lucrativa: como no llegaría con el conjunto de la flota, acompañado por un gran número de otros comerciantes ansiosos de vender su mercancía, podía esperar colocar el cargamento de su barco en el mercado novohispano sin competidores y, por la poca oferta, a altos precios. En 1758 navegaron sólo 25 navíos de España a toda América y en 1759 no fueron más de 20. La demanda de bienes de importación, por lo tanto, podía suponerse feroz (García-Baquero González 1976, II: 90). Pero cuando fondeó, en noviembre del mismo año, en el puerto de Veracruz, el negocio no salió como se lo había imaginado. Su correspondencia[3] proporciona información detallada sobre sus esfuerzos para llevar a buen fin su viaje. Para esto intentó apoyarse en sus conocidos y amigos. Así, el recuento realizado sirve también para observar el funcionamiento de una red en el comercio colonial hispanoamericano desde una perspectiva microhistórica.

El tratamiento microhistórico del concepto de red ofrece varios problemas metodológicos. Si tomamos en serio los principios de la microhistoria, o de la *thick description* como lo ha definido Clifford Geertz (1973), no deberíamos partir de una base de fuentes seleccionadas según algún criterio analítico para reconstruir las estructuras que se considera rigen los procesos históricos. Necesitamos más bien un conocimiento completo de las relaciones sociales que están dándose en un evento, en un lugar y en un momento concreto. Pero para tal tarea –por fortuna como ha dicho Eduardo Miguez (1995: 25)– nunca tenemos suficientes fuentes. Con este problema nos enfrentamos también al estudiar a Tomás Ruiz de Apodaca y su viaje a la Nueva Espa-

2 Apodaca a Francisco Prieto Alvarez, Cádiz, 19 de marzo de 1759, AGI, Cons. 402.

3 La correspondencia de Tomás Ruiz de Apodaca abarca el periodo que transcurre entre los años de 1727 a 1767. Contiene 2.450 cartas escritas por 500 personas, aproximadamente, desde 149 lugares; además hay 735 respuestas de Apodaca, y 122 cartas de terceras personas; esta documentación se conserva en AGI, Cons. 397-405, 772-774; para más detalles, véase Hausberger (2004: 892-895).

ña en 1759. Para este episodio, observado aisladamente, la información dista de ser cabal, lo que deja muchas preguntas sin contestar. Además, ni siquiera hemos podido aprovechar toda la documentación existente, por ejemplo sus libros de cuenta[4] o las fuentes notariales en el Archivo Histórico Provincial de Cádiz. Ofrecemos, por lo tanto, un estudio no exhaustivo del viaje de Apodaca, y nos limitamos a observar las relaciones de las que el comerciante alavés se sirvió para su negocio, tal como se presentan en su correspondencia, documentación que, por razones obvias, no es imparcial u objetiva. Aun así creo que precisamente el carácter interesado de las cartas de Apodaca y sus corresponsales permiten atisbar una serie de elementos que están en juego en la comunicación.

1. El viaje de Tomás Ruiz de Apodaca a Veracruz, 1759-1760

Tomás Ruiz de Apodaca estaba especializado en el comercio con la Nueva España y viajaba periódicamente a Veracruz. A través de sus cartas se obtiene mucha información sobre los negocios de la Carrera de Indias. Así, cuando, en 1758, estaba buscando su suerte en la feria de Jalapa, describió la situación de los comerciantes peninsulares en este evento:

> [...] esta feria, que a nuestra llegada se creía razonable por lo escaso del reino en los más géneros, en el día se halla enteramente parada; pues aunque al principio dicen se han vendido como tres millones, éstos no han venido, ni han bajado tampoco los mexicanos gordos ni los de tierra adentro, por lo que no hay más gente aquí que flotistas; y no sé en qué parará esta suspensión, de que sigue que todavía no se ha podido cobrar flete alguno de navío, como sucede a los demás, porque no hay dinero en el pueblo.[5]

Como un detalle interesante en este párrafo, Apodaca señala que no eran sólo los grandes almaceneros de México los que acudían como compradores a Jalapa, como normalmente se supone, sino también comerciantes acaudalados del interior del país. Sin embargo, da cuenta de la táctica habitual de los comerciantes novohispanos de hacer esperar a los flotistas hasta el último momento, los que día con día acumulaban gastos y tenían para su regreso una fecha fijada por las autorida-

4 Éstos se conservan, incluyendo unas cartas más, en AGI, Cons. 772-774.

5 Apodaca a Julián Martínez de Murguía, Jalapa, 1 de diciembre de 1757, AGI, Cons. 772.

des, así que tarde o temprano debían deshacerse de su mercancía, aunque fuera a precios no muy favorables.

De este viaje Apodaca regresó a Cádiz el 4 de agosto de 1758.[6] Durante su ausencia había fallecido su socio y compañero durante muchos años, Julián Martínez de Murguía. Apodaca desde entonces actuaría solo. Compró de los herederos de sus amigos la mitad de su barco, *Nuestra Señora del Rosario y Santo Domingo, el Halcón*, de 665½ toneladas, por 40.000 pesos, y en seguida planeó otra expedición (Garmendia Arruebarrena 1990: 227, 237; García-Baquero González 1976, II: 33). Consiguió la licencia de llevar azogue a México en un viaje de registro, junto con otro barco, de un tal Sierra, pero fuera del sistema de flotas. Hubiera tenido que salir en junio de 1759, mas los preparativos tardaron en realidad unos tres meses más.[7] Todavía cuatro días antes de que zarpara del puerto de Cádiz, el 2 de septiembre, su compadre y amigo, Andrés de Loyo y Treviño, le prestó 46.400 escudos de plata antigua.[8] Esto era más de la mitad del crédito total que ascendía a 86.000 pesos y que, según Antonio Miguel Bernal Rodríguez, Apodaca tomó prestado para este viaje (Bernal Rodríguez 1992: 466-467). No sabemos de dónde provenía el resto del capital, pero el dato basta para ver que las relaciones personales de Apodaca en este nivel de negocios fueron muy importantes. La duda por despejar sería en torno a una posible función del paisanaje. Loyo y Treviño, caballero de Santiago y adinerado comerciante, no era vasco, sino natural de Redecilla del Camino, hoy en día en la provincia de Burgos. Por lo tanto, podría categorizársele como montañés, y su estrecho lazo con Apodaca contrastaría con la oposición entre vascos y montañeses que se daba al mismo tiempo en el comercio mexicano (Hausberger 2003). Sin embargo, Loyo y Treviño mismo, en dos poderes para testar, ubica Redecilla del Camino en la Rioja, y la afinidad entre los riojanos y los vascos ya no sería tan sorprendente.[9]

6 Apodaca al padre Francisco Antonio de Yarza, Cádiz, 9 de septiembre de 1758, AGI, Cons. 772.

7 Apodaca a Francisco Prieto Alvarez, Cádiz, 19 de marzo de 1759, AGI, Cons. 402.

8 Apodaca pagaría este crédito el 30 de mayo de 1761; Carta de pago, Cádiz, 30 de mayo de 1761, AHPC, PN 2456, ff. 301r-301v.

9 Poder para testar de Andrés de Loyo y Treviño, Cádiz, 4 de julio de 1750, AHPC, PN 2442, ff. 617r-625v; Poder para testar de Andrés de Loyo y Treviño, Cádiz,

Apodaca y Sierra arribaron al puerto de Veracruz el 11 de noviembre del mismo año. El plan era vender todo y regresar a Europa en abril de 1760.[10] En los meses venideros, Apodaca tuvo que ocuparse de diversos asuntos. Había que vender la mercancía transportada y encontrar carga para el regreso. Además, había que preparar el navío para el viaje, cuidar sus relaciones sociales y cumplir con algunos encargos secundarios. Finalmente, tampoco podía olvidarse de los asuntos familiares en Cádiz. Para todos estos fines escribió, apenas llegando, a diferentes personas para informarles de su arribo e iniciar sus negocios.

1.1 Los asuntos de la casa

La administración de su casa se la había encargado a su esposa, María Eusebia de Eliza y Lasquetti, hija de una familia de comerciantes de origen guipuzcoano-italiano, dejándole una instrucción escrita así como un poder para testar en caso de que muriere.[11] Aunque Apodaca le recomendó consultar a algunos parientes varones antes de tomar decisiones, podría sorprender la responsabilidad que le concede a su mujer durante su ausencia. Ella fue la persona en la cual más confianza pudo tener. El 2 de diciembre de 1759, le escribe, no obstante, para darle a conocer algunas nuevas disposiciones sobre los asuntos pendientes que tenían que ver también con su viaje:

> En la instrucción firmada [...] dejé también un seguro de 30 mil pesos en que aseguré el casco de este navío en su viaje de Cádiz a este puerto, el que queda cumplido con nuestro feliz arribo; y aunque prevengo en dicha instrucción se asegurase dicho navío en el valor de otra tanta cantidad en su viaje de vuelta de este puerto para España, he considerado que

8 de diciembre de 1767, AHPC, PN 779, ff. 648r-654v. Sobre este personaje, véase además Bustos Rodríguez (1995: 238-245).

10 Apodaca a Gabriel Antonio de Vildósola, Veracruz, 27 de noviembre de 1759, AGI, Cons. 401.

11 Poder para testar otorgado por Tomás de Apodaca a Eusebia María de Eliza y otros, Cádiz, 29 de agosto de 1759, AHPC, PN 2454, ff. 397r-404v. Apodaca mantenía también estrecha comunicación con su cuñado Juan María Eliza, quien, en agosto de 1760, le escribió una carta algo misteriosa: relató que el 6 de junio había salido "en la fragata *Venganza* para Amsterdam, con 600.000 pesos fuertes para el Banco", pero no terminamos de saber de quién era este dinero. Como en ese tiempo lo habían promovido a teniente de navío, podría pensarse que viajaba por encargo oficial (y no para suministrar cuentas secretas de Apodaca); Eliza a Apodaca, Cádiz, 30 de agosto de 1760, AGI, Cons. 403.

> habiendo de salir de aquí en todo el próximo mes de abril, tiempo el más propio y suave para llegar a este reino, no ser necesario dicho seguro de vuelta, a menos que con el arribo de nuestro rey no varíe el estado pacífico de nuestra Corte con alguna de las Coronas de Francia o Inglaterra, pues sólo en este caso podrás hacer que se asegure dicha cantidad, como por los seguros no pidan exorbitancias.[12]

Esta decisión, de no asegurar su barco para el viaje de regreso, podría indicar la presión económica bajo la cual Apodaca actuaba, viéndose obligado a tomar más riesgos de lo normal.

Durante las largas ausencias de Apodaca acaecieron también eventos, felices o dolorosos, que no tenían nada que ver con los negocios. Así durante su último viaje, el 14 de septiembre de 1757 nace su último hijo, de lo que le informó su cuñado Juan María de Eliza, a quien le había alcanzado la novedad en La Habana:

> [...] a la 7½ [sic] de la noche parió Eusebia un muchacho como un ternero, con grande felicidad, estando en la silla un cuarto de hora, y con la misma seguía a Dios gracias, como asimismo el recién nacido. Se bautizó el 16, siendo su padrino don Andrés del Hoyo [= de Loyo], por haberse el convidado. Se le puso Tomás de la Cruz por haber nacido el día de la exaltación.[13]

Ahora bien, el 19 de diciembre de 1759, Andrés de Loyo, a quien ya mencionamos como acreedor de Apodaca en este viaje, como padrino y "lugar teniente" del padre tuvo que dar a éste una noticia más triste:

> Compadre, amigo y señor mío:
>
> [...] acaeció el haber enfermado mi ahijado Tomasito, hijo de Vuestra Merced, de inflamación de boca y encías, sin duda para arrojar los colmillos, le sobrevino un gran calenturón y cursos, con lo que cerró el pico a no querer tomar alimento ni medicina alguna, y aunque las instancias y cuidado de mi comadre fueron grandes, no bastaron a conseguir el fin de su remedio, porque contra el todopoderoso nadie puede resistir, y así fue Su Majestad servido llevárselo el viernes 14 de esto, a cosa de las 2½ de la tarde y el siguiente día, a más de las 4, se hizo el entierro, llevándolo a San Lorenzo desde la casa de Vuestra Merced, con el acompañamiento correspondiente a hijo de tales padres.[14]

---

12 Apodaca a Eusebia Eliza, Veracruz, 2 de diciembre de 1759 y 10 de enero de 1760, AGI, Cons. 405.

13 Juan María de Eliza a Apodaca, La Habana, 20 de enero de 1758, AGI, Cons. 772.

14 Andrés de Loyo a Apodaca, Cádiz, 19 de diciembre de 1759, Cons. 402.

1.2 Comunicación y relaciones sociales

Al fondear en el puerto de Veracruz, Apodaca debe haber escrito en seguida cartas a diferentes personas, con las que tenía negocios o a las que consideró necesario enviarles un saludo con la noticia de su llegada. La existencia de estas cartas se presupone por las respuestas que Apodaca recibió y las que archivó, muchas veces junto con una copia de la contestación enviada. En total, se conservan 72 cartas que Apodaca escribió entre noviembre de 1759 y septiembre de 1760, y 146 cartas que recibió en ese mismo tiempo. La correspondencia se concentra en un pequeño grupo de personas listado en el cuadro 1:

Cuadro 1: Los corresponsales más importantes de Apodaca de agosto de 1759 a septiembre de 1760

Corresponsal	Residencia del corresponsal	Cartas a Apodaca	Cartas de Apodaca
Pérez Cano, Juan José	México	43	28
Zaldívar, Pedro de	Puebla	20	9
Ortiz de Zárate, Mateo	Oaxaca	7	4
Echavarri, Francisco Antonio de	México	6	3
Veitia, José de	La Habana	3	3
Loyo, Andrés de	Cádiz	3	3

Fuente: AGI, Cons. 397-405, 772-774.

¿Quiénes fueron estas personas? Sobre Andrés de Loyo ya hemos hablado. Francisco Antonio de Echavarri, oidor de la Audiencia de México, de origen alavés, tenía alguna relación con el grupo de Apodaca. Cuando en 1735 se fue a México, presentó como su fiador a Juan Felipe de Anza, el compañero y socio de Apodaca en Cádiz; además había hecho una de sus travesías atlánticas en el barco de Apodaca.[15] José de Veitia figura a partir de 1758 como corresponsal principal de Apodaca en La Habana, ciudad en la que siempre había tenido buenas relaciones, sobre todo con la familia de Bartolomé Gar-

15 Petición de Ignacio Gallardo, Cádiz, 5 de noviembre de 1735, AGI, CC 5482A, n. 1, r. 69, ff. 7r-7v; Razón de los sujetos que van fletando conveniencias de pasaje en el navío de nuestro cargo el Rosario, s.f. [¿1751?], AGI, Cons. 774; sobre este controvertido personaje, véase también Burkholder/Chandler (1982: 105).

cía Menocal, su compadre, con quien mantuvo continua correspondencia de 1746 hasta su muerte en 1765. Veitia conocía además al cuñado de Apodaca, Juan María de Eliza.[16] Pedro de Zaldívar, vecino de Puebla, era paisano de Apodaca, posiblemente de Arciniega, Álava. Mateo Ortiz de Zárate, establecido en Oaxaca, fue un paisano de su pueblo natal, Manurga, con quien Apodaca se carteó entre 1746 y 1761.[17]

Pero la correspondencia más intensa, durante su viaje de 1759 a 1760, fue con Juan José Pérez Cano, afiliado de la casa comercial de Manuel de Aldaco, la que a la vez formaba parte del patrimonio del clan familiar de los Arozqueta y Fagoaga.[18] Pérez Cano era natural de Aldealcardo, jurisdicción de la villa de Yanguas, hoy en la provincia de Soria, en el límite con la Rioja. Su primer contacto documentado con Apodaca data de 1732, y en 1734 lo mencionó Francisco de Fagoaga, el tío de Aldaco, en su testamento como persona de toda su confianza. A partir de 1735 figura también como miembro del Consulado de México.[19] Ya en 1720 un tal Juan Pérez Cano, que debe ser el mismo Juan José o uno de sus hermanos, solicitó licencia para pasar a la Nueva España como cargador, por lo cual presentó una información de Julián Martínez de Murguía, el compañero y socio de Apodaca en Cádiz.[20] En 1756, Apodaca y Martínez de Murguía encargaron a Santiago Pérez Cano y Compañía, vecinos de Yanguas, residentes en Cádiz, la remisión de 500 pesos a Vitoria en Álava.[21]

---

16 Apodaca a Veitia, Veracruz, 6 de diciembre de 1759, AGI, Cons. 405; véase también Pérez Cano a Apodaca, México, 23 de abril de 1760, AGI, Cons. 403. Sobre el viaje de Eliza, véase: Eliza a Apodaca, La Habana, 20 de enero de 1758, AGI, Cons. 772.

17 Algunos datos sobre los Ortiz de Zárate en Hausberger (2007: 735-736).

18 Apodaca escribió también al jefe en persona y asimismo a su cajero Ambrosio de Meave; Apodaca a Meave, Veracruz, 27 de noviembre de 1759, AGI, Cons. 401.

19 En 1734 se casó con Josefa Matilde Carragal y Peña; Testimonio, México, 15 de enero de 1733, AGN, Cons. 268, exp. 3, ff. 85v-86r; Copia del poder para testar otorgado por Francisco de Fagoaga, México, 30 de julio de 1734, AGNCM, FA, Notaría 198, Diego Díaz de Rivera, vol. 1306, f. 163v; Carta de dote, México, 1 de febrero de 1734, AGNCM, FA, Notaría 199, Juan Díaz de Rivera, vol. 1339, ff. 37v-39v. Pérez Cano fue, además, cónsul del Consulado de México, en 1750-1751, y prior en 1767-1768 (Borchart de Moreno 1984: 239-240).

20 Información de Julián Martínez de Murguía, Cádiz, 27 de julio de 1720, AGI, CC 5470, n. 2, r.150, ff. 3v-4r.

21 Recibo, Cádiz, 25 de noviembre de 1756, AGI, Cons. 774.

En las cartas que estos hombres se escribían se habla de muchas cosas que no tenían importancia inmediata para el comercio de Aldaco. Pero ilustran tanto la situación general del momento como las formas y convenciones de comunicación y de mantener contacto. Es así como Juan José Pérez Cano comenta la llegada del azogue, con una mezcla de alivio y sarcasmo:

> Los dos registros son bien recibidos en el reino por el azogue que traen, que dice Vuestra Merced ser una gran porción los tres mil setecientos cuarenta y nueve quintales, con los que apenas hay para cuatro meses, y no viniendo el que se espera del Perú, nos quedamos en la misma necesidad; este gobierno tiene repetidamente pedido así en los navíos de azogues como en el aviso que está para despacharse, porque a no haber llegado el que Vuestras Mercedes traen, estaba el reino en la precisión de que parase el beneficio de la minería, cuyo perjuicio así al comercio como a la Real Hacienda es gravísimo [...].[22]

También hay comentarios sobre conocidos comunes,[23] así como chismes de la vida pública.[24] El evento político que más se comenta en las cartas, por su influencia en los planes de Apodaca, fue la muerte del virrey marqués de Amarillas, el 5 de febrero de 1760, y sus consecuencias, el establecimiento de un gobierno provisorio de la Audiencia y la llegada del gobernador de Cuba, Francisco Cajigal de la Vega, como virrey interino, a finales de abril. Éste traía como secretario a Francisco Alarcón, a quien Juan José Pérez Cano conocía, y como paje a Eduardo García Menocal, hijo del compadre de Apodaca en La Habana. Las dos personas prometían ser de provecho algún día, insinuó Pérez Cano.[25] La viuda del marqués de Amarillas, mientras tanto, quiso aprovechar la presencia de los navíos de guerra, con los que llegó Cajigal, para regresar de una vez a España y así parecía que viajaría en el mismo convoy que Apodaca (lo que finalmente no ocurriría). "[...] no se verá con los señores virreyes", informó Pérez Cano,

22 Juan José Pérez Cano a Apodaca, México, 19 de noviembre de 1759, AGI, Cons. 402.

23 Pedro de Zaldívar a Apodaca, Puebla, 16 de noviembre de 1759, AGI, Cons. 402 (sobre "Julianito" Martínez de Murguía); Pérez Cano a Apodaca, México, 20 de febrero de 1760, y Apodaca a Pérez Cano, México, 27 de febrero de 1760, AGI, Cons. 403 (sobre Domingo de Buruaga).

24 P.ej., Andrés de Loyo a Apodaca, Cádiz, 19 de diciembre de 1759, AGI, Cons. 402.

25 Pérez Cano a Apodaca, México, 23 de abril de 1760, AGI, Cons. 403.

> por la incomodidad que en el camino ofrece el encuentro; tomará otro rumbo; llevan Vuestras Mercedes una bendita señora [= la viuda del virrey difunto] que su virtud y moderación en todo, con más que regular capacidad, deja memoria en el reino.[26]

Además, las cartas dan testimonio del intercambio de regalos. Una vez Pérez Cano le envió a Apodaca una caja con "cuatro quesos y un poco de cecina que se servirá Vuestra Merced recibir como fruto de mi hacienda y me holgaré sea de su gusto, que es lo que ofrece el campo y afecto".[27] Un mes más tarde Pérez Cano agradece

> la remisión de los dos barriles de vino y frutas que su franqueza de Vuestra Merced se sirve obsequiarme por lo que le doy las más expresivas gracias y luego que llegue embotellaré el vino de Manilva que para mí es del mayor aprecio.[28]

En el marco de este ritual, podía ser complicado hacer una compra como deja entrever Pedro de Zaldívar:

> Necesito para mi gasto dos huacales de botellas de vino, por mitad del de Manilva y Cataluña, que son ambos colorados, y de no poderse conseguir, así [?] que sea como fuere accesible, en la inteligencia de que su calidad ha de ser muy buena y de que me ha de cargar Vuestra Merced sus costos completamente, pues de lo contrario me cerrará Vuestra Merced la puerta para valerme de su favor.[29]

Apodaca, a la vez, tuvo que buscar regalos para el regreso: quiso un espadín, cuya confección encargó a Pérez Cano, que finalmente quedó muy bonito, pero pesado. Además solicitó que se le consiguieran algunos textiles chinos, "piezas de chitas o pequines estampados", que hubo que buscar en Acapulco, doce de los cuales quería para uno de sus amigos, el jefe de escuadra Andrés de Reggio.[30]

---

26 Pérez Cano a Apodaca, México, 16 de abril de 1760, AGI, Cons. 403.

27 Pérez Cano a Apodaca, México, 9 de enero de 1760, AGI, Cons. 403; según Borchart de Moreno (1984: 273, 279), Pérez Cano fue dueño de la hacienda de S. José Puruaga en Celaya y de una casa privada en Querétaro.

28 Pérez Cano a Apodaca, México, 6 de febrero de 1760, AGI, Cons. 403.

29 Pedro de Zaldívar a Apodaca, Puebla, 16 de noviembre de 1759, AGI, Cons. 402; el 6 de diciembre, en respuesta de una carta de Apodaca del 28 de noviembre, Zaldívar se da por contento que el vino se enviara en barriles; Zaldívar a Apodaca, 6 de diciembre de 1759, AGI, Cons. 402.

30 "[...] se estaba trabajando con veinte quilates de ley"; Pérez Cano a Apodaca, México, 20 de febrero de 1760, 27 de febrero de 1760 y 30 de abril de 1760, AGI, Cons. 403; Apodaca a Pérez Cano, Veracruz, 5 de marzo de 1760, AGI, Cons. 403; Apodaca a Pérez Cano, Veracruz, 9 de abril de 1760, AGI, Cons. 403.

Una tarea especial de Apodaca consistió en movilizar a paisanos oriundos de Manurga para que aportaran a la construcción de una torre de la iglesia de su pueblo natal, por "el cariño nativo que debemos a aquel suelo".[31] Para esto había enviado a Mateo Ortiz de Zárate, en Oaxaca, un diseño de la obra. Éste le contesta de forma melancólica:

> [...] aseguro a Vuestra Merced diera cualquier cosa por verme en ella para refrescar memorias, aunque considero que aquel temperamento fuera para mí bastante crudo por estar connaturalizado a éste, en donde quiere Dios sea caravella [?] (hágase su santísima voluntad), pues me veo cargado de 5 hijos, que todos caben en un canasto, y sólo con ellos, que es lo que más me consume, por haber llevado la Divina para sí en su temprana edad a la que me dio de compañera hace 3 años y 6 meses; y estoy tan reciente con la llaga que parece fue ayer [...]. En fin, esto es cuento largo, y me sirve, no sé si diga de consuelo, porque quisiera día y noche estar hablando de este asunto, y aunque procuro (que es el remedio) olvidar, se me olvida el remedio.[32]

Sobre estas anécdotas, no hay que olvidar que para la gente de Manurga (y del ámbito de Apodaca, en general), la emigración formaba parte integral de la gama de posibilidades de cómo organizarse la vida. De esta suerte, como en muchas otras ocasiones, Apodaca intentó también en este viaje colocar a un recomendado entre sus amigos. Así le escribió a Pérez Cano:

> Tengo en mi compañía [a] un muchacho que se ha criado en casa, del mismo cuerpo que José [?] y aún más robusto, y de menos años, que no ha cumplido 18. Sabe escribir y contar bien y sus m[oda]les y crianza corresponden, deseo le proporcionase en esa [ciudad] una casa buena en que con el tiempo a su mérito le sirva de premio; en esta inteligencia si acaso halle Vuestra Merced alguno de su satisfacción me avisará Vuestra Merced para que se lo remita; está bien equipado de ropa para algún tiempo.[33]

1.3 Negocios

Obviamente también se intercambiaba información económica. Pedro de Zaldívar, por ejemplo, quería saber "el premio correspondiente o regular que se suele dar de tanto porciento en virtud de libranzas ex-

31 Apodaca a Mateo Ortiz de Zárate, Veracruz, 16 de enero de 1760, AGI, Cons. 402.

32 Ortiz de Zárate a Apodaca, Oaxaca, 26 de diciembre de 1759, AGI, Cons. 402.

33 Apodaca a Pérez Cano, Veracruz, 2 de febrero de 1760, AGI, Cons. 403.

pedidas de este reino sobre Cádiz y pagadas allá en moneda provincial".[34] De Apodaca recibió la respuesta siguiente:

> Me he informado de varios amigos de este comercio sobre la práctica o estilo de cuánto premio se lleva por libranzas dadas para España, su paga [en] plata corriente provincial y no hallo regla fija, y sólo sí de algunos que se les ha ofrecido que ha llevado un 6%, a más del general que han recibido aquí, de suerte que por 1 mil pesos provinciales que han librado en España han recibido aquí 1.060, que es lo que en el particular puedo informar a Vuestra Merced, con que me dicen otros que por 1 mil pesos dobles entregados allí han recibido aquí otros tantos y más los derechos y más gastos que se satisfacen en España que creo llegan como a 13%, de cuyos dos medios podrá Vuestra Merced elegir el que más se adaptare entre los contrayentes, según que cada uno conciba el útil que le resulta de semejante convenio.[35]

1.4 Mercancía y precios

Cuando Apodaca fondeó en Veracruz, su carga se esperaba con diferentes expectativas. Un sobrino de Pérez Cano, Gabriel de Arenal, quiso saber si traía azafrán o "algunos géneros de mercería u otra cosa, en que poder embeber algunos reales para enviar uno de sus cajeros". Otras esperaban "un terciento" de alpargatas para las monjas capuchinas de la ciudad de México, que se le habían encargado en su último viaje.[36] Pero Apodaca traía consigo sobre todo vino, aguardiente y acero, además de 1.000 arrobas de aceite, unos textiles y lo que transportaba para otras personas. Portaba, por ejemplo, acero por cuenta de su amigo poblano Pedro de Zaldívar, quien al parecer había ordenado una porción mayor, para la que, sin embargo, no hubo espacio en el buque, debido al volumen del azogue que llevaba.

Para Apodaca el tema crucial fueron los precios de su mercancía y pronto recibió información al respecto. Zaldívar le escribió el 16 de noviembre desde Puebla:

> Quedo advertido de que la mayor parte del empleo que Vuestra Merced trae de su cuenta en su navío se reduce a aguardiente y vinos, cuyos precios fijos no puedo participar a Vuestra Merced, porque éstos suelen variar según la mayor y menor porción que ven en la flota de navíos que arriban a ese puerto; pero según las noticias antecedentes, el vino iba subiendo de precio por su escasez, la que no ocurre en la [*sic*] aguardiente,

34 Zaldívar a Apodaca, Puebla, 6 de diciembre de 1759, AGI, Cons. 402.

35 Apodaca a Pedro de Zaldívar, Veracruz, 19 de diciembre de 1759, AGI, Cons. 402.

36 Pérez Cano a Apodaca, México, 19 de noviembre de 1759, AGI, Cons. 402.

> por cuanto tienen a mano la materia, sin embargo del grave rigor impuesto;[37] lo que prevengo a Vuestra Merced para su gobierno, como el que el fierro y [la] pasa están bastante escasos, y principalmente la pasa.[38]

Desde México, y unos días más tarde desde Puebla, le llegó información más exacta, que resumimos en el cuadro 2. Hay que señalar que se incluyen los costos de transporte desde Veracruz a las dos ciudades.

Cuadro 2: Información de los precios de la mercancía traída por Apodaca

Mercancía	México, antes	México, hoy	Puebla
Aguardiente prueba de aceite	65 p/barril	60 p/barril	60 p/barril
Vino bueno		56 p/barril	sobre 50 p/barril
Hierro		20 p/quintal	
Acero		28 p/quintal	
Rejas de arar		38 p/quintal	
Aceite	7 p 6 r	7p "y no hay quien lo quiere"[39]	

Fuente: Pérez Cano a Apodaca, México, 19 de noviembre de 1759, AGI, Cons. 402; Zaldívar a Apodaca, Puebla, 6 de diciembre de 1759, AGI, Cons. 402.

Zaldívar, en vista de la escasez de los productos y el hecho de que no estaba anunciada ninguna flota en los próximos meses, a manera de consejo le escribió a Apodaca que "no se acelere, ni malogre la razonable coyuntura que se le proporciona".[40]

1.5 La venta del acero

Basándose en estas informaciones, Apodaca esperaba compradores. A Zaldívar le envió algunos quintales de acero, con la esperanza que los

---

37 Sobre la lucha contra la producción local de aguardiente, véase: Memoria de gobierno de Francisco Cajigal de la Vega, México, 12 de septiembre de 1760. En Torre Villar (1991, II: 948); Hernández Palomo (1974); Lozano Armendares (1995).

38 Pedro de Zaldívar a Apodaca, Puebla, 16 de noviembre de 1759, AGI, Cons. 402.

39 Meses más tarde, Apodaca se quejó de no haber vendido nada de su aceite: Apodaca a José de Veitia, Veracruz, 4 de abril de 1760, con posdata del 16 de abril, AGI, Cons. 403.

40 Zaldívar a Apodaca, Puebla, 6 de diciembre de 1759, y Apodaca a Zaldívar, Veracruz, 19 de diciembre de 1759, AGI, Cons. 402.

vendiera en Puebla, lo que, sin embargo, se lograría sólo parcialmente.[41] El acero parece que fue un producto difícil. Zaldívar le había comentado a Apodaca a su llegada que "está por ahora en suma decadencia, pero me queda el consuelo de que es muy gastable y por esta causa suele subir repentinamente de precio".[42] En las cartas consultadas se encuentran varias explicaciones de tal situación. Pérez Cano arguyó sobre la abundancia de acero en la Nueva España "que es más de la que a Vuestra Merced le parece y su consumo no tanto". Así pronto empezó a insistir en que Apodaca aprovechara la primera ocasión para su venta, porque no era nada seguro de que hubiera otra posibilidad.[43] Zaldívar creía que el hierro se encontraba en manos "de poco sujetos", quienes por su control sobre la oferta hacían subir el precio, lo que no sucedía con el acero.[44] Apodaca mismo, finalmente, afirmó que las importaciones ilegales estaban abatiendo los precios.[45]

Después de algún tiempo, Pérez Cano le dio la noticia a Apodaca de la oferta de "un amigo", como lo haría varias veces. Salta a la vista que nunca reveló la identidad de sus potenciales compradores. Obviamente defendió su papel de intermediario, lo que parece indicar un interés material en estos negocios. No obstante, hay que subrayar que las fuentes analizadas no dicen nada sobre una comisión que eventualmente se cobrara. He aquí la oferta:

> [...] que reciba el sujeto los 800 quintales de acero, entrega quince mil pesos aquí para España, y desde el día que los entregue ha de correr medio por ciento al mes, paga todos los costos de conducción, y desde entonces de lo que fuere ha de correr igual premio. Que asimismo se le ha de pagar a 3% de comisión, y que la venta se ha de verificar valga lo que valiere para el despacho de la próxima flota. Que en vendiéndose hasta 200 quintales abonará el principal su producto y cesa el rédito del que así fuese, y lo mismo en vendiéndose otros doscientos etc. Que de admitirse la propuesta se ponga luego en camino, y de no, no queda pendiente, porque quiere libertad para usar del dinero.[46]

41 Zaldívar a Apodaca, Puebla, 22 de febrero de 1760, y Apodaca a Pérez Cano, Veracruz, 23 de abril de 1760, AGI, Cons. 403.

42 Pedro de Zaldívar a Apodaca, Puebla, 16 de noviembre de 1759, AGI, Cons. 402.

43 Pérez Cano a Apodaca, México, 6 de febrero de 1760, AGI, Cons. 403.

44 Zaldívar a Apodaca, Puebla, 22 de febrero de 1760, AGI, Cons. 403.

45 Apodaca a José de Veitia, 4 de abril de 1760, con posdata del 16 de abril, AGI, Cons. 403.

46 Pérez Cano a Apodaca, México, 20 de febrero de 1760, AGI, Cons. 403.

Apodaca no estaba nada encantado. En su respuesta, además, se percibe su creciente penuria de efectivo:

> A la propuesta sobre la anticipación del dinero sobre mi acero me parece regular en razón de su premio hasta su reembolso, y sólo hallo excesiva la comisión de 3% por su beneficio, e igualmente la de reducirlo a dinero valga lo que valiere para el próximo despacho de flota, y repito que principalmente la comisión habiendo de poseer la alhaja sobre que ha de correr el premio del dinero, y convendría mejor el hacer luego la venta de él, aunque fuese a un peso o uno y medio a menos del corriente que tiene en esa [ciudad] conducido de mi cuenta a ella, pues de este modo sabría ya el quebranto actual sin resulta para lo venidero en cuyo asunto [...] estimaría que Vuestra Merced tantease de este modo o que suspenda responderle hasta el siguiente correo que avisaré a Vuestra Merced mi última determinación, [...] necesito pensar el negocio.[47]

Pérez Cano siguió presentándole diversas posibilidades de venta, informando además que se estaba vendiendo acero de regular calidad a 21½ pesos, hasta que "un amigo" ofreció comprar el acero en Veracruz a 20 pesos. Esto pareció a Pérez Cano "la mejor proposición por quitarse de cuentas y contingencias".[48] Apodaca no parece haber estado conforme, pues el 5 de marzo le envió con recua 354 cajones de 2 quintales cada uno, es decir en total 708 quintales.

> [...] a su llegada suplico a Vuestra Merced, los mande recibir pagando su flete a razón de 3½ reales por arroba del peso bruto [...].[49] El acero es de superior calidad, en esta inteligencia y de que la 1ª proposición que me comunicó Vuestra Merced ser inadmisible estimaré a Vuestra Merced y a su eficacia procure proporcionar la venta, aunque sea con algún corto quebranto del corriente que tiene en esa [ciudad] este género, el que sufriré de buena gana por no dejar pendientes resultas inciertas.[50]

Se nota aquí la ansiedad de Apodaca de recibir dinero, la que se vuelve casi una urgencia en una carta del 9 de abril.[51] Mas Pérez Cano, sólo diez días más tarde, le notificó que finalmente se había decidido a vender en 23½ pesos. Este precio superó todas las ofertas que Pérez Cano había presentado en las semanas pasadas, pero estaba considera-

---

47 Apodaca a Pérez Cano, México, 27 de febrero de 1760, AGI, Cons. 403.

48 Pérez Cano a Apodaca, México, 27 de febrero de 1760, AGI, Cons. 403.

49 Esto equivale a un flete 14 reales/quintal.

50 Apodaca a Pérez Cano, Veracruz, 5 de marzo de 1760, AGI, Cons. 403.

51 Apodaca a Pérez Cano, Veracruz, 9 de abril de 1760, AGI, Cons. 403. Véase también: Apodaca a José de Veitia, Veracruz, 4 de abril de 1760, con posdata del 16 de abril, AGI, Cons. 403, donde dice que sólo se quedó con dinero para pagar sus gastos gracias a que había podido cobrar algunos fletes.

blemente por debajo de los 28 pesos que se habían señalado como el precio vigente a la llegada de Apodaca o de los 29 pesos de los que hablaba Pedro de Zaldívar en febrero. Pérez Cano realizó la venta en el último momento, con su corresponsal alavés ya muy nervioso y apresurado por ir a Cádiz.

> [...] no creí llegasen a tal precio, según las proposiciones que algunos hacían y el que se haya conseguido este precio, se le debe a un amigo que en confianza me aseguró que a la estrecha, cuando no hubiese otro comprador, me daría el dinero a veinte y tres pesos; con este seguro pude mantenerme con él hasta el último día, y dicho amigo se contentó con cincuenta cajones; acompaña a ésta conocimiento de doce mil pesos que remito a Vuestra Merced [...] y en el correo siguiente remitiré la cuenta [...] y la diferencia que hubiere se reducirá a libranza; en vista de la citada de Vuestra Merced, en que me amplía la orden de su venta, me alegro haberla efectuado y aunque el defecto de mojoso no faltaba quien lo tuviese por de avería, que en realidad no lo es, porque en ningún tiempo se reclamase lo propuse por mojoso, y a la vista para su reconocimiento abriendo los cajones que quisieran; si el estuviera con estimación no le pondría óbice ninguno, pero el género abatido todo es tachas. Me alegraré sea lo ejecutado de la aprobación de Vuestra Merced.[52]

Apodaca le agradeció a Pérez Cano su diligencia.[53] Al mismo tiempo le escribe que Zaldívar no había logrado vender en Puebla los 100 quintales de acero que le había enviado. Pero como le había adelantado el importe, en forma de un "prestito", Apodaca preguntó a Pérez Cano si no podría arreglar la venta de esta cantidad, para que su deuda con el poblano no quedara abierta.[54] En seguida, Pérez Cano anunció que podría vender este acero, al enviárselo Zaldívar, al mismo precio que la otra partida.[55]

1.6 La venta del vino y del aguardiente

El negocio del vino y del aguardiente no progresó, y el 19 de diciembre, aproximadamente un mes después de su llegada, Apodaca se quejó de que "no obstante de que me sale superior el vino, como el aguardiente, conservan silencio los compradores".[56] Tal actitud reservada

52 Pérez Cano a Apodaca, México, 16 de abril de 1760, AGI, Cons. 403.
53 Apodaca a Pérez Cano, Veracruz, 23 de abril de 1760, AGI, Cons. 403.
54 Apodaca a Pérez Cano, Veracruz, 23 de abril de 1760, AGI, Cons. 403.
55 Pérez Cano a Apodaca, México, 30 de abril de 1760, AGI, Cons. 403.
56 Apodaca a Pedro de Zaldívar, Veracruz, 19 de diciembre de 1759, AGI, Cons. 402.

era táctica usual de los mexicanos frente a los comerciantes llegados de España. Pero en esta ocasión estaba acompañada por acontecimientos que amenazaban seriamente el éxito del viaje de Apodaca. Desde Campeche, Miguel Armida, el capitán de un navío de registro fondeado en ese puerto, solicitaba licencia para vender su cargamento de aguardiente en Veracruz. Era claro que su llegada pondría fin a los sueños de Apodaca de mantener los altos precios de sus barriles. Además se esperaba el arribo de navíos de guerra desde La Habana. Como Apodaca relata a su esposa, esto es "otra maquina de fantasmas que nos ponen delante, que, aunque no se verifiquen, bastan para hacernos titubear y contener al público para que no compren, cuyas voces nos perjudican infinitamente".[57]

Para librarse de esta pesadilla, Apodaca instó a Pérez Cano, para que se hiciera todo lo posible para impedir la llegada de Armida. La ayuda no le fue negada.

> [...] luego incontinenti pasé al oficio de gobierno a informarme [d]el estado en que está la pretensión del capitán del registro de Campeche sobre la introducción de 2 mil barriles de aguardiente en ese puerto [de Veracruz], y sin embargo de estar negada la introducción por informe del Tribunal del Consulado, y con parecer del señor fiscal, se insistió nuevamente por vía de suplicación, fundando con nuevos documentos; se dio vista al señor fiscal, y con su respuesta volvió los autos al superior gobierno y no han vuelto de Cuernavaca, donde se halla el señor virrey; me consta[n] los graves empeños que se están haciendo, y aunque me persuado que el señor fiscal no varíe de su primer dictamen, puede ser que los empeños consigan que el señor virrey consulte asesor que le dé dictamen a contemplación de pretendiente; y así soy de dictamen que Vuestra Merced y su compañero Sierra no dejen de hacer ocurso prontamente que como partes a quienes inmediatamente se les sigue perjuicio sean atendidos, para lo cual con un poder a alguno de los procuradores del número de esta real Audiencia con instrucción se podrá hacer la diligencia, y si lo determinare Vuestra Merced será bueno don Baltasar de Vidaurre y don Juan Atanasio de Serrantes [Cervantes?], encomendando a persona de su satisfacción en esta ciudad para las diligencias y empeños. La carta de Vuestra Merced entregué a mi compadre, el señor don Manuel de Aldaco, que puede ser no responda a Vuestra Merced en este correo, pero hoy la remití original a Cuernavaca al secretario de Su Excelencia, don Jacinto Marfil, encargándole [que] informe al señor virrey [sobre] el perjuicio que a Vuestras Mercedes se les sigue y también al comercio, de permitir esta introducción; es del mismo dictamen de que Vuestras Mercedes se personen haciendo ocurso al señor virrey, y está

57 Apodaca a Eusebia Eliza y Lasquetti, Veracruz, 2 de diciembre de 1759 y 10 de enero de 1760, AGI, Cons. 405.

> propicio a concurrir con su empeño en el superior gobierno, que es cuanto puedo decir a Vuestra Merced.[58]

Apodaca siguió este consejo y cuando contestó la carta de Pérez Cano, el 2 de enero de 1760, ya le incluía "copias de las representaciones al señor virrey y Consulado".[59] Poco después Pérez Cano le informó:

> La consulta de Vuestra Merced y su compañero Sierra pasó a Cuernavaca el mismo día que llegó a la Secretaría y, habiendo visto su copia, don Manuel de Aldaco ayer la recomendó al señor Marfil; [por] la del Consulado vi también al señor prior [Manuel Rodríguez de Pedroso] y desembarazados de la elección de cónsul (que ha sido bien ruidosa entre sí el partido de montañeses y se verificó ayer en don Juan González Guerra), con ella harán consulta a Su Excelencia reproduciendo su antecedente, y me remito a lo que [en] el correo pasado escribió a Vuestra Merced mi compadre el señor Aldaco, quedando yo con el cuidado de saber lo que Su Excelencia determinare de que se me dará luego noticia por la Secretaría.[60]

Andando así las cosas, de repente el panorama político administrativo experimentó un brusco cambio que hizo necesario que Apodaca ajustara sus estrategias. El 6 de febrero Pérez Cano le informó de la muerte del virrey, acaecido en Cuernavaca el día anterior a las dos y media de la tarde:

> [...] ha recaído el gobierno interinario en la Real Audiencia y la capitanía general en el señor decano don Francisco Antonio de Echavarri; por ser llamado también [como] interinario el señor Cajigal, gobernador de La Habana, cuya noticia tendrá Vuestra Merced por haberse despachado expreso para que de ese puerto se le despache la noticia.
> Con esta novedad puede mudar de semblante la pretensión de Armida, que al principio tengo noticia lo protegía el señor Echavarri; bien me hago cargo sería porque le prendarían algunos influjos; cualquiera otra determinación que se tome ha de ser con vista del señor fiscal y su determinación por tres señores oidores que turnan en el gobierno; para Vuestra Merced y su compañero creo les aproveche o dañe poco la determinación que se diere, porque con la mutación del gobierno se ha de dilatar su resolución, no obstante luego que se ponga en corriente el gobierno me acercaré a saber su estado, y si corriere el informe que el difunto señor virrey pedía al Consulado, en éste no habrá novedad alguna ni tampoco variará de dictamen el señor fiscal.

---

58 Pérez Cano a Apodaca, México, 25 de diciembre de 1759, AGI, Cons. 403.

59 Nota al margen de la carta de Pérez Cano a Apodaca, del 25 de diciembre de 1759, AGI, Cons. 403.

60 Pérez Cano a Apodaca, México, 9 de enero de 1760, AGI, Cons. 403.

> Me parece que Vuestra Merced escriba al señor Echavarri dándole la enhorabuena y recomendándole la pretensión interpuesta en este superior gobierno por el perjuicio que se le sigue al despacho de sus caldos y pronto retorno con su navío, sin darse por entendido de que haya tenido influjo de parte de Armida, porque el que tuvo fue antes [de] que Vuestra Merced llegase a ese puerto y después no he sabido se haya interesado.[61]

Este evento, además del cambio del gobierno virreinal, traería a Apodaca un nuevo problema. Al ser nombrado como virrey interino el gobernador de Cuba, la llegada de los buques de guerra a Veracruz, de la que ya todos habían hablado antes, fue inminente, porque había que traer a Cajigal a su virreinato, junto con la supuesta porción de vino. Otra vez, los potenciales compradores se frenaban, para esperar lo que pasaría. Por el momento, el 13 de febrero, Apodaca, conforme al consejo de Pérez Cano, escribió a Echavarri (a quien, como hemos mencionado, conocía desde hace muchos años), pero sin tocar el tema de Armida. Pérez Cano contesta una semana más tarde:

> [...] estando determinado por el difunto señor virrey pasasen los autos al nuevo informe del Consulado, en el primer gobierno que hizo la Real Audiencia mandó pasar a dicho tribunal y luego incontinenti puso mano su asesor, a quien lo pasé a ver y estaba trabajando el informe que me expresó lo había de reducir a reproducir el antecedente y esforzar con nuevos documentos, uno de ellos él de que si cuando Vuestras Mercedes no habían venido con sus navíos, pulsó este Tribunal el perjuicio del permiso, con cuánta más razón estaba evidenciado éste después de hallarse en este puerto sin haber podido vender, dando por causal esta pretensión; y al mismo tiempo presenta el tribunal la consulta que Vuestra Merced y su compañero le hicieron y que su resolución [es] se llevase a puro y debido efecto lo mandado por el señor virrey y que ésta no admitía dilación.[62]

Apodaca respondió el 27 de febrero. Como también Echavarri ya le había contestado y podía esperarse que el fiscal de la Audiencia hiciera su dictamen definitivo sobre la pretensión de Armida de traer su vino desde Campeche, el alavés se mostró algo más optimista.[63] Parecía que finalmente su vino, después de tres meses, sería estimado mejor, y Pérez Cano le recomendó que aprovechara la ocasión.[64] Las ofertas concretas de compra las comentó de esta forma:

61 Pérez Cano a Apodaca, México, 6 de febrero de 1760, AGI, Cons. 403.
62 Pérez Cano a Apodaca, México, 20 de febrero de 1760, AGI, Cons. 403.
63 Apodaca a Pérez Cano, México, 27 de febrero de 1760, AGI, Cons. 403.
64 Pérez Cano a Apodaca, México, 20 de febrero de 1760, AGI, Cons. 403.

> [...] no me parece[n] despreciables los precios de cuarenta pesos el vino y el aguardiente cincuenta y cuatro, a cuyos precios respecto de lo que vale en esta ciudad no se puede costear, porque no le baja de diez y seis pesos barril; y considero no ha de poder Vuestra Merced conseguir en todo los referidos precios, y como en mi antecedente dije a Vuestra Merced me holgara se hallara libre de este género porque estrechado el tiempo de su regreso, los compradores también lo han de querer estrechar más.[65]

Pero en espera de la llegada del virrey, las ventas no se iniciaron. Así Apodaca comentó la situación con creciente desazón:

> [...] pues en el día estamos como cuando entramos en orden de barriles [...]. Lo cierto es que yo no entiendo este comercio que, habiendo consumido más de 60 mil barriles que la flota pasada y azogues trajeron en el tiempo de dos años [...], y que la venidera flota venga cuando viniere, no puede abastecer hasta mediados del año de 61, no hay compradores para esta tiña, pues no llegan a 60 barriles los que he vendido.[66]

Pero no fue sino hasta principios de abril que Pérez Cano pudo informarle que la Audiencia gobernadora había definitivamente negado la pretensión de Armida de introducir vino desde Campeche. La situación en el mercado, sin embargo, parecía sin cambio. Aunque Pérez Cano mismo, en la ciudad de México, estaba pagando por barril de aguardiente 70 pesos, queriendo el vendedor incluso más y por el vino 67 pesos, consideró la situación complicada. Como en el caso del acero, propuso la opción de dar el vino en comisión, con un adelanto de por medio.

> No es fácil desvanecer la aprensión de que en el navío de guerra vengan barriles, y que la flota estará en ese puerto el mes de octubre; dado caso que así sea todo, soy de[l] dictamen puede Vuestra Merced vender sus barriles con alguna cuenta, porque en esta ciudad estoy informado hay pocos caldos, y el consumo es mucho, y siendo como figuran hay ocho meses de tiempo en que se consume mucho; esto no obsta para que Vuestra Merced salga de el que tiene por lo que el tiempo le estrecha.[67]

Apodaca, en su respuesta agradeció a Pérez Cano sus diligencias y la información sobre lo determinado por la Audiencia, lo que "me ha participado igualmente el señor Echavarri".[68] Al agente fiscal, es decir, al auxiliar del fiscal de la Audiencia, encargado con el asunto, por consejo de Pérez Cano, envió una pequeña "demostración de grati-

---

65 Pérez Cano a Apodaca, México, 27 de febrero de 1760, AGI, Cons. 403.

66 Apodaca a Pérez Cano, México, 27 de febrero de 1760, AGI, Cons. 403.

67 Pérez Cano a Apodaca, México, 2 de abril de 1760, AGI, Cons. 403.

68 Apodaca a Pérez Cano, Veracruz, 9 de abril de 1760, AGI, Cons. 403.

tud".[69] Nuevamente el mundo parecía más rosa. Los precios de mercado que mencionó Pérez Cano le dejaron satisfecho, y comentó que el 8 de abril había entrado a Veracruz el navío que escoltaba al virrey Cajigal desde La Habana, y aunque tenía cargado algunos barriles "no llegó a los millares con que nos han llenado la cabeza".[70] No obstante, con estas "pocas pipas de vino [...] hay para el corto consumo de esta ciudad [= Veracruz]", y hasta el 23 de abril compradores de fuera no se presentaron "con confesar todos que el reino esta escaso y que yo no pido montantadas [*sic*]". De esta suerte Apodaca empezó a tomar en consideración enviar los 200 barriles de vino "de la mejor calidad" a Pérez Cano en México, para que éste los intentara vender.[71] Era obvio que Apodaca ya tenía prisa, si quería partir a España dentro del tiempo planeado.

Finalmente Apodaca vendió, en Veracruz, 500 barriles de aguardiente a 50 pesos y afirmó que a 47 hubiera vendido todos (recuérdese que en la ciudad de México, el barril costaba 60 pesos a la llegada de Apodaca y 70 pesos el 1 de abril). Al enterarse de la venta, Pérez Cano expresó su satisfacción y su esperanza de que Apodaca tal vez regresara a Europa junto con el navío de guerra.[72] Mas Apodaca había vendido la mayor parte del aguardiente, pero no el vino. Así, el 24 de abril, envió todo lo que le quedaba a Pérez Cano: "229 barriles de vino tino, 60 dichos blanco de la mejor calidad y 11 dichos de aguardiente de prueba de aceite [...] para que los reciba y me los beneficie cuanto antes". Y es interesante que al mismo tiempo introdujese una nueva pieza en el juego:

> [...] por ausencia o impedimento de Vuestra Merced le hago el mismo encargo al amigo don Antonio Alzazua, práctico en estos géneros, para que coadyude a Vuestra Merced en reducirme a dinero o anticiparme su importe en la conformidad que le suplico.[73]

Es difícil interpretar este proceder sin más información adicional, pero cabe la posibilidad que Apodaca de esta forma ponía en cuestión la

69 Pérez Cano a Apodaca, México, 30 de abril de 1760, AGI, Cons. 403.
70 Apodaca a Pérez Cano, Veracruz, 9 de abril de 1760, AGI, Cons. 403.
71 Apodaca a Pérez Cano, Veracruz, 23 de abril de 1760, AGI, Cons. 403; este plan está anunciado en una parte tachada del borrador de la carta, así que puede ser que en ese momento aún no se había decidido.
72 Pérez Cano a Apodaca, México, 30 de abril de 1760, AGI, Cons. 403.
73 Apodaca a Pérez Cano, Veracruz, 6 de mayo de 1760, AGI, Cons. 403.

posición de Pérez Cano como su intermediario preferido en este año. Apodaca, para este momento, ya parecía harto de su situación. Quería partir y ni siquiera el importe de la venta del acero le había llegado. Así en su tono, se mezclan reproches ya bastante explícitos:

> [...] espero que pueda Vuestra Merced anticiparme su importe con el resto de la otra partida en libranza, como me tiene Vuestra Merced ofrecido, y creía haberlo recibido [en] este correo, aunque no fuese con total liquidación de la cuenta, pues 200 ni 300 pesos no podían hacer al caso para que Vuestra Merced me habría hecho este favor en inteligencia de que no puede Vuestra Merced ignorar la urgencia mía, así para registrar en este navío de guerra como para los gastos del mío, pues aquí no tengo amigo alguno que me supla aunque tomara la vergüenza de pedirlo, ni obstaba tampoco el importe de los pequines, pues éstos aún no han llegado, y cuando los tomase entregaría su importe a Bobadilla pero ni éstos ni los 12 mil pesos aún no [a]parecen.[74]

De hecho, el último envío de dinero llegó a Veracruz para cuando Apodaca ya se había ido.[75]

1.7 El regreso

Para el regreso, Apodaca, además del dinero ganado, necesitó de carga. Una parte la representaban algunos pasajeros. Ya desde el día de su llegada a Veracruz, sus conocidos le contactaron para reservar lugar; Pérez Cano lo hizo para dos agustinos y sus dos criados.[76] Pero después los religiosos cambiaron de opinión, para el enojo de Apodaca, y otros amenazaban con hacer lo mismo: "[...] se ha verificado de lo que siempre he temido de la insubsistencia de los pasajeros".[77]

En México, Apodaca parece que cargó sólo pequeñas cantidades de bienes. El oidor Echavarri le pidió llevar a España, además de 300 pesos para un tal Antonio Villapando, dos cajones, el uno con un cáliz, vinagreras, platillo y campanilla de plata sobredorado para el convento de Santa Clara de Vitoria, el otro con un san Francisco.[78] Sobre todo embarcó alguna grana por encargo de otras personas, por ejem-

---

74 Apodaca a Pérez Cano, Veracruz, 6 de mayo de 1760, AGI, Cons. 403.

75 Pérez Cano a Apodaca, México, 19 de septiembre de 1760, AGI, Cons. 403.

76 Pérez Cano a Apodaca, México, 19 de noviembre de 1759, AGI, Cons. 402; Pérez Cano a Apodaca, México, 27 de febrero de 1760, AGI, Cons. 403; Apodaca a Pérez Cano, Veracruz, 5 de marzo de 1760, AGI, Cons. 403.

77 Apodaca a Pérez Cano, Veracruz, 23 de abril de 1760, AGI, Cons. 403. Véase la respuesta de Pérez Cano, del 30 de abril de 1760, AGI, Cons. 403.

78 Echavarri a Apodaca, México, 19 de marzo y 2 de abril de 1760, AGI, Cons. 403.

plo, un zurrón enviado por Pérez Cano.[79] El 18 de junio, cargó 26 tercios de grana fina, con peso neto de 218 arrobas 23 libras y 12 onzas de grana fina.[80] Desde Oaxaca, su paisano Mateo Ortiz de Zárate le remitió 40 arrobas 24 libras del mismo producto, para que Apodaca los vendiera en Veracruz "a razonable precio", y si éste no se consiguiera, para que los llevara a España.

> [...] de su procedido remitir[á] a nuestro Manurga 100 pesos para ayuda de la fábrica de la torre [de la iglesia de Manurga], y de 200 pesos para mi cuñado Pedro de Basurto y sus hijos, dignándose de emplear el resto todo, bajándose los gastos [...] en efectos que a Vuestra Merced le parecieren más convenientes para este reino [...]. Asimismo suplicaba a Vuestra Merced [...] que se dignase ministrar los reales todos que fuesen necesarios para la consecución de la información que pido de genealogía, y que esta venga con todos sus requisitos, para cuyo fin estimaré a Vuestra Merced escriba a la patria a la persona que a Vuestra Merced le pareciere más exigente, aunque yo lo hago al señor cura don Francisco Ochoa de Heribe, como también a don José de Verástegui, ocasionado de una que me escribieron todos los patrienses [*sic*], hechos un cuerpo, expresándome el estado de dicha nuestra torre [...].[81]

Apodaca decidió llevar mejor la grana a España, porque en Veracruz los precios iban a la baja, pues no había españoles para comprarla. Respecto a la información genealógica, alaba a su paisano por sus planes, "porque puede llegar el caso de necesitarse para calificación de sus hijos en actos que puedan serles de honor y utilidad".[82] Salta aquí de nuevo a la vista la importancia que Apodaca dio a la familia cuyo porvenir había que procurar.

Apodaca deseaba adquirir, sin embargo, la parte principal de su carga de regreso en Cuba, en una variante del famoso comercio triangular. Su plan era vender mercancía europea en América por plata y con esta plata comprar azúcar y tabaco de las plantaciones cubanas,

---

79 Véanse las cartas de Pérez Cano a Apodaca, México, 2 y 30 de abril de 1760, y de Apodaca a Pérez Cano, Veracruz, 9 y 23 de abril de 1760, AGI, Cons. 403.

80 Certificación de Domingo Apodaca, maestro de navío, Veracruz, 18 de junio de 1760, AGI, Cons. 397.

81 Mateo Ortiz de Zárate a Apodaca, Oaxaca, 29 de marzo de 1760, AGI, Cons. 403; Certificación de Domingo Apodaca, maestro de navío, Veracruz, 30 de abril de 1760, AGI, Cons. 397. En 1760, el precio de tal cantidad en Oaxaca era de 848 pesos (2 pesos/libra) y en Europa 1.373.76 pesos (3,24 pesos/libra); véase Baskes (2000: 203, 220-221).

82 Apodaca a Mateo Ortiz de Zárate, Veracruz, 16 de abril de 1760, AGI, Cons. 403.

para venderlos con ganancia en Europa. Esto lo expresa muy bien una carta de Apodaca a José de Veitia, su corresponsal en La Habana:

> Quedo muy agradecido a la compra que de mi cuenta se ha servido hacer de las 500 cajas de azúcar blanca y quebrada que le supliqué desde Cádiz, para cuya parte de pago remitiré a Vuestra Merced [...] 6 mil pesos en libranza o dinero efectivo, con su hermano el señor don Nicolás de Landa [...] y algo más si pudiere, no obstante de que a la fecha de ésta se ha hecho poco dinero [...]; pero considerando que aún respecto del cortísimo buque que quedará a éstos dos registros para azúcares, por la grana y añil que aquí debemos recibir, reitero a Vuestra Merced nueva suplica de que me mande comprar otras 500 cajas más de dicho azúcar, arreglado a las dos tercias partes blancas y la otra terciada como se proporcione a más moderado precio [...] y para la compra de esta segunda partida, preferirá Vuestra Merced en el tanto del precio al marqués de Villalta, si la quisiere vender, porque tengo especial encargo de complacerle, y su importe le conduciré a Vuestra Merced en este navío Rosario, a cuyo arribo deberán estar prontas las expresadas 1 mil cajas por adelantar el tiempo.
> [...] Suplico a Vuestra Merced también que se sirva mandar aprontarme seis u ocho cajones de a ocho arrobas cada uno de azúcar muy refinado y blanco en panes para regalo, de suerte que ha de ser muy exquisito y limpio por ser para Madrid, en cuyo asunto omito más circunstancias, asegurado del buen gusto y primor de Vuestra Merced [...].
> Igualmente necesito de diez u doce cajoncitos de a mil puros cada uno de un tabaco jugoso de buen gusto, y que no sea muy fuerte, para que asimismo estén prontos a mi arribo con advertencia que las tripas del puro han de ser del mismo tabaco, y que no sean pegados los puros, y del tamaño de esta muestra; perdone Vuestra Merced tanto charco, pues su amistad me alienta a ello, con deseo de que a mi reconocido afecto la ejercite en asuntos que sean de su servicio.[83]

En la posdata Apodaca explica que mientras tanto ya había enviado el dinero con un barco de aviso:

> [...] ocho mil pesos dobles del nuevo cuño mexicano al cuidado de su hermano de Vuestra Merced, el señor don Nicolás de Landa, oficial de guerra en ella [= la fragata *La Flora*]. [...] Asimismo acompañan a esta dos libranzas dadas por don Miguel Lazo de la Vega a mi favor, la una contra Vuestra Merced de setecientos y ochenta y dos pesos uno y medio reales, y la otra contra don Pedro Miguel García Menocal de doscientos y cincuenta pesos, que ambas partidas componen un mil treinta y dos pesos uno y medio reales cuyo importe igualmente me abandonará Vuestra Merced en cuenta.

Además de la carga mercantil, Apodaca tuvo que abastecer su barco con los comestibles necesarios para el largo viaje. Envió, por lo tanto,

83 Apodaca a Joseph de Veitia, Veracruz, 6 de diciembre de 1759, AGI, Cons. 405.

a finales de febrero a Pérez Cano una lista de alimentos, que deberían llegar a Veracruz a finales de marzo.

Cuadro 3: Nota de los géneros que se han de comprar para rancho del navío Nuestra Señora del Rosario y Santo Domingo, del cargo de don Tomás de Apodaca

350	jamones de Toluca de la mejor calidad. Sin hueso y mucho magro
50	arrobas de tocinetas y papadas
10	arrobas de longaniza
6	barriles de carga de manteca de puerco
4	arrobas de orejones de durazno seco
28	quesos de a 15 a 16 libras en dos cajones
"Todo lo referido ha de venir bien encajonado y la manteca y longaniza en barriles que no tengan olor malo, de suerte esté en esta ciudad en todo el mes de marzo próximo venidero, sin falta alguna con expresión en la carta de envío de que son de cuenta del dicho Apodaca y del expresado navío."	

Fuente: AGI, Cons. 403.

Pérez Cano prometió conseguir todo, señalando que "los quesos no podrán ser de los mismos que envié a Vuestra Merced de mi hacienda, por no haber tiempo para que vengan, se buscarán de la mejor calidad".[84] Apodaca recibió el rancho el 9 de abril. Con los orejones de durazno había problemas, puesto "que se ha hecho difícil su consecución por lo avanzado del tiempo en que se dan estas frutas".[85] Apodaca contestó que no se preocupase más de ellos, con tono bastante amargo. Había pedido el orejón como delicia para los pasajeros. Como éstos estaban desertando, ya no lo quería, pero Pérez Cano ya había comprado alguna fruta seca, "lo más de manzana".[86]

Al final, Apodaca estaba bastante impaciente y quería partir. Su malhumor se sentía cada vez más. Cuando Pérez Cano, el 30 de abril

84 Pérez Cano a Apodaca, México, 27 de febrero de 1760, AGI, Cons. 403.

85 Pérez Cano a Apodaca, México, 2 de abril de 1760, AGI, Cons. 403.

86 Apodaca a Pérez Cano, Veracruz, 9 de abril de 1760, AGI, Cons. 403; Pérez Cano a Apodaca, México, 16 de abril de 1760, AGI, Cons. 403; Apodaca a Pérez Cano, Veracruz, 23 de abril de 1760, AGI, Cons. 403; Pérez Cano a Apodaca, México, 30 de abril de 1760, AGI, Cons. 403.

anunció que le podría "remitir el saldo de nuestra cuenta", en el momento que se fijara la partida,[87] Apodaca reaccionó irritado:

> Mi salida la puedo hacer dentro de ocho días, si vendiera, pues le consta a Vuestra Merced, rancho y demás cosas las tengo en casa días ha, y no necesito para salir grana ni otras cosas de carga pues tengo de sobra en La Habana, pues aquí no he pretendido recibir ninguna y la que existe a bordo me daría poco cuidado que la rayaran.[88]

Para el verano de 1760 Apodaca finalmente parece haber dejado Veracruz. Llevaba, sobre todo, el dinero para pagar el azúcar y los puros en La Habana. Además, había enviado alguna mercancía con otro barco, probablemente el navío de guerra o el de Sierra, por ejemplo, 2.400 vainillas.[89] Llegó el 22 de agosto a La Habana, obstaculizado por vientos contrarios. A su arribo se enteró de que el barco de Sierra ya había salido el 12 del mismo mes, después de haber hecho el viaje entre Veracruz y Cuba en seis días.[90] Pérez Cano le escribió una vez más, informándole que habiendo vendido su vino, en seguida le había enviado el beneficio a Veracruz, pero Apodaca ya había salido. Además tenía sus propios problemas:

> El día 4 del corriente llegó la flota a Veracruz, con el señor virrey marqués de Cruillas, que se halla en camino para esta ciudad, y este comercio tratando en elección de diputados para Jalapa, habiendo hecho memoria de mí, tengo protestada renuncia, y mañana hay junta general para la decisión [...].
> Al señor don Manuel de Aldaco he insinuado las memorias de Vuestra Merced y que no le escribe por no embarazarle; [él] lo está bastante con el recibimiento del señor virrey, que le ha encomendado la composición del Palacio para su entrada; el señor Echavarri se halla indispuesto en su casa en San Ángel; le daré las memorias de Vuestra Merced como a los demás amigos.
> [...] Sin embargo que no llegaron a tiempo los dos zurrones de grana de Oaxaca para que Vuestra Merced [los] llevase en su navío, di orden a don Juan Ignacio de Sorondo remita a Manurga cien pesos a Juana Fernández de Cortázar, madre de don José de Ypiña, y en esta ocasión repito lo mismo.
> Se celebró la elección de diputados para Jalapa, me nombraron a mí, que tengo hecha renuncia al señor virrey, la remite al Consulado, que insiste en que yo baje, y me quedan pocas esperanzas de que se me admita [la

87 Pérez Cano a Apodaca, México, 30 de abril de 1760, AGI, Cons. 403.
88 Apodaca a Pérez Cano, Veracruz, 6 de mayo de 1760, AGI, Cons. 403.
89 Certificación de Joseph Llaniella, maestro de navío, Veracruz, 3 de mayo de 1760; AGI, Cons. 397.
90 Pérez Cano a Apodaca, México, 19 de septiembre de 1760, AGI, Cons. 403.

> renuncia]; el segundo [diputado], que es don Andrés de Quintela, también se excusa por enfermo, y si es como me han asegurado, hoy podrá bajar el tercero don Francisco de Sicilia; desembarazado de otros negocios a que atender, lo ha recibido bien; y el señor virrey, a quien vi ayer, está informado del Consulado haber recibido mi elección con todos los votos de este comercio, y no le hallo semblante de que me exonere; estrechándome un poco, dio a entender dejaría la resolución a su sucesor que viene en camino para esta ciudad.[91]

Cuando Apodaca finalmente regresó a Cádiz, el balance de su viaje era exiguo. Según Bernal Rodríguez, Apodaca para este viaje había recibido préstamos por un importe de 86.000 pesos, que nunca logró saldar. Sólo buscando siempre nuevos créditos, pudo salvar su empresa en los años que le restaron de vida (Bernal Rodríguez 1992: 466-467).

2. Apodaca y su red

La utilidad de la red social de Tomás Ruiz de Apodaca, basada en relaciones de parentesco, paisanaje y amistad, se localizaba en muchos niveles. En su marco fluía información, y sus integrantes constituían una reserva humana de la que pudo reclutarse personal. Buscando colaboradores a través de relaciones personalizadas, se intentaba contar con gente de confianza, comprometida con valores compartidos. Su lealtad y confiabilidad tenían gran importancia, en vista de las largas y complicadas vías de comunicación, y de las deficiencias de los mecanismos de control institucionalizados. Guardar relaciones amistosas con gente establecida dentro del aparato administrativo pudo proporcionar la influencia decisiva en la lenta y enrevesada gestión de la justicia y de los trámites burocráticos. De ahí, la extensión de la red o el número de sus integrantes adquieren un sentido funcional, puesto que, por lo general, no se sabía nunca quién de las personas con que se tenía trato llegaría un día a una posición donde podría ser útil. En suma, los vínculos de solidaridad y reciprocidad ayudaban a paliar los riesgos y los costos de transacción.[92]

---

91 Pérez Cano a Apodaca, México, 19 de septiembre de 1760, AGI, Cons. 403; Pérez Cano de hecho tuvo que ir de diputado del Consulado a Jalapa en ese año (Borchart de Moreno 1984: 245).

92 Weyer (2000: 5-10); Pearson/Richardson (2001: 657-660); Fiedler (2001: 576-592); Hausberger (2007).

Aparte del provecho personal que podía sacarse de la red, su utilidad puede explicarse también en el nivel colectivo, de la familia, de los paisanos o de algún grupo de interés. La relación que la gente de Manurga guardaba con sus expatriados les sirvía de capital social para posibilitar a una nueva generación la emigración y dotarla de perspectivas prometedoras (Imízcoz Beunza 2002: 41-47; Ángulo Morales 2000: 84-91; Bührer 1997). La red se presentaba de esta suerte como un sistema de apoyo mutuo. Sus mejoras y sus éxitos se realizaban y se disfrutaban colectivamente.[93] Integrar a los expatriados en los planes de reconstrucción de la iglesia parroquial del pueblo natal servía, de esta manera, no sólo a un propósito financiero, sino también para mantener la cohesión colectiva.

Pero todo esto planteaba también problemas. Empecemos con la confianza. No se sabía con seguridad si se podía confiar en el personal reclutado o en la información obtenida dentro de la red. Los valores en que se fundaba y los mecanismos utilizados para profundizar las relaciones más importantes (el compadrazgo, el matrimonio, etc.) deberían minimizar este problema, pero no lo podían evitar del todo. No obstante los valores y las normas colectivos, cada integrante de la red actuaba –también en la sociedad tradicional del Antiguo Régimen– individual y egoístamente. A esto se añade que en la gran red, la "red total", que consiste en el entretejido inseparable de diferentes redes parciales y se extiende sobre toda la sociedad, cada individuo ocupaba diferentes posiciones en más de una, lo que producía solidaridades e intereses múltiples y, a veces, antagónicos. La colaboración y la confianza, por lo tanto, no se daban de forma automática, sino era asunto de permanente renegociación.

Otro problema eran los costos de la reciprocidad y del mantenimiento del extenso tejido de las relaciones sociales. Ya en otros trabajos he descrito en detalle cómo Apodaca mantuvo y amplió su red a costa de dinero, de tiempo y de estrés emocional, sin sacar provecho inmediato. Invirtió en bastantes relaciones que nunca aprovecharía. Más bien al contrario, mucha gente de su ámbito pretendió sacar partido de Apodaca para algún fin personal. El comerciante alavés era un personaje prometedor para muchos de poca o nula importancia para él

93 Esto forzosamente lleva a permanentes contiendas entre diferentes redes creadas con los mismos objetivos; véase, p.ej., Hausberger (2003).

(Hausberger 2004: 897-898). Constantemente apelaban a su beneficencia y caridad, pero las recompensas que le ofrecían por los favores recibidos eran con frecuencia abstractas, simbólicas e inciertas, y más de una vez nulas. "[...] no me hace fuerza de su ingratitud y olvido del bien que le hice", comentó en 1753 sobre un sobrino encaminado hacia Buenos Aires que nunca más le escribió, "pues me sucede lo mismo así de otros sobrinos como recomendados".[94] Estamos frente a un sistema de interacción manifiestamente jerarquizado y asimétrico, pero para Apodaca –a pesar de o tal vez justamente por su alto rango– era delicado negarles sus favores a los integrantes subalternos de su red. Los valores en que se fundaban las relaciones lo comprometían, y no pudo permitir que se hiciera obvio que no respetaba las reglas vigentes. La red, de esta suerte, adquiere rasgos redistributivos de favores y bienes del centro a los márgenes y las jerarquías más bajas (Hausberger 2004: 897-898). Tal función puede interpretarse dentro del marco de la economía moral, la que compromete a las élites a socializar una parte del excedente económico, para involucrar moralmente a las personas o grupos, tanto asociados como subalternos.[95]

El caso aquí descrito puede ilustrar esta situación muy bien, aunque se nos obliga a realizar un cambio de perspectiva. Pues, por un lado, Apodaca actuaba desde Veracruz dentro de su red de relaciones para optimizar sus negocios, pero ahora era él quien buscaba ayuda y apelaba a gente de estatus, poder y riqueza equivalentes (el comerciante y cajero Juan José Pérez Cano) o superiores (el almacenero Manuel de Aldaco y el oidor Francisco Antonio Echavarri). Desde el punto de vista de aquéllos, el alavés ocupaba sólo una posición bastante marginal en sus redes personales. Los tres le expresan su simpatía y le ayudan algo, así como éste ayuda a los suyos, y puede ser que lo hicieran sin beneficiarse de él (aunque hemos dicho que puede sospecharse que Pérez Cano sacó alguna ganancia directa de sus actividades). La jerarquía a la que obedecía este sistema probablemente se nota también en el detalle de que Aldaco nunca le escribió a Apodaca personalmente; con algunas excusas le mandó los saludos a través de Pérez Cano, quien no pertenecía a la crema nata del comercio mexica-

94 Apodaca a Ángela Martínez de Urrunaga, Cádiz, 16 de julio de 1753, AGI, Cons. 401.

95 Sobre el uso estratégico de los discursos morales en las relaciones de dominación, véase Scott (1985).

no.[96] Pérez Cano ocupaba la función de intermediario. Puede mencionarse que a diferencia de Aldaco, el oidor Echavarri le envió siete cartas a Apodaca, lo que tal vez se explique porque los dos eran alaveses, mientras que Aldaco era guipuzcoano, es decir, sólo paisano lejano de Apodaca.[97]

La fortuna de Apodaca durante su estadía en Veracruz pone de manifiesto, además, algunos límites de la funcionalidad y del potencial explicativo del concepto de la red. Quizás sean obvios, pero me parece que, por lo general, se olvidan. Valdrá, entonces, la pena mencionarlos. La base material para el bienestar de Apodaca y de su red la produce el comercio. Para el comerciante, el centro de su existencia económica es comprar y vender con la más alta ganancia posible. Los colaboradores del comerciante y la información que reúne a través de la red sirven a este propósito, pero no constituyen el objetivo último de sus actividades. El momento decisivo es la venta de la mercancía; siendo la ganancia de uno la pérdida del otro, es obvio que esta acción no puede realizarse entre amigos. Como escribió Pedro de Zaldívar a Apodaca a su llegada: "[...] en materias de comercio se debe prescindir de la amistad".[98] De esta suerte, para vender, salvo en casos más bien excepcionales, el comerciante tiene que salir de su ámbito. Al igual que él, sus conocidos en la ciudad de México eran comerciantes y vivían de la compra-venta de mercancía. No le querían comprar su carga, porque no estaban dispuestos a pagarle los precios que esperaba. De esta forma, sin expectativas de obtener jugosas ganancias del comercio con Apodaca, el éxito de éste les tenía –casi– sin cuidado.

Para Apodaca, en este punto empezaban sus problemas. Estándole prohibido a los comerciantes peninsulares internarse en los mercados de consumo novohispanos, tenía que buscarse clientes desde Veracruz. De ahí, la ventaja de haber llegado con un navío de registro, y fuera del sistema de flotas y ferias, pasó probablemente a ser un problema, porque al parecer ningún comprador importante se tomó la

96 Hay una sola carta de Manuel de Aldaco a Apodaca, del 7 de julio de 1761; AGI, Cons. 403.

97 Entre el 20 de febrero de 1760 y el 23 de junio de 1761, todas en AGI, Cons. 403. Se puede mencionar que los contactos de Apodaca con Guipúzcoa, tal como se manifiesta en su correspondencia, fueron muy escasos, mientras que se carteó intensamente con gente de Vizcaya y, por supuesto, de Álava.

98 Zaldívar a Apodaca, Puebla, 16 de noviembre de 1759, AGI, Cons. 402.

molestia de acudir a Veracruz sólo por la llegada de dos barcos, muy a diferencia de lo que pasaba en las ferias de Jalapa (con todas las artimañas y tranzas que allí practicaba el comercio mexicano). Aunque es poco probable que la noticia de la llegada de los dos barcos de registro de Apodaca y Sierra y la de su carga no se haya difundido en la ciudad de México, tampoco ningún comerciante de segunda categoría acudió a Veracruz o intentó contactarle. El motivo de la abstención estaba probablemente en que los españoles querían que se les pagara al contado, lo que sólo podían efectuar los grandes almaceneros. Un dueño de una vinatería mexicana, por ejemplo, necesitaba para una compra tan grande el crédito que le otorgaban personajes como Pérez Cano. Tanto el cliente como Apodaca dependían, de esta suerte, de intermediarios. A quien contactó para este servicio fue Pérez Cano (Windler 2002: 147-148).

En este punto hay que reconsiderar la relación entre ambos hombres. ¿Apodaca de hecho podía confiar en Pérez Cano como amigo, y podía confiar en la información que le daba? Es verdad que Pérez Cano asumió el papel de un intermediario. Sin su ayuda, Apodaca no hubiera vendido buena parte de su mercancía. Pero salta a la vista que Pérez Cano siempre se guardó los detalles sobre los posibles clientes que acarreaba. Los dos hombres a veces parecen estar en un juego de póquer, se observan, se tantean y finalmente se deciden a poner sus cartas. Esto nos lleva a los trabajos de Avner Greif, quien ha introducido la teoría del juego a la historia del comercio y sus instituciones, aunque aquí sólo usemos el término más bien como una metáfora de valor descriptivo.[99] Ahora, ¿en qué consiste su juego? Apodaca prácticamente desde el principio urge y apura, quejándose de su mala suerte, es decir, intenta presionar a su corresponsal en la ciudad de México emocional y moralmente. Pero éste, mientras no pierde ocasión para relatar sus esfuerzos, no logra hallar comprador que le haga una oferta atractiva al alavés. Es de suponer que Apodaca supo exactamente lo que estaba pasando, es decir, conocía bien las reglas del juego. Éstas estaban en alto grado definidas, para expresarse polémicamente, por la convención de que los dos hombres mantenían una relación de amistad. Por lo tanto, no era lícito protestar demasiado. Como Pérez Cano

99 Véase Greif (2006); agradezco a Carlos Marichal por haberme señalado esta vertiente de la historia económica.

no le aportó ningún comprador a su gusto, lo que le quedó a Apodaca fue no aceptar ninguna oferta que el mexicano le hizo. Al final logró vender gran parte del aguardiente en Veracruz, obviamente sin la intervención de Pérez Cano. Respecto al vino, como última carta, metió al juego el nombre de un posible intermediario alternativo (Antonio Alzazua). Era cosa de ver quién tenía más nervios. Al final, Pérez Cano pudo aseverar que había esperado hasta el último minuto con la venta del acero y del vino del alavés para lograr el mejor precio posible, teniendo siempre en mente la ventaja de su amigo. Pero parece más bien probable que esperaba que Apodaca finalmente aceptara un precio que en un inicio no hubiera admitido. Ahora bien, se hallaba en posición de presionar mucho más, por ejemplo, influyendo secretamente para que Miguel Armida obtuviese el permiso para arribar a Veracruz con su navío lleno de vino y arruinara definitivamente los precios de venta para los importadores. Pero no lo hizo. Para entender este proceder, parece determinante que las reglas del juego estuvieran definidas en alto grado por las convenciones del trato amistoso. Esto impedía, o al menos las hizo socialmente costosas, estrategias demasiado crueles en perjuicio de uno de los participantes. Así, Pérez Cano no podía negarse a ayudar, y tampoco podía exprimir demasiado al apurado alavés; Apodaca, por su parte, no podía retirarle su confianza (aunque al final insinúo tal recurso con la mención de Alzazua).

En el asunto de Armida, Apodaca tenía una ventaja adicional. Aunque también en este caso Pérez Cano le informaba y le daba consejos concretos, Apodaca pudo entablar un contacto directo con el oidor Echavarri, quien después de la muerte del virrey de repente se había convertido en un personaje crucial en el gobierno novohispano. Lo hizo por consejo de Pérez Cano, pero Apodaca conocía personalmente a Echavarri, y salta a la vista que no vio la necesidad de informar de esta relación a Pérez Cano. Tenía dos canales para hacer valer sus intereses. Esto privó a Pérez Cano probablemente de algún margen para manejar la situación a su antojo. Al mismo tiempo, la conexión Pérez Cano-Manuel de Aldaco, sin duda, ayudó efectivamente a Apodaca. Pues es muy probable que a pesar de conocer al oidor Echavarri, a este último le impresionaban más los deseos de un hombre poderoso en la sociedad novohispana como Aldaco que los de un capitán-comerciante de Cádiz de categoría mediana. En todo esto puede sorprender que el Consulado apoyara la solicitud de Apodaca. Seguramente Aldaco tuvo mucha influencia en el Tribunal y puede ser que simplemente se siguieron sus recomendaciones. Pero probablemente lo que regía era una cierta coincidencia de intereses. Tanto Apodaca como los almaceneros mexicanos carecían de interés en que las reglas del comercio monopólico fuesen subvertidas por gente como Armida. El Consulado, que nunca fue una institución favorable a una liberalización del comercio,[100] incluso aprovechó el incidente para pedirle al rey que para el futuro se prohibiera "cualesquiera introducciones de efectos de registros a las colonias ultramarinas que no vengan directamente sus concesiones y licencias a ese puerto".[101] Apodaca mismo constituía un intruso en el curso normal. Se le aceptó porque trajo azogue del que dependía la minería, aunque Pérez Cano le señaló algo maliciosamente, apenas haber llegado a Veracruz, que con sus quintales no podría asegurar la producción de plata por un periodo sustancial.[102]

Después de todo, tanto Echavarri como Pérez Cano le informaron a Apodaca de la favorable decisión tomada. No podía ser de otra forma. El oidor, como hábil político, proporcionaba noticias de este tipo personalmente, para demostrar su parte en el asunto y asegurarse del agradecimiento y de la amistad, en otras palabras, para activar los lazos de reciprocidad de la red (recuérdese que Echavarri, en seguida, encargó a Apodaca un par de envíos a España). Frente a esto, Pérez Cano tomó la pluma para subrayar su mérito en el asunto:

> [...] a no haber yo avivado la instancia se hubiera demorado la resolución, para ello sólo he puesto los pasos en las oficinas y con el agente fiscal a quien he quedado obligado por la fineza con que últimamente despachó, confiándome el dictamen, por lo que le considero acreedor [de] alguna demostración de gratitud.[103]

Hay que mencionar, para terminar, que los negocios de Apodaca en La Habana, con el apoyo de José de Veitia, al parecer se realizaron sin trabas y podrían, de esta suerte, contradecir el modelo de interacción desarrollado a partir del tanteo entre Pérez Cano y Apodaca en México. Esto podría recordarnos que la red como categoría de la práctica

100 Véase el texto de Guillermina del Valle Pavón en este libro; también Stein/Stein (2003: 127-135).

101 Pérez Cano a Apodaca, México, 2 de abril de 1760, AGI, Cons. 403.

102 Pérez Cano a Apodaca, México, 19 de noviembre de 1759, AGI, Cons. 402.

103 Pérez Cano a Apodaca, México, 16 de abril de 1760, AGI, Cons. 403.

no es una estructura que determina el carácter de interacción que se realiza en su marco, sino que da espacio a una gran variedad de relaciones o, en otras palabras, que los juegos podían ser diferentes y las estrategias muchas. En el caso de La Habana, la correspondencia de Apodaca permite percibir una relación bastante más estrecha. Con la familia García Menocal tenía un vínculo de compadrazgo. Probablemente, Apodaca, además, era más importante para sus amigos cubanos que para mexicanos como Aldaco y Pérez Cano, todo lo cual facilitó una colaboración más equilibrada, más amigable y menos táctica.

Toda esta interpretación del viaje de Apodaca a Veracruz es hipotética en muchos detalles. De ser cierta en sus líneas fundamentales, ilustra que el comercio, como "juego", se realizaba no sólo en el marco de las reglas definidas en un primer lugar por el orden institucional de la época (monopolio gaditano, sistema de flotas y navíos de registro, etc.), sino también por los valores de la época (la amistad, el paisanaje, las formas de comunicación, etc.), es decir, al fin de cuentas, por la cultura. Esto vale, sobre todo, en redes sociales informales que carecen de reglas estipuladas legalmente.[104]

Versión en español de Isabel Galaor

Bibliografía

Acosta Rodríguez, Antonio/González Rodríguez, Adolfo/Vila Vilar, Enriqueta (eds.) (2004): *La casa de la contratación en Sevilla y la navegación entre España y las Indias*. Sevilla: Universidad de Sevilla/CSIC/Fundación El Monte.

Ángulo Morales, Alberto (2000): *Del éxito en los negocios al fracaso del consulado: la formación de la burguesía mercantil de Vitoria (1670-1840)*. Bilbao: Servicio Editorial/Universidad del País Vasco.

Baskes, Jeremy (2000): *Indians, Merchants, and Markets. A Reinterpretation of the Repartimiento and Spanish-Indian Economic Relations in Colonial Oaxaca, 1750-1821*. Stanford: Stanford University Press.

Bernal, Antonio Miguel (1992): *La financiación de la Carrera de indias (1492-1824): dinero y crédito en el comercio colonial con América*. Sevilla: Fundación El Monte.

104 Para evitar malentendidos, debe agregarse la obviedad que, al igual que el orden institucional, las costumbres culturales no son ni estáticas ni de una autoridad absoluta, sino que están expuestas al incumplimiento, a la reinterpretación y al cambio.

Bjerg, María/Otero, Hernán (eds.) (1995): *Inmigración y redes sociales en la Argentina moderna*. Tandil: Universidad Nacional del Centro de la Provincia de Buenos Aires/Centro de Estudios Monetarios Latinoamericanos.

Borchart de Moreno, Christiana Renate (1984): *Los mercaderes y el capitalismo en México (1759-1778)*. México, D.F.: Fondo de Cultura Económica (1ª ed. en alemán 1976).

Bührer, Susanne (1997): *Soziales Kapital und Wanderungsentscheidungen: Zur Bedeutung sozialer Bezugsgruppen im Prozess der Entstehung von Wanderungsabsichten und Wanderungen*. Hamburg: Kovac.

Burkholder, Mark/Chandler, David S. (1982): *Biographical Dictionary of Audiencia Ministers in the Americas, 1687-1821*. Westport: Greenwood Press.

Bustos Rodríguez, Manuel (1995): *Los comerciantes de la carrera de indias en la Cádiz del siglo XVIII (1713-1775)*. Cádiz: Universidad de Cádiz.

Castellano, Juan Luis/Dedieu, Jean-Pierre (eds.) (2002): *Résaux, familles et pouvoirs dans le monde ibérique à la fin de l'Ancien Régime*. Paris: CNRS Éditions.

Fiedler, Martin (2001): "Vertrauen ist gut, Kontrolle ist teuer: Vertrauen als Schlüsselkategorie wirtschaftlichen Handelns". En: *Geschichte und Gesellschaft*, 27, 4, pp. 576-592.

García-Baquero González, Antonio (1976): *Cádiz y el Atlántico (1717-1778): el comercio colonial español bajo el monopolio gaditano*. 2 vols. Sevilla: Escuela de Estudios Hispano-Americanos.

Garmendia Arruebarrena, José (1990): *Tomás Ruiz de Apodaca. Un comerciante alavés con indias (1709-1767)*. Vitoria-Gasteiz: Diputación Foral de Álava.

Geertz, Clifford (1973): *The Interpretation of Cultures. Selected Essays*. New York: Basic.

Greif, Avner (2006): *Institutions and the Path to the Modern Economy. Lessons from Medieval Trade*. Cambridge: Cambridge University Press.

Hausberger, Bernd (2003): "Las elecciones de prior, cónsules y diputados en el consulado de México en la primera mitad del siglo XVIII y la formación de los partidos de los montañeses y los vizcaínos". En: Hausberger, Bernd/Ibarra, Antonio (eds.): *Comercio y poder en América colonial: los consulados de comerciantes, siglos XVII-XIX*. Madrid: Iberoamericana/Frankfurt am Main: Vervuert/México, D.F.: Instituto Mora, pp. 73-102.

— (2004): "La red social del alavés Tomás Ruiz de Apodaca, comerciante en Cádiz". En: Acosta Rodríguez, Antonio/González Rodríguez, Adolfo/Vila Vilar, Enriqueta (eds.): *La casa de la contratación en Sevilla y la navegación entre España y las Indias*. Sevilla: Universidad de Sevilla/CSIC/Fundación El Monte, pp. 885-909.

— (2007): "La conquista del empleo público en Nueva España. El comerciante gaditano Tomás Ruiz de Apodaca y sus amigos, Siglo XVIII". En: *Historia Mexicana*, 56, 3=223, pp. 725-778.

Hausberger, Bernd/Ibarra, Antonio (eds.) (2003): *Comercio y poder en América colonial: los consulados de comerciantes, siglos XVII-XIX*. Madrid: Iberoamericana/ Frankfurt am Main: Vervuert/México, D.F.: Instituto Mora.

Hernández Palomo, José Jesús (1974): *El aguardiente de cañas en México (1724-1810)*. Sevilla: Escuela de Estudios Hispano-Americanos.

Imízcoz Beunza, José María (2002): "Communauté, réseau social, élites. L'armature sociale de l'Ancien Régime". En: Castellano, Juan Luis/Dedieu, Jean-Pierre (eds.): *Réseaux, familles et pouvoirs dans le monde ibérique à la fin de l'Ancien Régime*. Paris: CNRS Éditions, pp. 31-66.

Lozano Armendares, Teresa (1995): *El chinguirito vindicado: el contrabando de aguardiente de caña y la política colonial*. México, D.F.: UNAM.

Miguez, Eduardo (1995): "Microhistoria, redes sociales e historia de las migraciones: ideas sugestivas y fuentes parcas". En: Bjerg, María/Otero, Hernán (eds.): *Inmigración y redes sociales en la Argentina moderna*. Tandil: Universidad Nacional del Centro de la Provincia de Buenos Aires/Centro de Estudios Monetarios Latinoamericanos, pp. 23-34.

Pearson, Robin/Richardson, David (2001): "Business Networking in the Industrial Revolution". En: *Economic History Review*, 54, 4, pp. 657-679.

Ruiz Rivera, Julián Bautista/García Bernal, Manuela Cristina (1992): *Cargadores a Indias*. Madrid: Editorial Mapfre.

Stein, Stanley J./Stein, Barbara H. (2003): *Apogee of Empire. Spain and New Spain in the Age of Charles III, 1759-1789*. Baltimore/London: Johns Hopkins University Press.

Scott, James C. (1985): *Weapons of the Weak. Everyday Forms of Peasant Resistance*. New Haven/London: Yale University Press.

Torre Villar, Ernesto de la (ed.) (1991): *Instrucciones y memorias de los virreyes novohispanos*. 2 vols. México, D.F.: Porrúa (Biblioteca Porrúa, 101-102).

Weyer, Johannes (2000): "Einleitung. Zum Stand der Netzwerkforschung in den Sozialwissenschaften". En: Weyer, Johannes (ed.): *Soziale Netzwerke. Konzepte und Methoden der sozialwissenschaftlichen Netzwerkforschung*. München/Wien: Oldenbourg, pp. 1-34.

Weyer, Johannes (ed.) (2000): *Soziale Netzwerke. Konzepte und Methoden der sozialwissenschaftlichen Netzwerkforschung*. München/Wien: Oldenbourg.

Windler, Christian (2002): "Gérer des réseaux de relations: intermédiaires 'indépendantes' et agents de la noblesse seigneuriale". En: Castellano, Juan Luis/Dedieu, Jean-Pierre (eds.): *Réseaux, familles et pouvoirs dans le monde ibérique à la fin de l'Ancien Régime*. Paris: CNRS Éditions, pp. 147-168.

Nikolaus Böttcher

Comerciantes británicos y el comercio interior de Cuba, 1762-1808

Los crecientes intereses económicos de Gran Bretaña en los mercados de América Latina durante el siglo XVIII alcanzaron su primer punto culminante con la conquista de La Habana a finales de la Guerra de los Siete Años. Con la ocupación inglesa se inauguró una etapa de colaboración entre comerciantes británicos (inclusive norteamericanos) y criollos que aceleró el camino de Cuba hacia una economía dominada por la producción azucarera. Este artículo expone las consecuencias de la influencia extranjera para el comercio interior de Cuba durante las décadas después de la toma de La Habana en 1762, tema que ha sido trabajado muy poco (Bergad 1990; García 1994; Tornero Tinajero 1996). Se va a someter a consideración si la así llamada *prosperidad británica* también dio partida a una época de crecimiento económico para Cuba que beneficiaría a sus mercados internos. Por este motivo, veremos si aumentaron la producción a nivel regional y, como consecuencia, el comercio interior, y, además, si mejoraron el estado y la construcción de caminos y puertos. Entre el grupo de los comerciantes extranjeros que llevaron a cabo negocios en Cuba, se prestará especial atención al papel que desempeñaron los norteamericanos en el desarrollo económico local desde la toma de La Habana hasta la invasión napoleónica en España.

Son dos los factores principales que determinaron la economía cubana en la segunda mitad de siglo XVIII; ambos fueron decisivos tanto para el comercio exterior como para el comercio interior. El primero consistió en la importancia preponderante, casi exclusiva, de La Habana como puerto principal para conectar las regiones más productivas de la isla con los mercados de exportación; el segundo factor, por supuesto, fue la creciente producción del azúcar, producto que se convirtió a lo largo del siglo en la mercancía principal de exportación. Dada la importancia de transportar rápidamente esta mercancía al puerto exportador, los primeros y principales ingenios de azúcar se encontraban en la cercanía de la capital cubana, mientras que no surgieron otras zonas con producción importante, lo que vino a suceder hasta finales del siglo, en el curso de la sucesiva expansión del azúcar. Como consecuencia, la producción agrícola de Cuba se orientó por completo hacia la exportación y, conforme a ello, se establecieron los cimientos de la estructura del comercio interior. En vista de la supremacía económica de La Habana, todo el intercambio regular dentro de la isla dependió de la capital. Las regiones lejanas de La Habana como la provincia de Oriente y toda la costa en el sur de la isla quedaron marginadas y se convirtieron en mercados aislados de producción y autoconsumo.

El proceso durante el cual Cuba se convirtió en un territorio de monocultivo fue tardío. Al contrario de las famosas *Sugar Islands* en posesión inglesa, Cuba no empezó a especializarse en la plantación de azúcar hasta bien entrado el siglo XVIII. Fue entonces cuando avanzó la introducción de esclavos africanos, de manera semejante a los transportados en grandes cantidades a las islas británicas (como también neerlandesas y francesas) desde la segunda mitad del siglo XVII. Además, durante toda la temprana época colonial, Cuba tuvo un papel de segundo rango dentro del sistema de monopolio de la Corona española. La Habana había sido elegida como puerto de encuentro de las flotas mercantiles; de este modo, la economía de la isla estaba organizada para dar provisiones (carnes y cueros) y para reparar barcos. Dominaba, pues, la importancia militar de La Habana (Klein 1971: 130). En vista de la posición estratégica del puerto y gracias a los cercanos bosques de cedros que satisfacían la necesidad permanente de madera, la ciudad fue elegida para albergar el astillero más grande de las Indias.[1]

Durante esta época temprana, el único producto de la isla antillana digno de la comercialización y exportación a España y a Tierra Firme fue el tabaco (McNeill 1985: 117). Pero las inversiones privadas en la economía cubana se mantuvieron a un nivel modesto y consecuentemente la acumulación de capitales fue mínima. Sin embargo, a lo largo del siglo XVIII la primitiva estructura agraria, determinada por el

1 Bajo el control de la Real Compañía de La Habana a partir de 1739, el astillero dispuso de un presupuesto anual de hasta 1,6 millones de pesos (Marrero 1972-88, VIII: 10).

abastecimiento local, cambió paulatinamente a causa del aumento de una agricultura comercial orientada hacia la exportación a través del puerto de La Habana (LeRiverend Brusone 1972: 111). Con la anulación del monopolio de la Factoría de Tabacos (fundada en 1717 con sede en La Habana y sucursales en Trinidad, Sancti Spíritus, Bayamo y Santiago de Cuba)[2] y la organización estatal del comercio por la Real Compañía de Comercio de La Habana (creada en 1739) terminó la época soñolienta de la economía cubana de los siglos XVI y XVII. Sin embargo, esta primera etapa de emancipación económica no representó para Cuba la salida de la periferia colonial ni significó ninguna ventaja para los criollos, quienes no participaron en las crecientes relaciones comerciales.[3] Además, al intentar los Borbones aumentar el comercio exterior a través de La Habana, la agricultura en el interior de la isla sufrió. Debido al exiguo comercio interior y a la escasez de abastecimientos por falta de importaciones legales, las regiones marginadas como las costas del este y del sur se vieron obligadas a abastecerse a través del contrabando con Jamaica, Santo Domingo, Luisiana y las colonias norteamericanas.

En Cuba no se dio ninguna transformación política, social y económica hasta mediados del siglo XVIII. Y fue entonces cuando las élites burguesas criollas por primera vez aprovecharon la creciente producción del azúcar para participar activamente tanto en la agricultura como en el comercio (Knight 1977: 232). Pero fue un proceso lento. La Corona tardó en darse cuenta de las condiciones ideales que reunía Cuba, con sus tierras fértiles para el cultivo del azúcar y la crianza del ganado (para el transporte y para la alimentación de los esclavos) y con la abundancia de madera para la construcción de trapiches. Para 1700 no había más de 20 ingenios en Cuba. Moreno Fraginals toma como el comienzo de la normación, regulación y comercialización del azúcar la fundación de la Real Compañía de La Habana (el 8 de agosto de 1739). En pocos años la producción azucarera en la región habanera aumentó considerablemente de 2.000 toneladas en 1740 a 5.500 toneladas en 1758 (Moreno Fraginals 1978, I: 19, 27), y el número de ingenios subió de 43, en 1737, a 88, en 1757. Pero Cuba

2 Los centros de cultivo de tabaco fuera de la región habanera se hallaban en Guane, Guanajay, Consolación, Pinar del Río, Bayamo, Holguín y Mayarí.

3 Paralelamente, disminuyó la influencia política del Cabildo al crear la Corona el nuevo oficio de "teniente de rey" (Pérez 1988: 52).

todavía no podía competir con la producción de Santo Domingo *(Saint-Domingue)* (56.000 t/año), Jamaica (40.000 t/año) y Brasil (34.000 t/año) (McNeill 1985: 261). Al mismo tiempo surgieron los grandes clanes habaneros, dueños de los nuevos ingenios, que se convirtieron en la sacarocracia cubana.[4] La tierra alrededor de La Habana fue ideal para la expansión de la industria azucarera. Se disponía de mulas, bosques, llanuras y un excelente embarcadero. El terreno ocupado por ingenios en la región habanera subió de 320 caballerías (4.294 ha) en 1762 a 5.000 caballerías (61.000 ha) en 1792 (Moreno Fraginals 1978, I: 53). En 1762 existían alrededor de 100 ingenios, todos ubicados en las cercanías del puerto de La Habana: se encontraban en Guanabacoa, a lo largo de la ruta Guanabo-Río Blanco-Jibacoa-Canasí, en Santa María del Rosario, Managua, San Antonio de las Vegas y entre Managua y Rincón, en Cano, Guatao y Cangrejeras. Los centros de la producción azucarera en otras partes de Cuba, como en Güines,[5] Matanzas,[6] Santa Clara, Trinidad, Bayamo, Puerto Príncipe y sobre todo Santiago de Cuba (incluyendo toda la zona de Oriente), no alcanzaron importancia sino hasta finales del siglo XVIII y principios del siglo XIX. Hablar del crecimiento económico de Cuba a lo largo del siglo XVIII significa básicamente hablar del puerto, de la ciudad y del "país" de La Habana.

1. La Habana

La Habana del siglo XVIII seguía siendo el núcleo estratégico del Caribe y del Golfo de México. Por sus condiciones climáticas y atmosféricas favorables, la ciudad había sido eligida como plaza fuerte y puerto central de la región; fue la base naval de la flota[7] para la defensa de las rutas comerciales y punto de abastecimiento para los barcos mercantes procedentes desde Nueva España y El Perú. En 1778 la ciudad

---

4 Los ingenios más grandes de la época y sus respectivos dueños fueron: Jesús María y José (Gabriel Peñalver), San Isidro (Manuel de la Cruz), San Juan de Dios (Laureano Chacón), Santo Cristo de Veracruz (Juan de O'Farrill).

5 Valga como ejemplo para el tardío, pero fuerte, crecimiento del número de ingenios el caso de Güines: 1780: 2 ingenios, 1792: 9; 1804: 26; 1827: 47 (Moreno Fraginals 1978, I: 140).

6 Véase la monografía de Bergad (1990) sobre la economía matancera en el siglo XIX.

7 La *Armada de Barlovento* protegía la ruta entre La Habana y Veracruz de los piratas y contrabandistas.

tenía 40.737 habitantes y 41.000 más vivían en los alrededores. Con eso, el 46% de la población cubana residía en la región habanera (Kuethe 1991: 13).

Como ya se ha mencionado, al principio la isla sacó poco provecho de la situación privilegiada de La Habana. Todavía en 1740, el comercio de Cuba se limitaba a un tráfico mercantil escaso con Nueva España y el Nuevo Reino de Granada. Hasta mediados del siglo XVIII, una alternativa económica fue el contrabando para los comerciantes locales que actuaban como agentes clandestinos y testaferros de comerciantes británicos ubicados en Jamaica, quienes tenían el asiento de esclavos para Hispanoamérica, desde la paz de Utrecht de 1713. Por lo tanto, los más beneficiados durante el periodo del "comercio libre" con Gran Bretaña fueron estos comerciantes cubanos y británicos, simplemente por conocer bien el mercado, al cual desde hacía mucho tiempo surtían clandestinamente. No es sorprendente que, después de la conquista de La Habana, algunos comerciantes locales se mostraran dispuestos a colaborar abiertamente con la potencia ocupante. De este modo, La Habana bajo la ocupación británica pareció integrarse (por lo menos durante algún tiempo) al sistema comercial del norte del Atlántico, con su centro en Londres.

El significado de las ciudades portuarias como componentes cruciales de la expansión europea ha sido destacado por Knight y Liss (1991). Siguiendo al modelo braudeliano de la economía mundial atlántica, ambos autores han puesto de relieve cómo el escenario urbano coadyuvó a la integración de toda una región al sistema económico de la sociedad colonizadora. Aún más, la ciudad era el punto de conexión para cualquier relación comercial transatlántica, donde se instalaron las grandes casas comerciales y las instituciones crediticias o bancarias. De hecho, también en el caso de La Habana, el puerto temporalmente conectaba su *hinterland* con los mercados británicos y la ciudad se transformaba en el centro comercial y financiero de la isla. Pero al mismo tiempo, el mercado interno se estancaba y quedaba bajo tutela del monopolio de la *Madre Patria*. La red de navegación comercial era prácticamente inexistente; el transporte siguió sin funcionar, impidiendo así tanto la exportación como la colocación de los productos locales. De alguna forma, la ocupación inglesa dio con las necesidades habaneras, al ofrecer una alternativa a la estructura económica existente.

2. Los comerciantes británicos y el comercio interior de Cuba durante la ocupación inglesa de La Habana, 1762-1763

Al invadir La Habana en 1762, los ingleses encontraron grandes cantidades de azúcar en mal estado, debido a la mala organización del transporte a España y la falta de barcos. Al mismo tiempo, en Europa se había iniciado una fuerte alza en los precios del azúcar por la interrupción del transporte desde el Caribe en tiempos de guerra. Los habaneros quedaron impresionados por la rapidez con la que los mercaderes británicos manejaron el embarque del azúcar y la introducción de esclavos y mercancías.[8] Para facilitar la cooperación con los habaneros, los ingleses mantuvieron el sistema administrativo colonial español, mientras La Habana fue incorporada al Imperio británico. Lord Albemarle, comandante en jefe de la expedición, fue nombrado gobernador y capitán general. Al mismo tiempo se reconstituyó el cabildo, cuyos miembros se eligieron de entre el patriciado de la ciudad, quienes en su mayoría eran hacendados y el resto comerciantes.

Un grupo de aproximadamente 25 comerciantes británicos y norteamericanos establecieron contactos comerciales con la población de La Habana. Fueron exclusivamente empresarios privados quienes actuaron como agentes o comisionistas de casas comerciales en Londres o Glasgow, o bien, fueron socios de compañías asentadas en Kingston. En La Habana fue declarada la abolición del almojarifazgo, de la avería y la alcabala. El número de esclavos introducidos se limitó al igual que durante la dominación española, pero los *negreros* británicos garantizaron la introducción continua de la mano de obra. Hasta 1748, la trata de esclavos había sido organizada por la South Sea Company desde Jamaica (Thomas 1971: 52). Después de que se anulara la concesión de esta compañía por parte de la Corona española, ni la Real Compañía de La Habana ni asentistas particulares fueron capaces de llenar el hueco. Entre 1739 y 1761 no más de unos 5.000 esclavos fueron introducidos legalmente a Cuba (Donnan 1930-35, II: XLV). En cambio, sólo durante los meses de la ocupación británica fueron introducidos a Cuba entre 3.000 y 4.000 negros. Esta cifra no llegó ni a la mitad del promedio que alcanzó Jamaica, pero fue un

8 Sin embargo, la actividad portuaria de mil barcos en La Habana, cifra mencionada por el jesuita Tomás Butler (BNC, Pérez Beato 26, p. 29), parece exagerada de acuerdo con Christelow (1942: 314).

número más elevado en comparación con los 200 esclavos importados anualmente durante la época colonial española hasta 1762. Sin duda, la experiencia de la dominación inglesa había dado una idea de las ventajas que ofrecía un comercio libre con Gran Bretaña, como lo eran el transporte rápido y la provisión estable de mano de obra.

La jurisdicción británica abarcó oficialmente la región entre Pinar del Río hasta Matanzas, pero de hecho se controló solamente La Habana y sus inmediaciones (de Mariel a Matanzas). Los ingleses se dieron cuenta de la productividad del *hinterland* habanero y buscaron la cooperación del sector mercantil y agrícola. El puerto habanero no sirvió sólo de almacén, sino desarrolló un activo comercio exterior y engendró así un empresariado creciente de entre la población urbana.[9] Los comerciantes locales fueron en su mayoría mercaderes de tienda abierta, pero también hubo tratantes que importaron a gran escala e incluso algunos *nobles-mercaderes-hacendados* como los Marqueses de Casa-Torres y de San Felipe y Santiago, de Casa-Justíz, de Villalta (Herrera) y el conde Casa Bayona (Marrero 1972-88, VIII: 144-148). Por primera vez, los empresarios (tanto comerciantes como hacendados) en La Habana compraron legal, directamente y, además, a buen precio los esclavos de los esclavistas ingleses procedentes de Jamaica. Aunque el monopolio español fue reemplazado por el monopolio británico, se respiraba un aire de comercio libre, ya que la ausencia del control gaditano "[...] borró la situación extraoficial que acrecentaba los costos de producción y, por último, les reintegró añejos privilegios municipales" (Moreno Fraginals 1978, I: 34).[10]

El volumen de mercancías introducidas por los ingleses en La Habana fue considerable.[11] Abastecieron el mercado urbano con teji-

---

9 "While it is abundantly clear, that a powerful nucleus of local entrepreneurs emerged at an early date and ultimately exercised broad power over marketing decisions, a systematic study of this sector and its business practices has not yet been attempted" (Kuethe 1991: 14). No se ha podido confirmar la conclusión de Delgado (1963: 118), quien afirma que casi no hubo comerciantes en La Habana antes de 1762.

10 Y sigue el mismo autor: "[...] los ingleses rompieron en sólo un año el equilibrio productor cubano y aceleraron el tránsito hacia la plantación" (Moreno Fraginals 1978, I: 36).

11 Un inventario de estos bienes fue valorado por Ricla: contiene mercancías por el valor total de 1.278.947 pesos. Véase ANC, GSC 450; Marrero (1972-88, XII: 5-6). A pesar de ello, Parcero Torre (1998: 169) pone en duda que se hayan introducido cantidades considerables de mercancías.

dos y manufacturas. Además la ciudad sirvió como depósito para la venta al interior.[12] Aunque el resto de la isla había sacado menos provecho de la ocupación británica en comparación con la región habanera, el contrabando dirigido desde La Habana hacia el interior de la isla, especialmente Puerto Príncipe, Bayamo y Santiago, había aumentado.[13] Sobre todo en Oriente y su capital Santiago de Cuba, la situación del abastecimiento de alimentos y manufacturas mejoró considerablemente durante algunos años después de 1763.[14]

Parecía que Cuba experimentaba el comienzo de su integración a los circuitos del comercio internacional atlántico y que se convertía en una colonia almacén, surtida de materias primas para el mercado

12 Véase la carta del marqués de Santa Ana a Juan de Prado, gobernador de La Habana, 28 de febrero de 1763, AGI, SD 1584: "Se me olvida decir a V.S. que nos han apestado estos ingleses de ropas y todo lo demás de su comercio a que únicamente giran, asistiéndonos la satisfacción de que nuestras casas se han mantenido ilesas, pues sólo lo muy preciso para la manutención y cuatro tiestos de loza se les ha tomado, y aún esto prefiriendo a los revendedores españoles, sin embargo de sernos evidente su lucro; no hay calle que no tenga dos o más almacenes, ya se ve que este lugar no admite su consumo, pero la idea de transportarlos al reyno y lo que cabilan hoy de dejarlos aquí al fiado (que harto tendrán que arrepentirse) y de introducirlos en los demás lugares de la isla con el motivo de la paz los alienta, pero de esto último, sobre que hay varios proyectos que auxilia algún español, ya damos cuenta al gobernador de Cuba".

13 Véase Comercio ilícito, 1750-62, ANC, CCG 5. Para otros ejemplos, véase también la carta al conde de Ricla sobre los exploradores que mandan los ingleses para establecer comercio con esta isla, 17 de junio de 1764, ANC, CCG 15/55; carta de Rafael de Limonte a Lorenzo de Madariaga, dando a conocer la pretensión de los ingleses que residen en La Habana en efectuar negociaciones ilícitas, 8 de abril de 1763, ANC, CCG 16/2. También: carta de Rafael de Limonte a Lorenzo de Madariaga sobre despachar una partida para prohibir la introducción que desde La Habana intentarán hacer los ingleses en esta Isla, 14 de mayo de 1763, ANC, CCG 12/3.

14 Véase el informe del Intendente Altarriba a Arriaga, La Habana, 8 de marzo de 1765, AGI, SD 2188: "En la navegación fue preciso hacer aguada en Santiago de Cuba; encontré en el Puerto Embarcaciones extrangeras beneficiando viveres, y ynformado del motivo hallé que ni para celebrar Misa habia vino, ni para alumbrar al S.S.mo aceyte, por lo que les daba practica, pues desde el Sombrero hasta el Zapato proveen de todo las Colonias extrangeras, porque se carece en el Pays; llegué a este Puerto [La Habana] que no puedo decir le hallase abundante en generos, con tal necesidad que en esta Iglesia mayor se alumbraba al S.S.mo en lugar de aceyte con una vela de cera. Para introducción de caldos y comestibles el Capitan General Conde de Ricla hizo Ynformaciones y autos de necesidad que acreditaron la carestia que se padecia, en cuya consideracion se acordó por diferentes Asentistas de Negros que tragesen Bastimentos a esta Plaza".

mundial. Al mismo tiempo, se efectuó la introducción de capital perteneciente a los comerciantes anglo-americanos. Durante la ocupación inglesa y en los años siguientes, la oligarquía cubana sacó provecho de la colaboración con los empresarios europeos. Pero esta relación hizo también que el hacendado se convirtiera en el agente de los intereses del comercio exterior, mientras el mercado interno languidecía, a pesar del aumento momentáneo de importaciones, porque no acumulaba capital, sino reinvertía sus beneficios en seguida en la producción (en forma de pagos al comerciante refaccionista y al esclavista) o con destino a su prestigio social.

> Los préstamos a los hacendados, las transacciones mercantiles en el mundo del azúcar y en las importaciones necesarias para el mantenimiento de ese orden económico, todo estaba en función del sistema productor esclavista. El sistema financiero [...] se volcó hacia la producción azucarera casi exclusivamente y eso mismo impidió crear una red de inversiones en la isla mucho más acorde con una política económica nacional que tendiese a la expansión diversificadora de la producción (Tornero Tinajero 1996: 17).

3. Las reformas borbónicas en Cuba

El fiscal de la Real Hacienda y Aduana, Francisco López de Gamarra, en una carta del 21 de abril de 1763 al ministro Julián de Arriaga, se quejó de los abusos cometidos por los ingleses en La Habana. Además llamó la atención sobre las futuras irregularidades que pronto envolverían a todo el continente americano:

> La introducción de géneros ha sido cuantiosíssima, de modo que no es posible se consuman aqui en muchos años, particularmente lienzos, paños, listados ordinarios, zarasas de todas calidades, hilo, medias y sombreros: Como los ingleses están en inteligensia de que no se ha podido conseguir con S.M. que se les diese termino para salir de ellos, y concluir sus dependencias y que antes si deben salir todos los negociantes quando lo haga la tropa, premeditan algunos, dejar sus efectos a confidentes, siendo la intension (según se explica en vos común) continuar la venta aquí, introducirlos en el resto de las ysla, y si pueden en la Nueva España, y en otras provincias de esta América, sobre que ya se han hecho sus tentativas, destacando embarcaciones de comercio a la costa de Campeche y Veracruz [...].[15]

15 López de Gamarra a Arriaga, 21 de abril de 1763, AGI, SD 2210.

Estas palabras reflejan la típica postura de un representante de la administración española. De acuerdo con las instrucciones de la Real Compañía, López de Gamarra denunció el fraude cometido por los extranjeros y exigió el retorno a los principios del monopolio comercial.

Al reconstituir la Corona española su poder sobre la isla de Cuba, los criollos por su parte no tardaron en entregar una queja colectiva[16] sobre la ineficacia del gobierno colonial y exigieron amplias reformas: el establecimiento de una Audiencia, la disminución de los impuestos y el aumento del tráfico comercial entre Bayamo, Trinidad, Santiago de Cuba y Puerto Príncipe, tanto con los puertos españoles de Barcelona, Málaga, La Coruña y Bilbao, como también con los puertos americanos de Nueva Orleans, Veracruz y Cartagena de Indias. Además, pidieron que se firmaran contratos con los esclavistas británicos en Jamaica, glorificando la experiencia de los meses de ocupación que se llamaría de ahora en adelante la *prosperidad británica.*

Éstas fueron las dos posiciones opuestas con las que se vieron enfrentados los nuevos representantes de España en Cuba, el gobernador conde de Ricla y el mariscal de campo Alejandro O'Reilly. La actitud e iniciativa de Ricla y O'Reilly vinieron a decidir el futuro camino de Cuba entre la rigidez y la flexibilidad del dominio colonial. A los pocos meses de su llegada, habían registrado el estado desastroso en que se encontraba la economía local ocasionado por la paralización del comercio y por la falta de mano de obra debido a la ineficiente organización de la trata de esclavos por la Real Compañía de La Habana. De acuerdo con la nueva política pragmática del régimen de Carlos III, Ricla suspendió los servicios de dicha Compañía por ser insuficientes y concedió directamente licencias particulares a esclavistas británicos que parecían ser capaces de garantizar el suministro de mano de obra por su acceso directo al mercado africano.[17] Ricla veía la necesidad de una apertura comercial como consecuencia de la experiencia inglesa. Al contrario de las quejas del fiscal de la Real Hacienda, el gobernador de La Habana consideró la introducción de textiles y manufacturas procedentes de Gran Bretaña más bien como una oportunidad para

16 AGI, SD 2210.

17 Contratas admitas por el Exmo. Sr. conde de Ricla para proveer el público en el año 1764 después del sitio, ANC, AP 99/53, ff. 85r-91r.

fomentar también los mercados internos de otras regiones cubanas y ampliar así la incorporación de toda la isla al comercio transatlántico. En su informe a la Corona, Ricla y O'Reilly refirieron que el intercambio mercantil, que pasaba a través de puertos pequeños, se realizó en su mayor parte a través del comercio lícito e ilícito de los extranjeros. Para que todo el caudal, que en estos días fue sacado al extranjero, pasara al comercio de España, Ricla propuso varios remedios, como el establecimiento de una Audiencia en La Habana, para facilitar la justicia comercial, la firma de contratos con extranjeros para introducir esclavos y la reducción de derechos para fomentar el comercio. En cuanto a los negreros británicos, recalcó que hasta ese momento los agentes de la Real Compañía sólo habían servido como testaferros y prestanombres de los comerciantes en Jamaica, mientras que durante los meses bajo el gobierno de Albemarle se había demostrado la eficiencia de la importación directa. Al mismo tiempo, los extranjeros podrían exportar las mercancías de otras regiones de la isla. Por este motivo, Ricla propuso la apertura de otros puertos de Cuba, en concreto éstos serían Bayamo, Santiago, Trinidad y Puerto Príncipe. Desde la llegada de los españoles, el contrabando en Cuba había sido fuerte, pero en las postrimerías de la época colonial hispanoamericana estaba aumentando considerablemente debido a que la isla dependía cada vez más de las importaciones de víveres. Por disponer de una costa larguísima con un sinnúmero de surgideros y manglares, Cuba disponía de las condiciones ideales para llevar a cabo el comercio clandestino. Al legalizar la importación de textiles procedentes de las manufacturas catalanas y gallegas, y la exportación de los cueros, mulas y novillos por varios puertos cubanos, el contrabando con Jamaica podría suprimirse. Como último punto, Ricla aconsejó promover la agricultura y la artesanía a través del aumento de la población blanca. Siguiendo el modelo norteamericano que había atraído a emigrantes alemanes para poblar Pensacola, se podría animar a italianos y suizos católicos para fundar poblaciones cerca de la bahía de Nuevitas (Puerto Príncipe) y Jagua, como puntos de interés comercial y militar.[18] Las propuestas de Ricla y O'Reilly se plasmaron como consecuencia en un informe del Comité Selectivo (nombrado por el Consejo de Indias), que recomendó al rey simplificar los procedimientos de obtención de permisos para

18 Ricla y O'Reilly a Juan de Arriaga, 12 de abril de 1764, AGI, SD 1509, s.n.

comerciar, la fijación de aranceles y la introducción masiva de esclavos a Cuba.[19]

En los años siguientes, tanto la reestructuración del comercio y de la administración como también la reorganización militar y política convirtieron a Cuba en un campo experimental para el gobierno de los Borbones. En la época después de la ocupación se observaron cambios drásticos en la economía cubana. El conde de Ricla permitió la residencia de los comerciantes británicos en La Habana para seguir garantizando la introducción de la mano de obra. Madrid mandó un *intendente de guerra* con sede en el puerto; se estableció un servicio regular de buques de correos entre él y La Coruña para intensificar la comunicación con España. Además, Carlos III concedió la liberación parcial del comercio marítimo:

> He hallado que siendo la Isla de Cuba y las demas de Barlovento capaces de un comercio de mucha consideración, y que les podía dexar ventajas conocidas, no lo hacen y se hallan sin proveer de los víveres, frutos y géneros que necesitan sus naturales, dando esto mayor campo al fraude y contrabando.[20]

Entre junio de 1765 y noviembre del año siguiente, 37 barcos llegaron a La Habana y, entre 1769 y 1774, el número subió a 421 (Marrero 1972-88, XII: 20, 27). El puerto disponía de 26 almacenes, de los cuales sólo uno pertenecía a la Real Compañía.[21] El Cabildo de la ciudad se quejó ante la Corona de la escasez de efectos que importaba la Compañía, la cual había perdido varios barcos durante el ataque inglés en el verano de 1762.[22] En esta queja, los criollos vieron la oportunidad para romper el dominio de los comerciantes peninsulares. Un primer triunfo fue la Real Orden del 14 de octubre de 1767 que terminó con el monopolio de la Real Compañía. Aún más, el monopolio comercial de Cádiz fue sustituido por el famoso *comercio libre*, que

---

19 Consulta original sobre el proyecto de comercio de América, 14 de febrero de 1765, AHN, Estado 2314. El Comité Selectivo estaba compuesto por Tomás Ortiz de Landazuri, Pedro Goosens, Simón de Aragorri, Francisco Craywinckel y el marqués de los Llanos.

20 Real Decreto del 8 de noviembre de 1765, citado por Marrero (1972-1988, XII: 17).

21 Carta de Manuel Joseph de Alegría, apoderado administrador de la Compañía, a Diego Joseph de Cosa, secretario de la Junta de Comisión de la Real Compañía de la Habana, 1765, ANC, dMdL 1435.

22 ANC, dMdL 1435.

conectó a La Habana con ocho puertos de España[23] y con los puertos caribeños de Santo Domingo, Puerto Rico, Trinidad y Margarita; los impuestos para la introducción de esclavos y mercancías fueron reducidos; como consecuencia, los esclavistas británicos[24] transportaron más de 41.000 esclavos africanos a Cuba durante los siguientes 25 años, fomentando con ello profundamente el crecimiento económico de la isla.

Durante los años siguientes a la ocupación inglesa, también aumentó la circulación de dinero. En 1771, en vez de la macuquina (una moneda de cobre de uso local y valor inestable) se introdujo el peso fuerte como medio de pago corriente para hacer posible en el puerto de La Habana el intercambio de transacciones comerciales internacionales (Knight 1977: 241). Entre 1763 y 1769, el situado procedente de la Real Hacienda de la Nueva España y destinado al astillero y las fortificaciones de La Habana llegó a un promedio anual de 1,5 millones de pesos; subió a 2 millones en 1780, a 4,2 millones en 1782 y alcanzó un récord en 1783 de 8,5 millones (Kuethe 1991: 24). El situado se convirtió en el catalizador más importante para el aumento de las importaciones y exportaciones.

Todas estas medidas no sólo fueron el resultado del nuevo espíritu de reforma por parte de la Corona, sino también representaron la reacción a las demandas pronunciadas por la oligarquía habanera. La creciente producción de azúcar había engendrado una nueva clase dirigente que expresaba sus ambiciones y exigencias, y que logró ampliar sus poderes económicos. La *simbiosis económica* (Tornero Tinajero 1978: 721) entre hacendados y comerciantes dio cada vez más poder al patriciado urbano, mientras La Habana se desarrolló como centro comercial y empresarial.

Pese a ello, la situación de la economía interior de Cuba no cambió sustancialmente durante estos años. Aparte del papel eminente de La Habana, destacaban únicamente las relaciones interregionales entre los centros agropecuarios de Bayamo y Santiago, entre Bayamo y Puerto Príncipe, y finalmente entre Sancti Spíritus y Puerto Príncipe (ver Apéndice 2). Por lo demás, se observa sólo un intercambio mo-

23 Barcelona, Alicante, Cartagena, Sevilla, Málaga, La Coruña, Santander y Bilbao.

24 Los más eminentes fueron John Kennion, Cornelius Coppinger y, más tarde, la casa Baker & Dawson de Liverpool.

desto entre zonas cercanas (con arria o en canoa) con poco crecimiento en referencia a sus poblaciones (García 1994: 236-238). Además, en el caso específico cubano hay que poner de relieve que la poca diferenciación climática significa escasa variedad en el cultivo de los productos. De modo que a excepción de La Habana, los demás centros económicos cubanos quedaron aislados e ignorados por la política colonial. Aunque el gobernador de Cuba había exigido tomar en consideración los mercados del interior en las reformas borbónicas, la Corona no respondió a estas proposiciones. En un informe de 1768, el ingeniero y comerciante Agustín Cramer volvió a exigir el fomento del comercio interior con Puerto Príncipe, Bayamo, Sancti Spíritus y Trinidad.[25] Sin embargo, tardó varios años en que se establecieran puertos francos en Santiago, Trinidad, Batanabó (1778), Nuevitas (1784), Matanzas (1793) y Remedios (1793). Pero la hegemonía comercial de la capital no se allanó, ni mucho menos: una Real Cédula del 24 de noviembre de 1792 concedió a los comerciantes habaneros y extranjeros "[...] pasar en embarcaciones propias a qualesquiera puerto extranjero de America en busca de negros con el fin de comprarlos e introducirlos". En cambio, en el caso de los demás puertos negreros (Trinidad, Santiago, Nuevitas y Batabanó) sólo se admitieron barcos españoles.[26] Otras ciudades menos importantes, por su parte, sufrieron bajo el dominio de los puertos vecinos. Todavía en 1807 y 1811 los hacendados y comerciantes de Santa Clara y Puerto Príncipe expresaban su desagrado por los privilegios exclusivos de los puertos libres y pedían el fomento de sus economías locales atrasadas para librarse de la dependencia de los norteamericanos.[27] Únicamente la ciudad de

25 Agustín Cramer, Discurso sobre el fomento de la Isla de Cuba, 9 de diciembre de 1768, AGI, SD 1157.

26 ANC, RC 74/2836, ff. 1-3.

27 Cartas de Ignacio Caro, Santa Clara, 31 de agosto de 1807, y de Ignacio Zarragoytia y Jaúregui, Puerto Príncipe, 5 de marzo de 1811, ANC, Cons. 93/3953, ff. 50r-v, Expediente sobre la estrema decadencia que sufre la agricultura y el comercio de esta Ysla particularmente en el ramo de azúcar. Zarragoytia: "Es demasiado sabido que el comercio no es el comerciante, y los privilegios esclusivos no tiene otras favorables resultas que el engrandecimiento de los que lo disfrutan. [...] agricultura y comercio de los [puertos] de esta Ysla, que yacen en poco mas del mismo estado de población, que tenían ahora cien años, excepto los quatro privilegiados [La Habana, Matanzas, Santiago de Cuba y Trinidad], quando tenemos a la vista el espejo en que mirarnos de las colonias Anglo-Americanas, que desde el año 1783 en que se reconoció su independencia por las

Trinidad, a través de su puerto Casilda, había aprovechado la primera etapa del *comercio libre* para entablar relaciones comerciales directas con Buenos Aires, desde donde se importó tasajo para la alimentación de los esclavos. Debido al largo y montañoso camino a la capital, Trinidad necesitaba librarse de la centralización habanera para llevar a cabo su propio comercio. Pero no fue sino hasta la nueva época del comercio neutral en que se establecieron contactos con los puertos norteamericanos de Charleston, Baltimore, Boston y Nueva York; alrededor de 1800 Trinidad tenía intercambio comercial con Londres, Liverpool, Southhampton, Trieste, Dubrovnik, Lübeck y Rostock.[28] Es uno de los primeros ejemplos que demuestra cómo cambió tanto el sistema comercial como el concepto de la periferia colonial.

4. El comercio cubano-norteamericano

Vimos cómo la sacarocracia había aumentado su poder económico e incluso su influencia política a través de la colaboración con los ingleses a costa de los comerciantes peninsulares. Los criollos de La Habana se habían dado cuenta de las nuevas ventajas comerciales colaborando con los comerciantes exportadores: los cubanos se ocuparon de la producción y del transporte al puerto de La Habana, donde los comerciantes británicos compraban las mercancías para exportarlas a Jamaica, Gran Bretaña y Norteamérica. Es decir, la conquista de La Habana por los ingleses había inaugurado también las relaciones comerciales de una magnitud considerable entre Cuba y las colonias norteamericanas de Gran Bretaña. Fueron sobre todo los comerciantes procedentes de los centros comerciales de la costa oriental de Norteamérica, como Charleston, Baltimore, Filadelfia, Nueva York y Boston, quienes se aprovecharon de los nuevos vínculos con el mercado de la isla antillana. A raíz de la rebelión de las trece colonias norteamericanas contra Gran Bretaña, en 1775 se dio un acercamiento económico entre Cuba y la parte oriental de Norteamérica, que se intensi-

demás naciones, han tenido un fomento, que en el día ocupa este estado infante el segundo lugar de Nación comerciante, y que en 28 años de su libertad ha progresado su populación tanto que [...] sin mudar del sistema actual, no lo podremos igualar en diez siglos".

28 Desgraciadamente, el Archivo de la Aduana de Trinidad fue destruido en 1959. Por la información referente a Trinidad, quisiera dar las gracias a D. Carlos Zerquera y Fernández de Lara del Archivo Histórico Municipal de Trinidad.

ficó aún más por la interrupción del tráfico de las *Sugar Islands* británicas en el Caribe (Pearce 2007: 235). A causa del permanente estado de guerra en Europa, Cuba pasó, por su parte, por una crisis en su comercio con la metrópoli y sufrió por ende dificultades de abastecimiento. Por lo tanto, los comerciantes cubanos estaban en búsqueda de nuevos mercados. Algunos comerciantes norteamericanos se establecieron en La Habana antes de la rebelión contra Gran Bretaña. Hasta ese momento el comercio con Cuba había sido ilegal y esporádico. Además, los agentes británicos que organizaban el transporte de esclavos desde Jamaica vieron con recelo la posible intensificación del comercio cubano-norteamericano. Pero en esa época las colonias inglesas en América todavía dependían más del comercio con Santo Domingo, Florida y Puerto Rico que del de Cuba (Lewis 1984: 120).

En el Tratado de París de 1763 se estipuló que la Luisiana pasaría a ser española y se incorporaría a la capitanía general de La Habana.[29] Con este nuevo eje, el tráfico entre Cuba y las posesiones británicas en América aumentó considerablemente. El crecimiento de las exportaciones del azúcar cubano a cambio de la harina y de los cereales norteamericanos dio motivo al gobierno inglés para ejercer una política proteccionista, restringiendo el comercio con el Caribe.[30] Sin embargo, las restricciones económicas provocaron masivas protestas por parte de las trece colonias.

Durante estos años, La Habana había llegado a ser el centro logístico para la reconquista española de los territorios cedidos a Gran Bretaña en la Guerra de los Siete Años. A finales de los años setenta del siglo XVIII, el puerto principal de Cuba se convirtió en el cuartel general de las tropas españolas y el astillero vivió una etapa de mayor actividad. Como consecuencia del crecimiento de la población por comerciantes, esclavos, marineros y sobre todo soldados, La Habana dependía aún más de la importación de alimentos básicos, como la harina, ya que Cuba se concentraba cada vez más en la producción del azúcar. Esta producción ya sobrepasaba la capacidad de la flota mercantil

29 Real Cédula y Real Decreto de S.M. donde está reglamentado todo lo relacionado para ejercer el comercio entre España y Luisiana, 30 de Mayo de 1768, ANC, CCG 18/94; véanse también ANC, CCG 18/109, 19/85 y 22/49.

30 Al respecto, véanse Goebel (1938: 296) y Christelow (1942: 343). Para el *Mollasses Act* de 1764 y el *Free Port Act* de 1766, véanse BL, Add Ms 33.030, f. 243; Order to the Governor of Jamaica, PRO, CO 137/61, f. 29.

española. Entre 1775 y 1783 llegaron empresarios norteamericanos a Cuba, al mismo tiempo que las regiones de la costa registraron un fuerte crecimiento en la producción agrícola y el tráfico marítimo (Price 1974). Los comerciantes norteamericanos ofrecieron transporte de mercancías más rápido a precios más bajos. Por lo tanto, los impuestos de la importación y exportación para el comercio con Norteamérica fueron reducidos. En 1781, un total de 126 buques mercantes norteamericanos llegaron a La Habana. En 1783, se inauguró la línea marítima entre La Habana y Filadelfia; y en el mismo año anclaron 183 barcos en el puerto de La Habana, en su mayoría procedentes de la bahía de Chesapeake (Filadelfia y Baltimore), Carolina (Charleston), Georgia (Edenton), Nueva Inglaterra (Boston) y Nueva York (Lewis 1984: 117).

Con el fin de la guerra entre España e Inglaterra se redujo la presencia militar en La Habana y la necesidad de importar harina fue satisfecha desde España y México. Bajo la presión del consulado de Cádiz, la Corona revocó las facilidades comerciales con Norteamérica. Sin embargo, este comercio ya se había arraigado y varias casas comerciales norteamericanas se encontraban firmemente establecidas en La Habana, y no se vieron afectadas por los vaivenes de la política metropolitana.[31]

El esquema de este comercio fue bastante simple. La economía de Cuba estaba determinada cada vez más por un monocultivo, por lo cual dependía de mercados externos para el abastecimiento de su población. Se importaban esclavos, carne y harina desde Jamaica y Estados Unidos. Los esclavos y los alimentos se compraron con el azúcar. El negocio estaba dominado por el comerciante extranjero, el político español y el dueño de las plantaciones en Cuba. Las figuras más destacadas de este sistema fueron Ricla como gobernador en La Habana (y más tarde en Nueva Orleans), el comerciante Robert Morris, en Filadelfia, la casa de Aguirre, Arístegui & Cía, en La Habana y con una central en Bilbao, Philip Allwood, delegado de los asentistas Baker y Dawson, de Liverpool, y algunos más.[32] Un ejemplo del exclusivismo de sus negocios es el monopolio para la importación de harina

31 Manuel Cabello, Relación que manifesta los comerciantes yngleses americanos que se hallan en esta ciudad, 23 de Mayo de 1780, AHN, Estado 3885bis, exp. 4, n. 14.

32 ANC, Cons. 201/8913.

que fue concedido por el ministro Godoy al conde de Jaruco y a Francisco de Arango y Parreño en 1796.[33] Este contrato fue negociado por Carlos Martínez de Irujo, embajador español en Estados Unidos, y José María Iznardi, cónsul norteamericano en Cádiz. Iznardi por su parte llevaba relaciones comerciales permanentes con las casas comerciales de Josuah Donath & Cía, Robert Gilmore & Cía y Philip Nicklin & Cía, todas de Filadelfia y Baltimore. Fue Iznardi[34] quien contrató a estos comerciantes, los cuales vendieron la harina en La Habana a Arango. Por su lado, Arango la vendió a los refaccionistas Erice y Cueta Manzanal, quienes sirvieron de intermediarios en la venta a los panaderos en el interior. La escala de precios fue la siguiente: en la bahía de Chesapeake el barril costaba $1,5, Iznardi lo compraba por $6 y se lo vendía a Arango por $9; los refaccionistas pagaban $16 y, finalmente, el panadero $24.[35] No sorprende, por lo tanto, el triunfo del comerciante extranjero.[36] Con el furor del azúcar cubano, la dependencia de los mercados externos fue absoluta. El comerciante dominó este sector ejerciendo la función de transportista, dueño de almacenes y acreedor. El papel del comerciante extranjero como acreedor se hizo aún más importante por la falta de otra fuente crediticia en la Cuba colonial y por falta de una eficaz coordinación entre operaciones técnicas y mercantiles. Los intereses de los préstamos que normalmente tenían una cuota de 5 a 6% subieron en algunos casos a 30% (Moreno Fraginals 1978, II: 69). A pesar de las protestas del Consulado de Veracruz[37] estas prácticas usureras en el crédito acabaron con las existencias de los productores pequeños y medianos en Cuba. Sólo la oligarquía habanera supo mantener su independencia

33 Expediente sobre la Gracia concedida al Sr. conde de Mopox y Jaruco para extraer al Norte de America 9.000 pipas de aguardiente a introducir en esta Ysla su valor en harinas de aquella procedencia, 21 de noviembre de 1796, ANC, Cons. 71/2767.

34 Expediente sobre el cumplimiento de la Real Orden derogatoria de la providencia general del 18 de noviembre de 1797 acerca del comercio con neutrales, ANC, Cons. 72/2781.

35 AHN, Estado 3897/1; BNC, Pérez Beato 19.

36 "[...] siendo constante que la mayor parte de las casas hoy se hayan girando con los extranjeros, en esta ciudad son dirigidas y administradas por los propios neutrales [...]"; Informe del Real Consulado, 1796, ANC, Cons. 72/2783.

37 Expediente relativo a la oposición profesada por el Consulado de Veracruz a todo cuanto se ha obrado por éste de La Habana tanto sobre el comercio con neutrales como sobre la remisión de caudales y frutos preciosos, ANC, Cons. 72/2788.

financiera. Al mismo tiempo, estos créditos procedentes de Estados Unidos eran las inversiones que posibilitaron la construcción de nuevos ingenios.

La revolución de Santo Domingo, en 1791, ocasionó que La Habana se convirtiera en el núcleo del sistema de plantaciones entre el Caribe, Luisiana y Florida. Los hacendados y comerciantes en Norteamérica empezaron a barajar la idea de un imperio de plantaciones entre Norteamérica y las Antillas, cuya capital sería La Habana (Zeuske/Munford 1991: 91). El 27 de octubre de 1795 España y Estados Unidos firmaron un tratado de amistad y navegación. Entre 1796 y 1808 España pasó la mayor parte del tiempo en guerra, mientras la élite cubana se encargó por su propia cuenta de la organización de los asuntos de la isla, hasta conseguir la legalización del comercio con Estados Unidos. Con la Real Cédula del 18 de noviembre de 1797, Cuba pudo comerciar con los países neutrales, admitiéndose así la insuficiencia del sistema monopolista (Moreno Fraginals 1978, II: 107). En 1798, por primera vez, el volumen del comercio cubano con Estados Unidos excedió al realizado con la metrópoli. Al empezar el nuevo siglo, sólo en las cercanías de La Habana se contaban más de 200 ingenios; las casas de comercio norteamericanas exportaron mercancías por valor de 20 millones de pesos desde La Habana (Torres-Cuevas/Reyes 1986: 80). Joel Poinsett en su función de agente de Estados Unidos de marina y comercio en América Latina visitó La Habana en 1822 y quedó impresionado:

> Nunca he visto, en ningún puerto de Estados Unidos, con excepción de Nueva York, tanto bullicio de negocios. Hay una apariencia de opulencia y de comodidad en los aposentos de los nobles y de los ricos, que nunca he visto en ninguna otra colonia española, debido, se puede suponer, a su comercio exterior.[38]

A lo largo de la primera mitad del siglo XIX, comerciantes y banqueros norteamericanos también establecieron casas comerciales en Santiago de Cuba, Cienfuegos, Cárdenas, Matanzas, Trinidad y Sagua la Grande. Se dedicaron en su mayoría al comercio de transportes a lo largo de la costa de Cuba. Algunos empresarios norteamericanos compraron plantaciones de azúcar y café, adquirieron haciendas, e

38 "I have never seen so much shipping, and such an appearance of business, in any port of the United States, except New York, and there it is not as here, concentrated on one spot" (Poinsett 1969: 210).

invirtieron en minas de carbón, de cobre[39] y de hierro (Pérez 1990: 24). Pero, en comparación con La Habana, fueron casos aislados. Las inversiones excepcionales de capital norteamericano en Cuba se efectuaron tan sólo para acelerar el transporte al puerto exportador. En este contexto, cabe nombrar la primera línea de un buque de vapor entre La Habana y Matanzas, que fue establecida en 1819, y el primer ferrocarril en Hispanoamérica, que fue construido entre La Habana y Güines de 1834 a 1838, por una empresa de Carolina del Sur (Marrero 1972-88, XI: 149).

5. Conclusiones

La ocupación británica de La Habana no significó la incorporación completa de Cuba al sistema comercial transatlántico entre el Caribe, Norteamérica y Gran Bretaña. La Habana fue entregada a España después de menos de un año, poniendo fin al comercio legal con Gran Bretaña. La introducción de esclavos fue significativa, pero no cambió sustancialmente la estructura económica cubana. Además, el éxito de los comerciantes extranjeros se basó principalmente en la productividad agrícola de Cuba, que había sido elevada por las reformas borbónicas antes de la ocupación. Sin embargo, durante los meses de la presencia extranjera fueron puestos los cimientos para la permanente influencia de comerciantes angloamericanos y su colaboración con los hacendados y comerciantes de La Habana. Esta élite criolla salió beneficiada por las nuevas relaciones comerciales. No obstante, el comercio fue organizado y dominado por los anglosajoneses (ver Apéndice 4).[40] Los cubanos que lograron establecer relaciones comerciales fuera de Cuba fueron casos excepcionales, mientras que la mayoría de los mercaderes locales se convirtieron en comisionistas de las casas comerciales norteamericanas.

¿Cuál fue, entonces, el papel de la Corona? Después de la salida de los ingleses de La Habana, la institucionalidad comercial del mo-

39 Como consecuencia de la producción de azúcar, aumentó la demanda por herramientas de cobre para producir pailas y fondos. Las minas de Santiago de Prado, de Bajurayabo y de Holguín existían ya desde 1720 (Marrero 1972-88, VII: 29-36).

40 "[...] sale siempre ganancioso quien hoy es banquero y ayer fue comerciante refaccionista: los hombres definidos por Arango como los que tienen dinero y almacenes [...]" (Moreno Fraginals 1978, I: 67).

nopolio de Cádiz entró en una crisis tremenda, que llegó a su máximo con la supresión de la Real Compañía de La Habana. Es decir, la política de España consagró el triunfo de la sacarocracia sobre los comerciantes de Cádiz. Las reformas aportaron decisivamente a que Cuba se transformara de una tierra de paso en una base militar y después en un centro de producción de plantación, dando paso a la creciente industrialización del azúcar. Este desarrollo requería el establecimiento de nuevas instituciones administrativas. Se necesitó un tribunal que se ocupara de los asuntos de los hacendados y comerciantes, que organizara la trata de esclavos y que mejorara y cuidara la redes de comunicación en la isla. Por lo tanto, fue fundado el Real Consulado, al cual se agregó una junta de agricultura y comercio, la Junta de Fomento,[41] compuesta por la élite de los hacendados de La Habana. Otra institución, la Sociedad Económica (1793), se dedicó a la investigación sobre innovaciones técnicas en el campo de la producción azucarera.[42] Estas instituciones también se ocuparon de la mejora de la infraestructura viaria de la isla. Pero el acondicionamiento de la red viaria y fluvial una vez más sólo se limitaba al transporte del azúcar hacia La Habana, como en el caso de un canal de navegación interior que se construyó entre La Chorrera y Güines (Tornero Tinajero 1996: 178).

La colaboración con los ingleses benefició casi exclusivamente a La Habana, al igual que las reformas de la Corona. El mercado interior del resto de la isla, por lo contrario, quedó marginado. El cabotaje entre La Habana y Santiago de Cuba duró casi un mes. De ahí resultó que los mercados de Florida, Jamaica y Santo Domingo quedaran más cercanos para los empresarios habaneros. La provincia de Oriente por su parte se orientó hacia el Caribe, sobre todo a los puertos de Cartagena y Puertobelo. El Camino Real (La Habana-Guanabacoa-Matanzas-Villaclara-Sancti Spíritus-Puerto Príncipe-Bayamo-Santiago) se había construido en el siglo XVI, pero la falta de infraestructura y el

41 Reglamento para el establecimiento del Consulado, 30 de enero de 1792, BNC, Pérez Beato 802.

42 Antonio Morejón y Gato: Expediente ofreciendo seguir por el método francés el cultivo de la caña de azucar y la elaboración de este fruto, y solicitando licencia del gobernador para traer a su costa varios artesanos y agricultores franceses, 26 de agosto de 1795, ANC, Cons. 92/3921. Véase también Expediente sobre las noticias comunicadas por el Síndico Don Francisco Arango y Parreño, adquiridas en el viage por encargo de S.M. ha hecho a Inglaterra, Portugal, Barbada y Jamaica, 30 de septiembre de 1795, ANC, Cons. 92/3923.

estado de la carretera –el viaje desde La Habana hasta Santiago en la estación de lluvias duraba 30 días– hizo imposible un intercambio articulado. Mientras que los caminos de transporte no mejoraran, no podía organizarse un mercado interior cubano. El reducido presupuesto –entre 1796 y 1816 fue de 650.000 pesos (Marrero 1972-88, XI: 141, 149)– no dio para mucho. Los intentos del Real Consulado para conseguir una mejora de la red viaria según los modelos de Jamaica y los jóvenes Estados Unidos fueron rechazados por la Corona. Incluso la construcción de un ferrocarril entre Güines y La Habana (el "camino de hierro") conceptuada desde hacía tiempo por la Junta de Fomento no se realizó sino hasta 1834. Fue hasta entonces que una infraestructura más apropiada para la construcción de carreteras y canales, y la ampliación de las obras en algunos puertos se promovió.

Es cierto que el aumento de las exportaciones fomentó la expansión de algunas zonas urbanas (ver Apéndice 1). Incluso fueron fundadas nuevas poblaciones, como San Juan de Jaruco (1768) y San Fernando de Nuevitas (1780-1795), para el comercio de los barcos norteamericanos con la región de Puerto Príncipe, y, finalmente, Fernandina de Jagua (1819; desde 1846 con el nombre de Cienfuegos) (Rousseau/Díaz de Villegas 1920; Edo 1861). Esto, teóricamente, debía actuar como estímulo para las economías regionales. Pero la política comercial de la Corona referente a Cuba tuvo una fuerte tendencia a la exportación, lo cual afectó las posibilidades de desarrollar una amplia red de autoabastecimiento. Además, las importaciones de alimentos norteamericanos y ropas y manufacturas europeas entraron en competencia con los productos locales, los cuales fueron inferiores en calidad y más caros. Así pues, a medida que aumentó la exportación del azúcar, también se incrementaron las importaciones competitivas procedentes del extranjero en detrimento de las mercancías locales (y de sus productores). De este modo, se retrasó la consolidación de las zonas productivas en la colonia a pesar de las existentes relaciones comerciales interregionales. "De ahí que el mercado interior crezca a un ritmo lento, diríase que casi se mantiene estacionario durante buena parte del siglo XIX" (García 1994: 241).

No hubo progreso en muchos de los mercados interiores de Cuba, porque los ingenios cubrían sus necesidades (esclavos, suministros) en donde colocaban sus productos. Así, la economía monoproductora cubana dependió de la demanda exterior. Por lo tanto, el crecimiento económico estaba controlado por quien vinculaba a Cuba con el exterior: el comerciante extranjero. Sin tener directo acceso al mercado interior, éste controló el mercado de la mano de obra, el abastecimiento de los trabajadores y, por consecuencia, la producción azucarera. El comerciante extranjero no tuvo ningún interés en el desarrollo económico de Cuba, a no ser que coincidiese con sus ambiciones profesionales: sólo promocionó el mejoramiento de la estructura de la comunicación y del comercio interior con tal de que se acelerara el transporte de sus mercancías; toleró el crecimiento de los sectores agropecuario, artesanal y manufacturero y la expansión mercantil en los centros económicos de Cuba en tanto que esto garantizara o incluso aportara al aumento de la producción azucarera. Pero había que impedir que se desarrollara un mercado competitivo. También la Corona española fomentó la industria cubana exclusivamente con el objetivo de aumentar las exportaciones y contribuciones estatales. Finalmente, la élite criolla del siglo XVIII definió los intereses de Cuba como los intereses del productor de azúcar. El hacendado vio al comerciante exportador como aliado natural. Con la interrupción de la comunicación con España, sacudida por la invasión napoleónica a principios del siglo XIX, la libertad de movimiento y la autonomía de la sacarocracia habanera se incrementaron considerablemente. Las decisiones económicas fueron tomadas en La Habana. A partir de los intereses comunes del hacendado habanero y del comerciante extranjero se establecieron un acuerdo mutuo y un consentimiento tácito para encaminar a Cuba hacia el monocultivo. Mientras tanto, en el interior de la isla el sistema productivo, financiero y laboral se subordinaba a la producción del azúcar (Tornero Tinajero 1996: 145-146). A los mercados interiores se les asignó una función suplementaria (véase Apéndice 3), con una diversificación mínima y un crecimiento limitado.

Apéndice 1: Centros comerciales de la isla de Cuba y sus respectivas poblaciones en 1774

Baracoa	2.222
Bayamo	12.250
Guanabacoa	7.998
La Habana	75.618
Holguín	2.440
Isla de Pinos	78
Jaruco	536
Matanzas	3.249
Nueva Filipina	217
Puerto Príncipe	14.332
Remedios	3.085
Sancti Spíritus	8.265
San Felipe Santiago de las Vegas	1.809
Santa Clara	8.103
Santa María del Rosario	2.898
Santiago de Cuba	19.874
Trinidad	5.614

Fuente: Censo de 1774 (Mateo Domínguez 1977: 46-47).

Apéndice 2: Valor de las exportaciones de varias jurisdicciones según pueblos de destino, 1767-1768 (en pesos)

Destino	Bayamo	Holguín	Remedios	Sancti Spíritus
Baracoa	-	16	-	269
Bayamo	-	1.461	-	-
El Caney	80	-	-	-
El Cobre	671	6	-	-
Jiguaní	112	-	-	-
La Habana	9.230	814	26.632	23.340
Morón	-	-	41	-
P. Príncipe	22.106	840	938	9.720
Remedios	-	-	-	228
Sancti Spíritus	-	50	3.054	-
Santiago de Cuba	30.820	4.983	-	-
Trinidad	-	-	-	1.278
Villa Clara	-	-	1.665	627
Total	**63.019**	**8.170**	**32.330**	**35.462**

Fuente: García (1994: 238).

Apéndice 3: Producción agropecuaria de Cuba en 1781 y en 1817

Año	1781	1817
Ingenios de azúcar	450	623
Hatos de ganado	954	1.193
Corrales para ganado	617	530
Potreros para ceba	350	450
Sitios de labranza	1.681	1.762
Estancias para labranza	?	5.933
Haciendas para cría de abejas	-	354
Plantaciones de cacao	-	17

Fuente: BL, Add Ms 13.985, ff. 35-45.

Apéndice 4: Resumen general del puerto de La Habana, 1795 y 1805-1807 (en pesos)[43]

a) Resumen general del puerto de La Habana, 1795

Procedencia	Importación	Exportación
Cádiz	1.956.886	9.210.048
Barcelona	354.430	557.906
Canarias	225.302	119.420
El Ferrol	449	5.051
Gijón	83.089	-
La Coruña	249.252	158.752
Málaga	439.789	145.468
Mallorca	17.866	13.329
Santander	542.506	329.829
Sevilla	8.049	-
Total Europa	3.874.270	10.601.384
Campeche	276.035	304.336
Cartagena de Indias	288.895	27.710
Florida	29.685	24.780
Guaira	9.150	43.084
Móbila	1.075	921
Montevideo	136.796	37.882
Nueva Barcelona	92.966	-
Nueva Orleans	209.032	193.147

43 Las estadísticas oficiales del puerto de La Habana aquí presentadas subrayan las observaciones sobre la situación económica de Cuba a principios del siglo XIX, las que expusimos en el curso del presente artículo: dominio de La Habana como puerto principal cubano de importación y exportación; punto más bajo del intercambio comercial con España en los años 1806-1808, como resultado tardío del desastre naval de Trafalgar en 1805 y de la invasión napoleónica; consecuentemente, dominio absoluto de los puertos norteamericanos *(Colonias)*; al mismo tiempo, descenso del comercio con otros puertos coloniales, incluso de los tradicionales intercambios con Nueva España (Veracruz, Campeche) y, sobre todo, Cartagena de Indias; sin embargo, nace una nueva época en las relaciones comerciales con el norte de Tierra Firme (Cumaná, Caracas, Nueva Barcelona y Puerto Cabello, entre otros); la comparación directa demuestra que el comercio de La Habana con los otros puertos cubanos fue irregular y de mínima consideración (incluso inexistente en 1795).

Procedencia	Importación	Exportación
Omoa	-	10.982
Pensacola	12.355	11.247
Puertobelo	70.411	80.308
Puerto Rico	70.411	18.867
Santo Domingo	13.667	365
Trinidad (Isla)	-	6.960
Trujillo	-	33.133
Veracruz	983.762	359.711
Colonias	947.307	483.606
Total América	3.073.820	1.707.562

Fuente: Calendario manual de la isla de Cuba (1795).

b) Resumen general del puerto de La Habana, 1805

Procedencia	Importación	Exportación
Cádiz	299.338	17.649
La Coruña	2.354	1.006
Málaga	30.006	-
Motril	42.296	-
Santander	-	2.802
Tarragona	73.422	-
Tenerife	67.785	12.579
Total Europa	519.202	34.037
Campeche	160.304	123.816
Cartagena de Indias	79.138	-
Florida	23.320	4.570
Guaira	19.475	11.780
Honduras	1.372	-
Montevideo	96.956	-
Pensacola	5.389	8.258
Puertobelo	23.343	28.771
Puerto Rico	20.504	-
Santa Marta	5.656	-
Trujillo	39.373	119.877
Veracruz	248.239	327.434
Baracoa	2.555	-
Matanzas	1.952	-
Santiago de Cuba	297	-
Colonias	10.941.138	4.452.472
Total América	11.265.007	5.072.981

Fuente: BNM, Ms. 13.968.

c) Resumen general del puerto de La Habana, 1806

Procedencia	Importación	Exportación
Cádiz	-	37.193
Tenerife	-	3.418
Vigo	-	3.418
Total Europa	-	51.257
Campeche	293.349	249.133
Caracas	-	6.223
Cartagena	39.584	159.963
Cumaná	4.548	8.145
Florida	950	-
Guaira	-	6.360
Montevideo	60.290	-
Nicaragua	-	20.494
Nueva Barcelona	8.055	-
Omoa	-	17.374
Pensacola	13.987	17.540
Puerto Cabello	2.026	11.741
Puertobelo	44.185	12.905
San Juan de Remedios	2.162	-
Santa Marta	-	19.660
Tabasco	-	9.902
Trujillo	82.437	149.654
Veracruz	304.837	428.423
Matanzas	33.831	-
Puerto Príncipe	1.042	-
Trinidad (Ciudad)	3.464	-
Colonias	9.861.067	5.174.641
Total América	10.755.839	6.292.167

Fuente: BNM, Ms. 13.971.

d) Resumen general del puerto de La Habana, 1807

Procedencia	Importación	Exportación
Cádiz	-	7.173
Tenerife	-	4.844
Total Europa	-	12.017
Campeche	171.555	143.622
Cartagena	-	21.089
Guaira	-	6.269
Laguna de Términos (Yucatán)	-	985
Matanzas	19.239	-
Pensacola	-	2.531
Puertobelo	22.588	34.543
Trinidad (Ciudad)	4.876	-
Trujillo	138.918	65.061
Veracruz	365.145	557.801
Colonias	7.105.556	4.654.281
Total América	7.850.224	5.486.166

Fuente: BNM, Ms. 13.972.

Bibliografía

Barbier, Jacques/Kuethe, Allan (eds.) (1984): *The North American Role in the Spanish Imperial Economy, 1760-1819*. Manchester: Manchester University Press.

Barcia, María del Carmen/García, Gloria/Torres-Cuevas, Eduardo (eds.) (1994): *Historia de Cuba. La Colonia, evolución socioeconómica y formación nacional desde los orígenes hasta 1867*. La Habana: Política.

Bergad, Laird W. (1990): *Cuban Rural Society in the Nineteenth Century: the Social and Economic History of Monoculture in Matanzas*. Princeton: Princeton University Press.

Calendario manual de la isla de Cuba (1795): *Calendario manual y guia de forasteros de la isla de Cuba*. Reproducido por Ediciones Históricas Cubanas, distribuido por Ediciones Universal.

Christelow, Allan (1942): "Contraband Trade Between Jamaica and the Spanish Main, and the Free Port Act of 1766". En: *Hispanic American Historical Review*, 22, 2, pp. 309-343.

Delgado, Jaime (1963): "El Conde de Ricla, capitán general de Cuba". En: *Revista de Historia de América*, 55, 56, pp. 41-138.

Donnan, Elizabeth (1930-35): *Documents Illustrative of the Slave Trade to America.* 4 vols. Washington, D.C.: Carnegie Institution of Washington.

Edo, Enrique (1861): *Memoria histórica de la villa de Cienfuegos y su jurisdicción.* Cienfuegos: Imprenta del Telégrafo.

García, Gloria (1994): "El auge de la sociedad esclavista en Cuba". En: Barcia, María del Carmen/García, Gloria/Torres-Cuevas, Eduardo (eds.): *Historia de Cuba. La Colonia, evolución socioeconómica y formación nacional desde los orígenes hasta 1867*. La Habana: Política, pp. 225-264.

Goebel, Dorothy Burne (1938): "British Trade to the Spanish Colonies, 1796-1823". En: *American Historical Review*, 43, 2, pp. 288-320.

Iglesias, Fe (1975): "La explotación de hierro en el sur de Oriente y la *Spanish American Iron Company*". En: *Santiago*, 17, pp. 59-105.

Inglis, G. Douglas (1985): "The Spanish Naval Shipyard at Havana in the Eighteenth Century". En: Department of History U.S. Naval Academy: *New Aspects of Naval History. Selected Papers from the 5th Naval History Symposium*. Baltimore: Nautical and Aviation Publishing Company, pp. 47-58.

Klein, Herbert S. (1971): "North American Competition and the Characteristics of the African Slave Trade to Cuba, 1790-1794". En: *William and Mary Quarterly*, 28, 1, pp. 86-102.

Knight, Franklin (1970): *Slave Society in Cuba during the Nineteenth Century*. Madison: The University of Wisconsin Press.

— (1977): "Origins of Wealth and the Sugar Revolution in Cuba, 1750-1850". En: *Hispanic American Historical Review*, 57, pp. 231-253.

Knight, Franklin/Liss, Peggy (eds.) (1991): *Atlantic Port Cities: Economy, Culture, and Society in the Atlantic World, 1650-1850*. Knoxville: University of Tennessee Press.

Kuethe, Allan J. (1991): "Havana in the Eighteenth Century". En: Knight, Franklin/Liss, Peggy (eds.): *Atlantic Port Cities: Economy, Culture, and Society in the Atlantic World, 1650-1850*. Knoxville: University of Tennessee Press, pp. 13-39.

Kuethe, Allan/Inglis, G. Douglas (1985): "Absolutism and Enlightened Reform: Charles III, the Establishment of the Alcabala, and the Commercial Reorganisation in Cuba". En: *Past and Present*, 109, pp. 118-143.

LeRiverend Brusone, Julio (1972): *Historia económica de Cuba*. Barcelona: Ariel.

Lewis, James (1984): "Anglo-American Entrepreneurs in Havana: the Background and Significance of the Expulsion of 1784-85". En: Barbier, Jacques/Kuethe, Allan (eds.): *The North American Role in the Spanish imperial economy, 1760-1819*. Manchester: Manchester University Press, pp. 112-126.

Liss, Peggy K. (1983): *Atlantic Empires: The Network of Trade and Revolution, 1713-1826*. Baltimore: Johns Hopkins University Press.

Marrero, Leví (1972-1988): *Cuba: economía y sociedad.* 13 vols. Río Piedras: Ed. San Juan.

Mateo Domingo, Alfredo (1977): *Historia de la división político-administrativa de la isla de Cuba 1607-1976*. La Habana: Editorial Arte y Literatura.

McNeill, John Robert (1985): *Atlantic Empires of France and Spain: Louisbourg and Havana, 1700-1763*. Chapel Hill: University of North Carolina Press.

Moreno Fraginals, Manuel (1978): *El ingenio. El complejo económico social cubano del azúcar, 1760-1860*. 3 vols. La Habana: Ciencias Sociales.

Parcero Torre, Cecilia María (1998): *La pérdida de La Habana y las reformas borbónicas, 1760-1773*. Valladolid: Junta de Castilla y León.

Pearce, Adrian (2007): *British Trade with Spanish America, 1763-1808*. Liverpool: Liverpool University Press.

Pérez, Louis (1988): *Cuba: Between Reform and Revolution*. New York: Oxford University Press.

— (1990): *Cuba and the United States: Ties of Singular Intimacy*. Athens: University of Georgia.

Poinsett, Joel Roberts (1969): *Notes on Mexico, Made in the Autumn of 1822*. New York: Praeger (1ª Impresión 1825, London: J. Miller).

Price, Jacob (1974): "Economic Functions and the Growth of American Port Towns in the 18th Century". En: *Perspectives in American History*, 8, pp. 123-186.

Rousseau, Pablo/Diaz de Villegas, Pablo (1920): *Memoria descriptiva, histórica y biográfica de Cienfuegos*. La Habana: El siglo XX.

Salvucci, Linda (1984): "Anglo-American Merchants and Atratagems for Success in Spanish imperial markets, 1783-1807". En: Barbier, Jacques/Kuethe, Allan (eds.): *The North American Role in the Spanish imperial economy, 1760-1819*. Manchester: Manchester University Press, pp. 127-133.

Thomas, Hugh (1971): *Cuba or the Pursuit of Freedom*. London: Eyre & Spottiswoode.

Tornero Tinajero, Pablo (1978): "Hacendados y desarrollo azucarero cubano (1763-1818)". En: *Revista de Indias*, 38, 153-154, pp. 715-737.

— (1996): *Crecimiento económico y transformaciones sociales. Esclavos, hacendados y comerciantes en la Cuba colonial*. Madrid: Centro de Publicaciones del Ministerio del Trabajo y Seguridad Social.

Torres-Cuevas, Eduardo/Reyes, Eusebio (1986): *Esclavitud y sociedad. Notas y documentos para la historia de la esclavitud negra en Cuba*. La Habana: Ciencias Sociales.

Zeuske, Michael/Munford, Clarence (1991): "Die 'große Furcht' in der Karibik: Frankreich, Saint-Domingue und Kuba 1789-1795". En: *Ibero-Amerikanisches Archiv*, 17, 1, pp. 51-98.

Guillermina del Valle Pavón

Cacao de Guayaquil y apertura comercial. La promoción del comercio de cacao y azúcar a través del Consulado de México

A raíz de la Guerra de los Siete Años (1756-1762), el desafío de Gran Bretaña condujo a Carlos III a establecer una apertura comercial limitada en el Imperio español. La Monarquía se propuso reactivar las transacciones mercantiles, entre otros fines, para incrementar los recursos fiscales y reforzar la defensa militar de Hispanoamérica. A partir de 1765 se empezó a introducir el régimen de comercio libre en diversos puertos de las Antillas, el Seno Mexicano y el Pacífico. Uno de los propósitos de este ensayo radica en mostrar la posición del Consulado de la ciudad de México frente al libre cambio. Al margen de cualquier posición doctrinaria, defendió los intereses de sus miembros. El cuerpo mercantil se resistió a las reformas comerciales introducidas en el Golfo de México, no obstante, cuando se habilitaron los puertos del Pacífico, se esforzó por impedir que se restringiera la entrada de cacao de Guayaquil por Acapulco.

Si bien Nueva España fue el principal comprador de cacao a nivel mundial en el siglo XVIII, se conoce muy poco acerca de dicho tráfico. La historiografía ha estudiado, principalmente, las medidas prohibicionistas que impuso la Corona en el Pacífico, así como las excepciones y transgresiones de las mismas. Se cuenta con mayor información sobre el tráfico del fruto guayaquileño a partir de 1774, año en que se habilitaron los puertos del Mar del Sur, en razón de la controversia que generó dicha medida, cuando las provincias de Venezuela y Maracaibo continuaban bajo el régimen comercial restrictivo y el yugo de la compañía Guipuzcoana (Arcila 1975; Miño Grijalva 2009). La obra clásica de Arcila Farías acerca del comercio de la almendra de Venezuela en México aborda de manera tangencial algunos aspectos del tráfico del fruto guayaquileño (Arcila 1975).

Otro de los objetivos de este trabajo radica en mostrar el control que ejerció un pequeño grupo de miembros del Consulado de la Ciudad de México sobre el tráfico del grano en Nueva España. La participación de dichos mercaderes en la contratación del cacao en el siglo XVIII, ha sido analizara por la historiografía a partir de casos individuales (Borchart de Moreno 1984; Kicza 1986: 84-88). En este ensayo veremos el modo en que los almaceneros contrataban la almendra, cómo la política real los obligó a competir por la de Caracas, mientras que su papel financiero les permitió ejercer cierto dominio sobre el suministro del fruto guayaquileño. Asimismo, se mostrará la forma en que los mercaderes más poderosos y acaudalados se esforzaron por monopolizar las ventas de los granos de Caracas y Guayaquil, luego de obtener información privilegiada acerca del futuro aumento en el precio del primero.

La apertura comercial de los puertos del Mar del Sur en 1774 dio lugar a la entrada de grandes cantidades de cacao de Guayaquil por Acapulco, tráfico que había estado prohibido. Las compras oficiales del grano guayaquileño se habían realizado por Veracruz, mientras que por Acapulco sólo arribaba el fruto con licencias especiales y a través del contrabando. Una vez que se autorizó la compra de cacaos sin restricciones, dos prominentes mercaderes de México, especializados en el trato de la almendra guayaquileña, defendieron el sistema de comercio libre. Esta postura se contrapuso a la política del cuerpo mercantil y del resto de sus principales miembros, quienes pretendían que se restauraran los privilegios corporativos en el tráfico con la metrópoli.

El notable incremento que se produjo en las compras del cacao guayaquileño generó el aumento de la demanda y el precio del azúcar, que resultaba imprescindible para elaborar chocolate. A continuación veremos cómo los mercaderes de México interesados en la producción y comercialización del dulce se valieron de la representación del Consulado para obtener autorización real para fabricar y comerciar el aguardiente de caña. La ampliación de la demanda y el precio del azúcar, y la fabricación del chinguirito, elevaron la rentabilidad de la producción del dulce, circunstancia que condujo a los mercaderes de México a canalizar mayores caudales a dicho sector. Entre los mercaderes de México que invirtieron en las haciendas azucareras de Cuernavaca, Cuautla e Izúcar se encontraban algunos de los principales tratantes de cacao de Guayaquil. Los productores de azúcar y los comerciantes del grano recurrieron al Consulado para lograr que la ruta del camino México-Veracruz, que se reconstruiría a fines del siglo XVIII, saliera del sureste del Valle de México rumbo a la ciudad de Puebla, para continuar por Orizaba hasta el puerto. De este modo favorecieron el transporte del fruto guayaquileño y el azúcar que se destinaba a la metrópoli, así como al oriente, sur y sureste de Nueva España.

1. Resistencia del Consulado a la competencia

La ocupación de La Habana, en el marco de la Guerra de los Siete Años, obligó a Carlos III a implantar las primeras reformas comerciales y fiscales, a fin de estimular los intercambios y disponer de recursos fiscales para fortalecer la estructura defensiva de Hispanoamérica. Cuando la Corona retomó el control de la isla, ante las exigencias de la oligarquía (Böttcher en esta publicación) y el avasallante contrabando que realizaban los ingleses, el monarca se vio obligado a iniciar una apertura comercial limitada en Hispanoamérica. En 1765 promulgó el Decreto de Comercio Libre que abrió Cuba y el resto de las islas de Barlovento al tráfico con ocho puertos peninsulares, simplificó los trámites para navegar y disminuyó el pago de gravámenes.[1] Entonces, los reformistas más radicales propusieron la abolición de las flotas, con la intención de elevar los ingresos fiscales, pero se encontraron con la oposición de los Consulados de Cádiz y México.[2] Esta circunstancia obligaría a ampliar las reformas comerciales a otros puertos de manera lenta y cautelosa (Fisher 1992: 165, 166; Kuethe 1999: 58, 59).

A raíz de la desregulación comercial en La Habana se produjo un incremento notable del abasto y la recaudación de derechos comercia-

1 Los navíos podían zarpar de los puertos de Alicante, Barcelona, Cartagena, La Coruña, Gijón, Málaga, Santander y Sevilla, luego de pagar los derechos y fianza correspondiente, sin pedir registro en la corte. El cobro de gravámenes según el peso y volumen de las mercancías se sustituyó por un impuesto del 6 y 7% sobre el valor arancelario de los productos nacionales y extranjeros, respectivamente. Real decreto e instrucción del 16 de octubre de 1765, AGN, RCO 87.

2 En 1763, el Consulado de México había logrado que se destruyera el puerto de Soto la Marina, establecido unos años antes para abastecer el noreste del virreinato; véanse Osante (1997: 193-204) y Valle Pavón (2007a: 995-998).

les (Böttcher en este libro).[3] Sin embargo, dado que los habitantes de Cuba tenían una capacidad de consumo limitada, gran parte de las mercancías destinadas a la isla se remitían a Veracruz, Tabasco y Campeche, mientras que algunos buques del "comercio libre" arribaban directamente a Veracruz, en donde la competencia se elevó de manera creciente (Real Díaz 1959: 120, 121). El Consulado de México, desde 1713, había demandado que no se enviaran *navíos de permiso* a La Habana, Santo Domingo, Honduras, Tabasco y Campeche, porque los bienes europeos se traficaban en Veracruz y otros lugares del Seno Mexicano.[4] Es posible que el cuerpo mercantil lograra impedir la llegada de algunos navíos de registro a dicho puerto, decisión que, en última instancia, dependía de las negociaciones que se realizaran con el virrey (Hausberger en este libro). No obstante, una vez que se inició la apertura comercial, para el Consulado fue cada vez más difícil limitar la competencia.

Campeche constituye un buen ejemplo de la forma en que el Consulado de México se esforzó por mantener bajo su dominio a las poblaciones del Golfo. El incremento del tráfico que se produjo en dicho puerto, a raíz de la apertura comercial de las islas de Barlovento, dio lugar a que se iniciara la construcción del muelle en 1770 (Cordero González 2004: 64-69). Al año siguiente, el comercio directo con la metrópoli se extendió a Campeche,[5] y en 1776 se autorizó a los habitantes de los puertos del Seno Mexicano a comprar bienes europeos en Veracruz, en lugar de tener que hacerlo en la feria de Xalapa.[6] En el Reglamento de Comercio Libre de 1778, se concedió a Campeche la categoría de *puerto menor*, lo que implicó la rebaja en el cobro de

---

3 En La Habana, los gravámenes sobre la entrada y salida de mercancías produjeron 400.000 pesos, en 1762, cuando antes se había generado un máximo de 30.000 pesos en promedio (Fisher 1992: 168).

4 "Representación del Consulado de México al virrey Fernando de Alencastre, duque de Linares: esponen la situación del comercio en la Nueva España y solicitan llegadas bianuales de la flotas españolas (1713)"; en: *Comerciantes* (1991: 27-30).

5 De acuerdo con la real orden del 5 de julio de 1770, en 1771 el decreto de octubre de 1765 se hizo extensivo a Yucatán y Campeche (Tandron 1976: 9-10).

6 El bando de 1776 sobre la feria de flotas que de Xalapa otorgó dicha licencia a los vecinos de Alvarado, Laguna de Términos, Tabasco y Campeche, quienes sólo pagarían el derecho de alcabala (Real Díaz 1959: 119).

gravámenes.[7] En el mismo año, se decretó la edificación de la aduana de Campeche[8] y el intendente de Yucatán autorizó a los tratantes del puerto a nombrar diputados que los representaran (Smith 1976: 34).

En 1788, el intendente de Yucatán informó al virrey que los vecinos de Tabasco y el presidio del Carmen realizaban un tráfico cada vez más intenso en Campeche. Los mercaderes de México hasta entonces contrataban con sus agentes en dichas localidades cacao de Tabasco y palo de tinte de Campeche. El fiscal de la Real Hacienda, Ramón Posada, quien tenía un estrecho vínculo con el Consulado de México, se manifestó en contra de dicho comercio por las posibilidades que ofrecía al contrabando. En consecuencia, el virrey ordenó a los gobernadores de Tabasco y el presidio del Carmen que prohibieran el tráfico con Campeche y decomisaran todos los géneros que no procedieran de Veracruz (Ortiz de la Tabla 1978: 127-131; Ruíz Abreu 1998: 59-60). Es posible que por la influencia que tenía el Consulado de México sobre las autoridades del virreinato, también se quitara a Campeche el rango de puerto menor, el cual le fue restituido en 1793.[9]

Por otra parte, en 1774, la Corona autorizó a Nueva España, Guatemala, Nueva Granada[10] y Perú a realizar intercambios por los puertos del Pacífico. De este tráfico sólo se exceptuaron ciertos bienes, entre los que destacan las sedas chinas y las mercancías de Castilla.[11] Los mercaderes de México habían conseguido autonomía de los españoles a través de las transacciones que realizaban en el Pacífico, hacia las últimas décadas del siglo XVI. Sin embargo, las transacciones entre los virreinatos americanos habían sido prohibidas de manera definitiva a fines de la década de 1630, con la intención de impedir la fuga de plata que generaba el tráfico de bienes orientales (Valle Pavón 2005:

7 Sólo se pagaría 1,5% de almojarifazgo sobre el valor de frutos y efectos españoles y 4% por manufacturas y géneros extranjeros (*Reglamento* 1979, art. 16: 8, 9).

8 La construcción se inició en 1786 (Cordero González 2004: 70-78).

9 Por real orden del 25 de febrero de 1793 se declararon puertos menores Tabasco, Campeche, Yucatán y Puerto Cabello, en la provincia de Maracaibo, con el objeto de fomentar la contratación recíproca. AGN, RCO 154, exp. 180.

10 Dicho virreinato estaba constituido por lo que son en la actualidad Venezuela, Colombia y Ecuador.

11 De Nueva España tampoco se podían extraer bordados de oro y plata. Real cédula del 17 de enero de 1774; AGN, RC 104, exp. 10. Sobre los problemas de desabasto y alza de precios que ocasionaba el comercio de los bienes mencionados en el siglo XVI y el inicio del XVII, véase Valle Pavón (2005).

219-235). No obstante, los fuertes intereses implicados en el lucrativo comercio triangular que se realizaba entre Acapulco, Manila y El Callao, lo mantuvieron de manera subrepticia. Así lo indica la emisión reiterada de las leyes en su contra y las incautaciones de los cargamentos de los navíos que arribaban sin licencia a Acapulco y Zihuatanejo.[12]

El contrabando se realizaba en grandes cantidades, con la participación de los oficiales reales de los puertos de Veracruz y Acapulco. Este comercio era sumamente redituable, entre otras razones, porque siendo la plata el principal medio de pago de los bienes externos, se evadían los derechos sobre su producción y amonedación, además de que los bienes introducidos en el virreinato no estaban sujetos a gravámenes.

Una vez que se abrió el comercio entre los puertos del Pacífico, el interés del monarca en fomentar el tráfico recíproco y acrecentar los ingresos reales, lo condujo a reducir los derechos que pesaban sobre el comercio en los puertos americanos en Acapulco, en 1774, y en Guayaquil, en 1776. A partir de entonces, se registró la introducción de enormes cantidades de cacao de Guayaquil a Nueva España, fenómeno que parece evidenciar el comercio ilegal de dicho producto que se había realizado hasta entonces.

2. El comercio de cacao en Nueva España

Un pequeño grupo de mercaderes del Consulado de la ciudad de México se especializó en el tráfico cacaotero, cuando menos, desde el inicio del siglo XVII (Hoberman 1991: 119-125). Este giro proporcionaba utilidades elevadas, porque la contratación del grano en grandes cantidades compensaba su bajo valor por unidad. En Nueva España el cacao, además de ser uno de los bienes de mayor consumo, se empleó como medio de cambio en las transacciones al menudeo desde la llegada de los españoles (Romano 2004: 348, 349; Covarrubias 2000; Valle Pavón 2009a). Ambas circunstancias, unidas a la capacidad de

12 León Borja/Szászdi (1964: 7-11); Arcila (1975: 254-260); Miño Grijalva (2009). De acuerdo con los decomisos realizados por el juez de arribadas de Acapulco, José de Veytia Linaje, entre 1712 y 1714 se incautó cacao por valor de 76.000 pesos. Decomiso de embarcaciones realizados por Juan José de Veytia en Acapulco, 1712-1715, AGI, Méx. 1063. Agradezco a Yovana Celaya haberme proporcionado la referencia sobre este documento.

los mercaderes de México para pagar la almendra procedente del exterior con plata en moneda y barras, transformaron a Nueva España en el mayor comprador de cacao en el siglo XVIII y en uno de los principales exportadores a Europa a fines de dicha centuria.

En los primeros dos tercios del setecientos, los cacaos de Caracas, Maracaibo, Guayaquil, Tabasco y Cuba se comercializaban en Veracruz, único puerto de Nueva España autorizado para el tráfico con otras colonias americanas.[13] El grano de Guayaquil que llegaba a Veracruz[14] tenía un precio mayor del que arribaba a Acapulco con licencias virreinales[15] debido al costoso tránsito por Panamá.[16] Los mercaderes de México tenían cierto control sobre el tráfico de la almendra caraqueña, al parecer, porque otorgaban crédito a los navegantes procedentes de Perú que lo traficaban. Algunos mercaderes compraban el cacao por medio de sus consignatarios o apoderados en el puerto de Veracruz, así como en las villas de Jalapa y Orizaba. Otros lo hacían en estos núcleos comerciales directamente, dado que los maestres de navíos tenían libertad para vender sus cargamentos en el interior del reino. Los mercaderes de México también enviaban a sus factores o viajaban a Acapulco, y posiblemente a Huatulco y Zihuatanejo, para contratar el grano de Guayaquil.

En Nueva España, los diversos tipos de cacao se vendían en mercados diferentes, los cuales estaban divididos de acuerdo con la capacidad de pago de los compradores. La segmentación de los mercados del cacao fue abordada en 1778 por el Consulado de México y los miembros del tribunal de cuentas, quienes plantearon acerca de la almendra: "cada cual en su clase, tiene estimación separada y diversos

---

13 El cacao de Soconusco y Guatemala se había vendido en la ciudad de México, en grandes cantidades, en el siglo XVI y, cuando menos, en las primeras décadas del XVII (Hoberman 1991). Es posible que el cacao barato de Guayaquil los haya desplazado.

14 Entre 1728 y 1739 arribaron a Veracruz 23 navíos procedentes de Portobelo, la mayor parte de los cuales debieron haber conducido cacao de Guayaquil (Arcila 1975: 64).

15 Los permisos especiales se otorgaban, en particular, cuando se enfrentaban conflictos bélicos (León Borja/Szászdi 1964: 14-23; Arcila 1975: 270-272).

16 En Panamá el grano tenía que descargarse, transportarse a lomo de mula a través del istmo, y volverse a embarcar en Portobelo, movimientos en los que el pago de derechos se multiplicaba (León Borja/Szászdi 1964: 13, 14, 24).

consumidores".[17] No obstante, cuando escaseaba algún tipo de cacao, era sustituido por otro, aun cuando fuera de calidad diferente. En 1769, el mercader Francisco Ignacio de Yraeta escribió a un comerciante de Lima que esperaba el arribo de los navíos procedentes de Guayaquil, porque la escasez del fruto de Caracas, Maracaibo y Tabasco le impedía satisfacer diversos compromisos que tenía en Cádiz (García Díaz 1985: 263).

El cacao de Guayaquil era el más barato, porque tenía bajos costos de producción (se cultivaba en tierras húmedas muy fértiles y se transportaba a la costa por ríos), era considerado de baja calidad y su abasto era relativamente abundante. Por ser la almendra guayaquileña la más asequible, se destinaba al consumo masivo de los indios, el resto de la gente pobre y "de mediana esfera", quienes además lo preferían "porque siendo más amargo admite mucha más azúcar y crece en su laborío".[18] El hecho de que el fruto guayaquileño pudiera mezclarse con mayor cantidad de azúcar, producto que tenía menor precio, elevaba notablemente su demanda, dado que se ocupaba para labrar el chocolate de menor precio.[19]

El cacao de Guayaquil tuvo gran demanda en Nueva España porque se destinaba a la población de escasos recursos, que era la más numerosa en Nueva España. Además de ser objeto de un consumo elevado, el fruto guayaquileño se empleaba como instrumento de cambio, dado que su precio era muy inferior al de los otros granos. Sin embargo, el problema del uso de la almendra como medio de pago, en la época, se abordó sólo en circunstancias excepcionales. En 1776 se presentó una propuesta para introducir moneda de cobre en Nueva España, con el objeto de que sustituyera al cacao en las transacciones

17 Informe del Real Tribunal de Cuentas, México, 26 de septiembre de 1778, AGN, CV 121. Sobre la diferencia de precios entre el cacao de Guayaquil, el más barato, y el de Caracas, el más caro, entre 1774 y 1778, véase cuadro 1, *infra*. Para los años 1805 y 1810, véase Kicza (1986: 86).

18 Informe del Real Tribunal de Cuentas, México, 26 de septiembre de 1778, AGN, CV 121.

19 Informe del Consulado de México, 31 de agosto de 1778, AGN, CV 121. Véase también la Representación del procurador general del Cabildo de México, Antonio de Mier y Teran, 26 de octubre de 1782, AGN, IC 13. Respecto a las proporciones de cacao que se utilizaban para elaborar chocolate de calidades diferentes, véase Sánchez Santiró (2001: 220, 221).

menudas. Esta iniciativa no prosperó debido a la oposición del Consulado de México.[20]

Los cacaos de Venezuela y Tabasco, de gusto dulce y consistencia mantecosa, tenían los precios mayores, por lo que se destinaban a una esfera de consumo suntuario. El grano de Caracas era el más caro, tanto por sus elevados costos de producción y transporte, como porque su provisión estaba determinada por una política restrictiva.[21] Esta permitía a los caraqueños retrasar el envío de sus embarcaciones a Veracruz con el din de elevar el precio del grano.[22] El suministro insuficiente de la almendra de Caracas había dado lugar a que los mercaderes de México y la metrópoli compitieran por ella en Veracruz. En las décadas de 1740 y 1750, poco después de que se estableció el límite al abasto del fruto caraqueño a Nueva España, el Consulado de México protestó de manera reiterada, porque sus miembros tenían que competir con los encomenderos andaluces en las *ferias* del cacao que se realizaban en Veracruz.[23]

Se puede tener una idea de la cantidad de cacao de Guayaquil que se comerciaba oficialmente en Nueva España, antes de la habilitación de los puertos del Pacífico, a partir de la información sobre los granos que se introdujeron por la aduana de la ciudad de México a fines de la década de 1750. El cacao guayaquileño no ingresó a la capital del virreinato en 1758, pero en los primeros meses de 1759 se introdujeron 5.250 tercios (38.590 arrobas). Del fruto de Caracas, que era el que se adquiría en mayores cantidades de manera oficial, en 1758 se consignó la entrada de 6.864 tercios (55.194 arrobas) y en los prime-

20 Expediente sobre la introducción de una moneda de cobre, 1766, AGN, AHH 1152-1.

21 En 1734 se limitó el suministro del grano caraqueño a Nueva España a 21.000 fanegas anuales, con el propósito de favorecer a la Real Compañía Guipuzcoana (Arcila 1975: 67-71, 119-121).

22 Arcila (1975: 156-161, 274-276). En 1778 los caraqueños se valieron de la táctica mencionada para hacer subir el precio del cacao a cuatro reales por libra. Informe del Consulado, 31 de agosto de 1778, AGN, CV 121.

23 Representación del tribunal del Consulado de México al virrey conde de Fuenclara, noviembre 16 de 1744. Borrador de cartas, instrucciones y otros papeles del Tribunal del Consulado y Representación de los diputados del comercio de Nueva España al Presidente de la Casa de Contratación sobre el modo en que se deben despachar las flotas, Cádiz, 10 de enero de 1756, AGN, AHH 269, exps. 2 y 2025.

ros meses de 1759, de 3.480 tercios (27.842 arrobas).[24] En este bienio, la introducción del cacao caraqueño a la ciudad de México correspondió a casi el doble del ingreso del guayaquileño. No obstante, debe tenerse en cuenta que a estas cifras debía agregarse el cacao adquirido por la vía del contrabando.

En 1759 se presentaron numerosas quejas ante el Cabildo de México a causa del alza repentina e injustificada de los precios del cacao. Las averiguaciones realizadas y la información sobre las introducciones de cacao por la aduana de México permitieron comprobar que el mismo prior del Consulado y otro mercader habían monopolizado las compras del grano para elevar su precio. Francisco Rodríguez de Pedroso, conde de San Bartolomé de Xala, entonces prior del Consulado, compró 2.380 tercios de la almendra de Caracas, cantidad equivalente al 68% de las entradas totales de dicha especie; mientras que Manuel Cozuela adquirió 4.850 tercios de cacao de Guayaquil, el 91% del registro total del mismo. Para realizar sus respectivas compras, el conde de Xala y Manuel Cozuela se habían valido de la intermediación de mercaderes de menor jerarquía, quienes habían operado a través de sus cajeros.[25] Es probable que Manuel Cozuela, quien no aparece como comprador del grano en otros años, haya servido de *hombre de paja* del conde de Xala, dada la experiencia que este último tenía en el tráfico de las almendras de Caracas y Guayaquil.[26]

Al parecer, el prior del Consulado se interesó en especular con el cacao luego de obtener información privilegiada de la junta de precios de Caracas, relativa al aumento que establecería en 1760. El conde debió haber obtenido ganancias elevadas de la contratación de los granos, ya que sus precios se incrementaron, aun más, a partir de

---

24 En 1758, también ingresaron a la aduana de México 2.423 tercios de cacao de Maracaibo (18.681 arrobas); 3.506 tercios del grano de Tabasco (28.602 arrobas) y 82 tercios de la almendra de La Habana (656 arrobas). Y en los primeros meses de 1759 entraron 1.014 tercios de cacao de Maracaibo (8.112 arrobas) y 297 tercios del grano de Tabasco; Contaduría de la Real Aduana de México, 5 de julio de 1759, AGN, IC 8, exp. 3.

25 Por decreto, 15 de julio de 1759, Domingo de Trespalacios, oidor de la Real Audiencia, averigua los precios del cacao, AGN, IC 8, exp. 3.

26 Valle Pavón (2007b: 123, 124). El conde de Xala seguiría siendo uno de los principales tratantes de cacao; en 1764 compró 1.242 tercios de cacao de Caracas por 64.584 pesos (Borchart de Moreno 1984: 113).

1761,[27] cuando España entró en guerra contra Inglaterra. Las especulaciones realizadas con el objeto de elevar los precios del cacao, como las que realizaron los mercaderes mencionados en 1759, parecen haber constituido situaciones relativamente excepcionales. El antecedente del caso expuesto había ocurrido en 1733, cuando poderosos mercaderes de la ciudad de México habían realizado grandes compras de la almendra, a raíz de que la Real Compañía Guipuzcoana obtuvo una serie de privilegios para comerciar el grano de Caracas en la metrópoli. En 1759, el virrey marqués de las Amarillas, en un esfuerzo por evitar la especulación con los precios del cacao, informó a las autoridades de la metrópoli sobre los problemas suscitados con los monopolistas.[28] No obstante, la Monarquía era partidaria de que los mercaderes obtuvieran ganancias elevadas, muy probablemente, por el respaldo financiero que le otorgaban cuando tenía urgencia de caudales (Valle Pavón 2004; 2009b).

De acuerdo con los registros de la contaduría de la Real Aduana y algunos libros de alcabalas, de mediados de la década de 1750 a 1773, un puñado de mercaderes concentraron el tráfico de la almendra. Éstos solían comprar entre mil quinientos y tres mil tercios de cacao en un solo año, cuyo valor iba de cien mil a doscientos mil pesos.[29] Los acaudalados mercaderes adquirían el grano para expenderlo por su cuenta en sus tiendas y almacenes de la ciudad de México, y en el interior del reino, así como para revenderlo a otros comerciantes, de manera directa y a través de corredores. Desde antes de que se empezaran a introducir las reformas comerciales en el Imperio español, ciertos mercaderes remitieron cacao a Cádiz,[30] parte del cual se desti-

27 En 1760 el precio de la fanega de cacao de Caracas se incrementó de 12 a 13 pesos, en 1761 se elevó a 14 pesos, y en 1768 pasó a 16 pesos. Es posible que como consecuencia de dichos aumentos bajaran las ventas a España a partir de 1760. Una vez que España entró en guerra contra Inglaterra, en 1761, se elevaron notablemente las ventas en Veracruz (Arcila 1975: 77, 127).

28 AGN, IC 8, exp. 3.

29 Contaduría de la Real Aduana de México, 5 de julio de 1759, AGN, IC, vol. 8, exp. 3. Libros de alcabalas, ramo de ultramarinos, años 1770 y 1773, AGN, AHH 2138, año 1773, y 1006, año 1778; Borchart de Moreno (1984: 114).

30 En 1769 Francisco Ignacio de Yraeta comerciaba en Cádiz cacao de Caracas, Maracaibo, Tabasco o Guayaquil (García Díaz 1985: 263).

naba a los mercados europeos, entre los que destacan los de Francia, Inglaterra e Italia.[31]

3. Apertura comercial y tráfico de cacao de Guayaquil

El cacao tenía gran demanda en Nueva España porque se utilizaba para elaborar el chocolate y otros alimentos de gran consumo,[32] además de emplearse como medio de cambio. Como vimos, de las variedades del grano que se vendían en México, el de Guayaquil tenía el menor precio, por lo que era muy requerido entre la gente pobre y de medianos recursos. En consecuencia, el fruto guayaquileño fue uno de los bienes de mayor comercio entre Nueva España, Perú y Nueva Granada. Aun cuando las transacciones entre los virreinatos americanos se habían prohibido en la década de 1630, el comercio de cacao de Guayaquil se mantuvo de manera restringida, por los intereses implicados en el redituable negocio. La liberación comercial de los puertos del Pacífico y la reducción de derechos establecidos en 1774, desembocó en el incremento notable de las compras del grano guayaquileño y a la consiguiente reducción de su precio (Arcila 1975).

El abundante abasto del barato cacao de Guayaquil no sólo ocasionó la disminución de la demanda del grano de Caracas sino también la de su precio. Este fenómeno dio lugar a que el Intendente de Caracas, apoyado por los plantadores y los comerciantes de la almendra, protestaron ante el monarca por los perjuicios que causaba la competencia del fruto guayaquileño. El monarca restringió la entrada del grano de Guayaquil por Acapulco para fortalecer la economía de Caracas, provincia que era amenazada por las potencias enemigas que podían invadirla en caso de guerra. El tráfico de cacao guayaquileño se mantuvo muy por encima de la cuota establecida por el rey, debido a la influencia que tenían los mercaderes del Consulado de México sobre poderosas autoridades del virreinato.[33]

---

31 Véase Miño Grijalva (2009). Sobre las compras de cacao de Caracas que realizaron Francia e Inglaterra a principios del siglo XVIII, véase Arcila (1975: 57-58).

32 El cacao se consumía en polvo, en pasta, mezclado con maíz, con agua y leche, además de utilizarse para elaborar otros platillos, como, p.ej., el mole.

33 Representación del intendente de Ábalos, Madrid, 7 de mayo de 1777, en Testimonio de los autos formados en causa y del orden sobre aminoración de derechos al cacao de Caracas. Años de 1778 y 1779. Testimonio de los autos formados en

La ampliación de las compras del cacao de Guayaquil que se presentó a raíz de la apertura de los puertos del Pacífico favoreció el incremento de la demanda y el precio del azúcar. Como vimos, el chocolate que se elaboraba con dicho grano debía mezclarse con gran cantidad del dulce por su sabor amargo. Los mercaderes de la ciudad de México que invertían en la producción azucarera en las jurisdicciones de Cuernavaca, Cuautla e Izucar (desde fines del siglo XVI), una vez que se elevó el consumo y el precio del dulce, canalizaron mayores capitales a dicha industria. En este fenómeno también influyó la apertura del tráfico con la metrópoli, establecida entre 1779 y 1789. La supresión de las flotas aumentó de manera notable la competencia entre los comerciantes procedentes de los puertos habilitados y los del interior del virreinato.[34] Los almaceneros de la ciudad de México, al ver reducidas las ganancias en el comercio con España, invirtieron en otros sectores, como la minería y la agricultura. A partir de 1780 destacados mercaderes consulares compraron ingenios azucareros en las jurisdicciones mencionadas e invirtieron en su ampliación, en obras hidráulicas y en maquinaria (Sánchez Santiró 2001; 2003; Valle Pavón 2009c).

Tras el aumento del tráfico del cacao y el azúcar, en el tribunal del Consulado de México, se ubicaron individuos con intereses en la comercialización de ambos bienes y la producción del dulce, quienes se ocuparon de su promoción. En 1777-1778 fue prior del Tribunal Mercantil Francisco Baso Ibáñez, quien trataba grandes cantidades del grano de Guayaquil, mientras que su pariente Antonio Ibáñez era propietario de la hacienda e ingenio del Puente en Cuernavaca. En 1779-1780 fue cónsul del mismo tribunal, José Martín Chávez, dueño de la plantación de Santiago Tenextepango, situada en Cuautla de Amilpas. En 1759 Martín Chávez se había visto envuelto en la investigación sobre compras monopólicas de cacao. Juan Antonio de Yermo, quien fue cónsul del Tribunal Mercantil en 1786-1787, desde el inicio de la década de 1780 era dueño de la hacienda e ingenio la Purísima Con-

---

causa y del orden sobre aminoración de derechos al cacao de Caracas. Años de 1778 y 1779. AGN, CV 121.

34 En 1779 se abrió el comercio de Veracruz a los navíos de azogue y once embarcaciones, seis zarparían de Cádiz y las cinco restantes de Alicante, Barcelona, Málaga, Santander y La Coruña. Real orden del 22 de marzo de 1779, AGN, RCO 116, f. 255; *Reglamento* (1979: 4).

cepción de Temixco, de la comarca de Cuernavaca (Valle Pavón 2009c). En 1788, Yermo presentó al rey el Informe y dictamen particular sobre la agricultura en general del Reino de Nueva España, en el que censuró que los caraqueños hubieran intentado restringir la entrada de cacao de Guayaquil por Acapulco.[35]

En 1789 se hizo extensivo a Nueva España el Reglamento de aranceles reales para el comercio libre de España a Indias de 1778, el cual había cancelado las flotas, que habían permitido a los mercaderes de México negociar los bienes europeos de manera corporativa.[36] En julio del mismo año, se autorizó el tráfico del cacao de Guayaquil sin restricciones. Para entonces, la demanda del grano en Nueva España se había incrementado de manera singular, debido a la reducción de su precio y al crecimiento de la población. De acuerdo con los datos de Arcila, en 1789 se registró otro ascenso notable en las compras del fruto guayaquileño, las cuales, a partir de entonces, tendieron a elevarse, aun cuando las cifras que proporciona presentan un comportamiento irregular. En ese último año cayeron las entradas del cacao de Caracas y en adelante se mantuvieron muy bajas. Por otra parte, las compras de los cacaos de Maracaibo y Tabasco habían venido en aumento,[37] en el primer caso, desde 1784, cuando se abolió el monopolio de la Compañía Guipuzcoana,[38] y en el de Tabasco, a partir de 1786.

El establecimiento del libre cambio en Nueva España dio lugar a las protestas de los Consulados de México y Cádiz. En consecuencia, Carlos III pidió al virrey que investigara acerca de la situación de los intercambios en el virreinato. El segundo conde de Revillagigedo, activo promotor de la apertura comercial, realizó una amplia indagación entre los funcionarios vinculados con la actividad mercantil, el

35 "Informe y dictamen particular sobre la agricultura en general de Reino de Nueva España producido por D. Juan Antonio de Yermo, individuo del comercio de aquella Capital", 1788. BN, Fondo Reservado, Ms. 1304 (1535).

36 Dicho Reglamento había incorporado al comercio libre a la mayor parte de los puertos americanos, en los que se facilitaron los trámites para navegar y se rebajó el cobro de derechos. *Reglamento* (1979).

37 En 1789 la entrada del grano guayaquileño se elevó a 14.638 fanegas. Sobre la entrada de todos los granos, véase el cuadro: *Cacao introducido en Nueva España*, 1784 y 1824 (Arcila 1975: 313).

38 A raíz de la abolición de la Guipuzcoana, Caracas destinó su cacao principalmente a España y Maracaibo a Veracruz. Este fenómeno puede comprobarse con los datos sobre el número de embarcaciones de dichas provincias que llegaron a Veracruz entre 1784 y 1795 (Arcila 1975: 307-308).

Consulado y los doce principales miembros de esta corporación (Revillagigedo 1975: 13-58). La mayor parte de los mercaderes se manifestaron en contra del nuevo sistema comercial. Expusieron las pérdidas que venían padeciendo en el comercio con Cádiz a causa de la frecuente llegada de navíos, el abasto excesivo y la escasez de circulante. En consecuencia, demandaron el restablecimiento de las flotas.[39] La libertad de comercio sólo fue apoyada por Francisco Ignacio de Yraeta e Isidro Antonio de Ycaza, yerno y socio del primero.[40] Ambos se encontraban entre los principales tratantes de cacao de Guayaquil por Acapulco. El primero, además, tenía una situación privilegiada como comisionado de la Compañía de Filipinas. Ycaza se declaró abiertamente a favor del comercio libre, por las ganancias que obtenía en el tráfico de la almendra, y otras mercancías procedentes de las colonias del Pacífico.[41]

Desde antes de 1769, Francisco Ignacio de Yraeta comerciaba cacao de Guayaquil con tratantes y navegantes de Lima. Diez años después había incrementado dicho giro como resultado de su asociación con Isidro Antonio de Ycaza, quien viajaba a Lima y Guayaquil para comprar el fruto.[42] La empresa se fortaleció a raíz de que los hermanos Isidro Antonio, Martín y Nicolás de Ycaza se establecieron en Guayaquil para dedicarse a la contratación del grano. El vínculo entre Yraeta e Ycaza se consolidó en 1782, cuando el segundo contrajo matrimonio con la hija del primero. Francisco Ignacio de Yraeta también realizaba

39 Acerca de la investigación realizada por Revillagigedo, véase Suárez Argüello (2003: 115-125). En 1791 presentaron informes al virrey, Diego de Agreda, Lorenzo Angulo Guardamano, Antonio de Bassoco, Manuel García Herreros, Ramón de Goicoechea, Gaspar Martín Vicario, Juan Fernando Meoqui, Pedro Ángel Puyade, Vicente Francisco Vidal, Isidro Antonio de Ycaza, Francisco Ignacio de Yraeta y Juan Antonio Yermo. AGN, Cons. 123.

40 Informe de Isidro Antonio de Ycaza al virrey Revillagigedo, México, 4 de julio de 1791, AGN, Cons. 123.

41 Junto con el cacao, se traficaban cantidades pequeñas de estaño, cobre en pasta y pieles de vicuña de Perú (Informe de Isidro Antonio de Ycaza al virrey Revillagigedo, México, 4 de julio de 1791, AGN, Cons. 123 (García Díaz 1985: 264; Kicza 1986: 85).

42 En 1779, Isidro Antonio de Ycaza había llegado a Acapulco al mando de una fragata perulera con más de 16.000 cargas de cacao de Guayaquil, las cuales pesaban 81 libras cada una. Informe del Ministerio de Acapulco, México, 4 de mayo de 1779, en Testimonio de los autos formados en causa y del orden sobre aminoración de derechos al cacao de Caracas, años de 1778 y 1779, AGN, CV 121.

tratos con otros comerciantes de Guayaquil y Lima, a los que pagaba el cacao con plata labrada y en pasta, efectos orientales y de Castilla, textiles de Querétaro, añil de Guatemala, tabaco y loza. A partir de 1785 el producto que Yraeta vendió más en España fue el cacao, muy probablemente de Guayaquil (García Díaz 1985: 258, 259, 261, 263; Aguilar Gil 1999: 182). Por su parte, Isidro Antonio de Ycaza, como apoderado de la provincia de Guayaquil, a fines de la década de 1790 e inicios del siglo XIX, fue el mercader de México que compró mayores cantidades del grano guayaquileño.[43]

Ante la elevación de la demanda y el precio del azúcar, Francisco Ignacio de Yraeta compró el ingenio de San Nicolás, ubicado en la jurisdicción de Izúcar, poco antes de 1791. Francisco Ignacio de Yraeta y Francisco Antonio de Ycaza se esforzaron por incrementar el comercio de azúcar en otras colonias del Pacífico.[44] En el informe que, en 1791, presentó Antonio de Ycaza sobre la situación del comercio en Nueva España, manifestó que las ventas del dulce y otros productos en Panamá, Guayaquil, Lima y Chile habían sido redituables.[45] En 1792, Ignacio de Yraeta y Francisco Antonio de Ycaza se valieron de dos comerciantes establecidos en Perú para proponer a las autoridades de Lima la autorización del tráfico del azúcar novohispano en Chile de manera regular. Si bien el Consulado de Lima se opuso a dicha iniciativa (García Díaz 1985: 254; Mazzeo 1999), Yraeta e Ycaza lograron controlar de manera efectiva el abasto del cacao y el azúcar en los mercados de Nueva España, además de hacer remisiones de ambos productos a la metrópoli.

En 1794, el segundo conde de Revillagigedo pugnó porque se redujeran los gravámenes que se imponían en Acapulco al tráfico de bienes de Castilla con Perú, con el propósito de favorecer el intercambio de manufacturas mexicanas por frutos del virreinato andino. Expuso que la mayor parte del comercio con Perú estaba reducido al cacao de Guayaquil, del que se introducían de 25.000 a 30.000 cargas anua-

---

43 Libro de alcabalas de la ciudad de México de 1798, AGN, AHH 1823. Expedientes sobre la devolución del derecho de avería por las compras de cacao Guayaquil, AGI, Méx. 2500 y 2519.

44 Francisco Ignacio de Yraeta y Gabriel de Yturbe formaron una compañía para producir y comercializar el azúcar del mencionado ingenio (Torales Pacheco 1985: 135, 154-162).

45 Informe de Isidro Antonio de Ycaza al virrey Revillagigedo, México, 4 de julio de 1791, AGN, Cons. 123.

les, cuyo valor aproximado calculaba en 300.000 pesos,[46] los cuales se saldaban con plata en moneda, casi totalmente (Revillagigedo 1931-32: 1105). Planteó que la remisión de los géneros de Castilla a El Callao haría más rentable el envío de los textiles de Querétaro, la loza poblana y bienes agrícolas, entre los que destacaban el azúcar, la harina y el añil, así como la brea y alquitrán.[47] El virrey pretendía que la política desreguladora continuara favoreciendo el tráfico por el Pacífico y, posiblemente, respaldar a la sociedad formada por Francisco Ignacio de Yraeta e Isidro Antonio de Ycaza, quienes, como vimos, estaban a favor de la permanencia de la apertura comercial en Nueva España.

El virrey segundo conde de Revillagigedo también se empeñó en favorecer la agroindustria del azúcar. A mediados de 1794 pugnó por que la Corona autorizara la fabricación y consumo del aguardiente de caña, o chinguirito. El virrey argumentó que dicha industria incrementaría la producción agrícola y los ingresos del erario, cuando el enfrentamiento de la guerra contra la Convención francesa había vuelto prioritario el problema fiscal.

Como vimos, en 1788 el mercader Juan Antonio de Yermo había elaborado un Informe y dictamen particular sobre la agricultura en general del Reino de Nueva España. En éste planteó que el cultivo del azúcar era muy limitado, debido a que su elevado precio imposibilitaba la venta en el exterior. Yermo aseveró que el problema se agravaba porque el precio de la miel de caña era sumamente bajo, porque se empleaba para fabricar el dulce de menor calidad, llamado panocha, así como el aguardiente de caña, o chinguirito. La destilación y comercialización del aguardiente de caña estaban prohibidas en Nueva España para favorecer la compra de las bebidas de la metrópoli. En consecuencia, ambas actividades se realizaban de manera subrepticia. Yermo sugirió que se autorizara la elaboración de aguardiente de caña, para que el incremento en el precio de la melaza permitiera sufragar los costos de transporte del azúcar a Veracruz, a fin de que pudiera competir en España con el de las Antillas. Al cabo de unos meses, Silvestre Díaz de la Vega, contador general del real monopolio de taba-

---

46 Esta cifra coincide con la de los envíos del grano de Guayaquil a Acapulco, de manera directa, y a través de El Callao (Romano 2004: 301).

47 Informe de Isidro Antonio de Ycaza al virrey Revillagigedo, México, 4 de julio de 1791, AGN, Cons. 123.

co, presentó un Discurso en el que apoyó la legalización de la destilación del aguardiente de caña. Este documento se elaboró en respuesta a la consulta que el monarca había planteado al Consulado sobre los medios para salir de la *crisis* que padecía la agricultura (Valle Pavón 2009c). Seis años después, el virrey conde de Revillagigedo planteó la misma demanda, posiblemente a petición de los mercaderes Francisco Ignacio de Yraeta e Isidro Antonio de Ycaza.

4. El camino México-Veracruz y el comercio de cacao y azúcar

Juan Antonio de Yermo, en su Informe sobre la agricultura de 1788, también expuso cómo el mal estado de los caminos elevaba el costo de los fletes, circunstancia que limitaba la extracción de azúcar a la metrópoli.[48] Yermo formaba parte del grupo de mercaderes del Consulado que se esforzaba en transformar en vía carretera el camino que articulaba la Ciudad de México con Veracruz, por la ruta que se dirigía por la ciudad de Puebla y la villa de Orizaba. Esta ruta enlazaba Puebla con el puerto por el sur de la Sierra Madre Oriental, como puede verse en el mapa presentado a continuacón. Los mercaderes productores de azúcar serían beneficiados mediante la reconstrucción de dicho camino, porque los ingenios de Cuernavaca y Cuautla se enlazaban con la ciudad de Puebla a través de la vía de Izúcar. Además, dichos mercaderes tenían vínculos estrechos con los comerciantes de Orizaba, algunos de los cuales operaban como sus agentes para la exportación de cacao y azúcar a España (Valle Pavón 2003; 2007c).

48 "Informe y dictamen [...]", 1788. BN, Fondo Reservado, Ms. 1304 (1535).

Caminos México-Veracruz y sus conexiones a finales del siglo XVIII

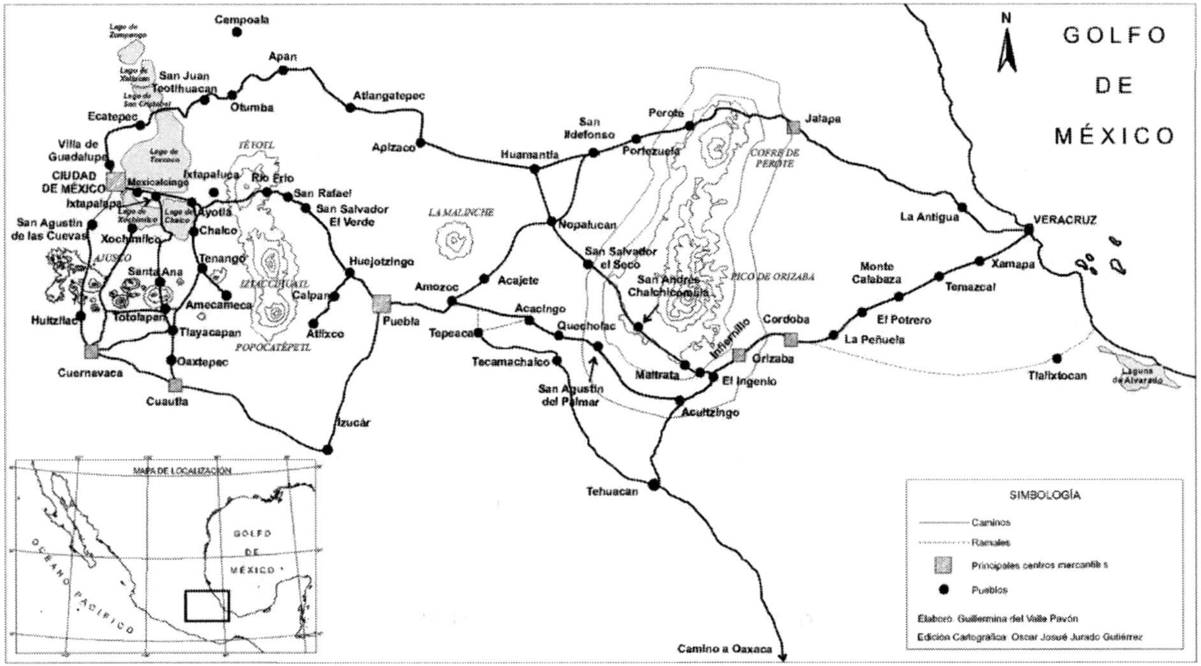

Diseñado por Guillermina del Valle Pavón.

El virrey marqués de Branciforte se hizo cargo de la administración de Nueva España en julio de 1794, cuando la Real Hacienda Metropolitana enfrentaba una aguda escasez de recursos y era inminente un nuevo conflicto bélico con Gran Bretaña. Ante los requerimientos del monarca, el marqués de Branciforte propuso reunir un empréstito por quince millones de pesos en el virreinato. Para recaudar dichos caudales resultaba imprescindible contar con el respaldo del Consulado de mercaderes de la ciudad de México, porque sus miembros se destacaban entre los posibles contribuyentes y a través de ellos podían obtenerse otras aportaciones. En 1794 era prior del Tribunal Mercantil Pedro Alonso de Alles, dueño del ingenio San Pedro Martir Casasano, y cónsul antiguo Tomás Domingo de Acha, familiar de José Ramón de Acha, arrendatario del rancho Coahuixtla. Ambas unidades productivas estaban ubicadas en Cuautla.

Las necesidades financieras del real erario resultaron decisivas en las negociaciones entre el virrey y los representantes consulares en relación con la licencia para destilar el chinguirito y la reconstrucción del camino México-Veracruz que se dirigía por Puebla y Orizaba. El cultivo del tabaco para el real monopolio, que generaba al real erario ingresos muy considerables, se habían restringido a las jurisdicciones de Córdoba y Orizaba. Teniendo en cuenta la importancia de facilitar el transporte de la hoja a las ciudades de Puebla y México, se acordó que el empréstito por quince millones sería garantizado con los rendimientos de la renta del tabaco (Valle Pavón 2007c).

En 1795 la Corona autorizó la reconstrucción del camino que se dirigía de México a Veracruz por Puebla y Orizaba, cuyas obras se iniciaron en 1796. En este año también se legalizó la destilación de aguardiente de caña y se creó el ramo fiscal correspondiente. Dado el requerimiento creciente de caudales por parte del erario, los recursos que generaría el ramo del aguardiente de caña se antepusieron a la posible competencia que podría representar el chinguirito a las bebidas procedentes de la metrópoli. De acuerdo con los planteamientos hechos por el mercader Juan Antonio de Yermo, la fabricación del chinguirito permitió aprovechar mejor la miel de la caña, circunstancia que hizo más redituable la producción del azúcar. En adelante, los dueños de fincas azucareras produjeron aguardiente en grandes cantidades, de modo que Cuernavaca, Cuautla y Córdoba se destacaron como los mayores productores de dicha bebida, cuando menos de 1797 a 1800. El chinguirito también se producía en los distritos de Chalco, Xochimilco y Coyoacán, muy probablemente con la melaza que les vendían los productores de azúcar de Cuernavaca, Cuautla e Izúcar.[49]

En 1796 y 1797 fue cónsul del Tribunal Mercantil Matías Gutiérrez Lanzas, pariente de Francisco Gutiérrez Lanzas, propietario del ingenio de San Gaspar, que se localizaba en el valle de Cuernavaca. Dicho mercader, junto con el prior del Consulado, Antonio de Bassoco, se esforzaron por que no se modificara la reconstrucción del camino México-Veracruz que se dirigía por las rutas de Puebla y Orizaba. Lo mismo debió haber sucedido con los posteriores representantes del cuerpo mercantil que tenían intereses en la comercialización del cacao guayaquileño y producción de azúcar. Al respecto puede verse el cuadro sobre los mercaderes que integraron el Tribunal Mercantil en las últimas décadas del siglo XVIII y los primeros años del siglo XIX, entre los que se ubican Francisco Ignacio de Yraeta y sus socios y yernos Isidro Antonio de Icaza y Gabriel de Yturbe e Yraeta.

Priores y cónsules ligados al comercio de cacao de Guayaquil y a la producción de azúcar

	Priores	Cónsules
Acha, Tomás Domingo	1799-1800	1793-1794
Bazo Ibañez, Francisco	1777-1778	
Chavarri, Francisco	1811-1812	
Eguía, Sebastían de	1803-1804	1790-1791
Gutiérrez de Lanzas, Matías	1805	1796-1797
Martín Chávez, José		1779-1780
Martín Vicario, Gaspar		1799-1800
Ycaza, Isidro Antonio de		1801-1802
Yermo, Gabriel Joaquín de		1809-1810
Yermo, Juan Antonio de	1786-1787	
Yraeta, Francisco Ignacio		1789-1790
Yturbe e Yraeta, Gabriel de		1805-1806

49 Correspondencia Director General de alcabalas, Juan Navarro. Año 1808-1809. AGI, Alc. 354-1.

Luego de que en 1789 se hizo extensivo a Nueva España el Reglamento de Comercio Libre, los mercaderes de México incrementaron el tráfico de cacao en los puertos habilitados de la metrópoli. Para ello se valieron de redes familiares y de paisanaje, como habían venido haciendo en Cádiz. Al igual que Francisco Ignacio Yraeta e Isidro Antonio de Ycaza, otros mercaderes del Consulado de México colocaron a familiares y paisanos en Guayaquil y Lima para facilitar el comercio del grano. Junto con la almendra comerciaban cobre y estaño, productos que distribuían en México y en la metrópoli. Los almaceneros realizaron contratos para recibir el cacao de manera periódica y, en algunos casos, como el de Francisco Martínez Cabezón, adquirieron navíos para comerciar en el Pacífico por su propia cuenta.[50] Entre los clientes de mercaderes prominentes, como Diego de Agreda, primo, yerno y socio de Martínez Cabezón, se encontraban los apoderados de la compañía de los Cinco Gremios Mayores de Madrid, Pedro Basabe y Domingo de Orué.[51] Agreda tenía facilidades para comerciar el grano y otros productos en la metrópoli porque tenía un hermano situado en Cádiz.[52]

La comercialización del azúcar en España presentó una notable expansión a partir de los primeros años de la década de 1790. La paralización de la producción del dulce en Haití, a causa de la Revolución de 1791, y los informes del virrey segundo conde de Revillagigedo, dieron lugar a que, en noviembre de 1792, se exentara al azúcar novohispano del pago de derechos a la entrada a los puertos españoles (Sánchez Santiró 2001: 224). No se ha estudiado el impacto que tuvo la dispensa de gravámenes sobre la contratación del dulce en los puertos de la Península, sin embargo, disponemos de alguna información sobre las extracciones que realizaron los mercaderes dueños de ingenios en Cuernavaca y Cuautla. Gabriel Joaquín de Yermo, sobrino y yerno de Juan Antonio de Yermo, a la muerte de éste, acaecida en 1792, quedó a cargo de la administración de la hacienda de Temixco.

50 Francisco Martínez Cabezón, fuertemente involucrado en el comercio de bienes orientales y cacao, al parecer, en 1795 pidió prestados 70.000 pesos para financiar el viaje de un navío de su propiedad a los puertos del Pacífico. Hacia 1809, Juan Lorenzo de Antepara enviaba de manera regular un buque de su propiedad para comerciar en el Pacífico (Kicza 1986: 87).

51 Domingo Orué, del comercio de Lima, con Valentín Huerta a cargo de los Cinco Gremios Mayores, sobre pesos. AGN, Cons. 138.

52 Representación de Diego de Agrada, México, julio 12 de 1791. AGN, Cons. 123.

En 1793 Yermo declaró haber remitido a Cádiz y Santander *considerable* porción de azúcar.[53] Por su parte, Nicolas Ycazbalceta, dueño de las haciendas Santa Ana Tenango, Santa Clara Montefalco, San Ignacio Urbieta y San Nicolás Atotonilco, también localizadas en Cuernavaca, en 1794 envió grandes cantidades de azúcar al puerto de Veracruz. El sobrino de Ycazbalceta, Mateo Musitu y Zalvide era miembro del Consulado (Sánchez Santiró 2001: 181, 182).

Las ventas de azúcar en España crecieron de manera singular poco después de 1794, probablemente a raíz de que el azúcar fue exentado del pago de derechos a su extracción del virreinato. El mercader José Nicolás Abad, propietario de las plantaciones de Temilpa y Mapastlán ubicadas en Cuautla, también remitía azúcar al puerto de Veracruz para su extracción, desde antes de 1797 (Sánchez Santiró 2001: 203, 224-226). En este mismo año, el dulce que Gabriel de Yermo producía en su hacienda de Temixco se seguía remitiendo a la Península, según indica el convenio de compra venta que realizó con un vecino de México.[54] Por su parte, Juan Fernando Meoqui, dueño de la hacienda de Casasano, en 1803 afirmó que la hacienda de Cocoyoc podía garantizar un préstamo cuantioso si se mantenía la extracción de azúcar a España.[55]

Conforme fue en aumento la rentabilidad del sector azucarero, los mercaderes de México ampliaron sus inversiones en las fincas de Cuernavaca, Cuautla e Izúcar. Dichos individuos adquirieron nuevos ingenios y tierras para plantar la caña, realizaron obras de irrigación e introdujeron maquinaria europea para la molienda. Gabriel Joaquín de Yermo, luego de haber comprado el trapiche de San Vicente, en 1793,[56] realizó costosas obras de riego en sus haciendas de Temixco y Xalmolonga. Por su parte, Antonio Velasco de la Torre, a quien su padre le adjudicó la hacienda de Cocoyoc en 1801, hizo mejoras en las que invirtió montos muy elevados.[57] En consecuencia, al inicio del siglo XIX unos cuantos mercaderes del Consulado controlaban la pro-

53 Gabriel de Yermo al virrey conde de Revillagigedo, México, 15 de enero de 1793. AGN, DP 1-38.

54 AHN, not. 83, Francisco Xavier Benítez, vol. 528.

55 AGN, Cen. 10.

56 Gabriel de Yermo al virrey conde de Revillagigedo, México, 15 de enero de 1793. AGN, DP 1-38.

57 Velasco de la Torre invirtió cerca de 170.000 pesos por dicho concepto. Antonio Velasco de la Torre pide dinero a censo. AGN, Cen. 10.

ducción y venta de gran parte del dulce que se cultivaba en Cuernavaca, Cuautla e Izúcar (Sánchez Santiró 2001; 2003; Valle Pavón 2009b).

5. Consideraciones finales

Luego de la introducción de las primeras reformas comerciales en las posesiones de las Antillas, los poderosos Consulados de la Carrera de Indias lograron que se pospusiera la apertura del comercio atlántico y se mitigaran las reformas en el Golfo de México. El cuerpo mercantil de la ciudad de México, con el apoyo de importantes autoridades de Nueva España, consiguió que se prohibiera el tráfico entre el presidio del Carmen y Tabasco con Campeche, y se revirtieran algunas de las libertades concedidas a este último puerto. Sin embargo, vimos como dicho Consulado tuvo una actitud muy diferente con respecto a la apertura de los puertos del Pacífico.

El hecho de que Nueva España haya sido el mayor consumidor mundial de cacao en el siglo XVIII se explica por la capacidad de los mercaderes de la ciudad de México para liquidar los bienes externos con plata, el creciente consumo del grano y a la función que desempeñó como medio de cambio. Los miembros del Consulado controlaban la plata que se destinaba a las operaciones al por mayor, así como el cacao, principal instrumento de pago en las transacciones al menudeo que realizaba la mayor parte de la población del virreinato. Así, los mercaderes en cuestión regulaban tanto la oferta de plata, en pasta y en moneda, como la del grano, que era su principal equivalente.

Las prohibiciones impuestas al tráfico por el Pacífico, en el siglo XVII, habían impedido el comercio legal de cacao de Guayaquil por Acapulco. Este tráfico sólo podía realizarse con permisos especiales y a través del contrabando. La habilitación de los puertos del Mar del Sur, decretada en 1774, y la consiguiente reducción de derechos, dieron lugar a que crecieran notablemente las compras del grano. Este hecho constituyó un importante beneficio para el pequeño grupo de mercaderes de México que controlaban las compras del cacao de Guayaquil.

La desregulación del tráfico en los puertos del Pacífico, al tiempo que favoreció a Nueva España, perjudicó a la provincia de Caracas, que se mantenía sujeta al viejo régimen comercial. La abundante entrada del cacao barato de Guayaquil por Acapulco condujo a la reducción de la demanda y el precio del fruto caraqueño. Éste se había mantenido elevado, porque los venezolanos suministraban el grano en Veracruz en el marco de una política restrictiva que les permitía retrasar el abasto para elevar su precio. Con respecto a la restricción impuesta por el monarca a la entrada del cacao de Guayaquil por Acapulco el Consulado se opuso, al igual que los oficiales de las reales de México y Acapulco. Las entradas del grano de Guayaquil se realizaron con libertad, debido a que la real audiencia gobernadora suprimió el límite impuesto por el rey durante la guerra y a que el mismo monarca otorgó permisos para traficar dicho cacao en recompensa al otorgamiento de ciertos servicios.

Poco después de que el régimen de comercio libre se extendió a Nueva España, en 1789 se suprimió la restricción al tráfico del cacao de Guayaquil. Para entonces, los principales tratantes de la almendra tenían asegurado su abastecimiento en gran escala mediante complejas redes de negocios inter-coloniales. Con respecto a la apertura comercial de Nueva España, a diferencia de lo que sucedió en el comercio atlántico, en donde la competencia condujo a los mercaderes de México a reorientar sus inversiones, en el Pacífico se fortalecieron con el tráfico del cacao de Guayaquil. Esta circunstancia explica la razón por la que los principales miembros del Consulado tratantes de cacao de Guayaquil se manifestaran a favor de la apertura comercial en 1791. Unos años después, la alianza de dichos mercaderes con el virrey conde de Revillagigedo les valió que éste brindara su respaldo al tráfico con las posesiones del Pacífico Sur, así como a la elaboración del aguardiente de caña para favorecer a la agroindustria del azúcar.

La relación entre el aumento de la demanda del cacao de Guayaquil y del azúcar, junto con la apertura comercial en el Atlántico, explican el incremento de las inversiones de los mercaderes de México en la elaboración y comercialización de azúcar. En este sentido cabe destacar la incursión de Francisco Ignacio de Yraeta en la producción del dulce, así como los esfuerzos de éste y de Isidro Antonio de Ycaza por contratarlo en las posesiones del Pacífico Sur. Al incursionar en el giro del azúcar, dichos mercaderes mejoraron su control sobre los canales de su distribución y la del cacao, fenómeno que debió haber elevado sus ganancias.

Los mercaderes dedicados a contratar cacao guayaquileño y producir azúcar en las jurisdicciones de Cuernavaca, Cuautla e Izúcar se valieron del Consulado para negociar la aprobación real para destilar aguardiente de caña y reconstruir el camino México-Veracruz por la ruta que convenía a sus intereses. Para obtener ambas licencias resultó crucial el papel de intermediación financiera que desempeñaba el Tribunal Mercantil, ante el requerimiento de caudales para afrontar la guerra contra Inglaterra. En los últimos años de siglo XVIII y los primeros del siglo XIX, una vez que los mercaderes de México alcanzaron sus objetivos, pudieron remitir azúcar a la metrópoli. Asimismo vimos como en esos años se valían de nuevas estrategias para comerciar por su cuenta el cacao de Guayaquil.

Bibliografía

Acosta Rodríguez, Antonio/González Rodríguez, Adolfo/Vila Vilar, Enriqueta (eds.) (2004): *La Casa de la Contratación y la navegación entre España y las Indias*. Sevilla: Universidad de Sevilla/CSIC/Fundación El Monte.

Aguilar Gil, Roisida (1999): "Domingo Ramírez de Arellano: comerciante, naviero y hacendado". En: Mazzeo, Cristina Ana (ed.): *Los comerciantes limeños a fines del siglo XVIII: capacidad y cohesión de una élite, 1750-1825*. Lima: Pontificia Universidad Católica del Perú, pp. 175-187.

Arcila, Eduardo (1975): *Comercio entre México y Venezuela en los siglos XVI y XVII*. México, D.F.: Instituto Mexicano de Comercio Exterior.

Artís, Gloria (1993): "La tierra y sus dueños: Chalco durante el siglo XVIII". En: Tortolero, Alejandro: *Entre lagos y volcanes. Chalco Amecameca, pasado y presente*. México, D.F.: El Colegio Mexiquense, pp. 195-225.

Bertrand, Michel (1999): *Grandeur et misères de l'office. Les officiers de finances de Nouvelle Espagne (XVIIe-XVIIIe siècles)*. Paris: Publications de la Sorbonne.

Borchart de Moreno, Christiana Renate (1984): *Los mercaderes y el capitalismo en México (1759-1778)*. México, D.F.: Fondo de Cultura Económica.

Chávez Orozco, Luis (ed.) (1967): *El contrabando y el comercio exterior en la Nueva España*. México, D.F.: Banco Nacional de Comercio Exterior (Colección de documentos para la historia del comercio exterior de México, n. 4).

Comerciantes (1991): *Comerciantes mexicanos en el siglo XVIII*. Ed. Carmen Yuste López. México, D.F.: Instituto de Investigaciones Históricas/UNAM (Serie historia novohispana, 45).

Cordero González, Verónica (2004): *El movimiento mercantil del puerto de Campeche en la época del comercio libre y neutral, 1770-1814*. Campeche: CONACULTA/Gobierno del Estado de Campeche/Universidad Autónoma de Campeche.

Covarrubias, José Enrique (2000): *La moneda de cobre en México, 1760-1842. Un problema administrativo*. México, D.F.: UNAM, Instituto de Investigaciones Dr. José María Luis Mora.

Documentos para la historia económica de México (1934). México, D.F.: Publicaciones de la Secretaría de la Economía Nacional.

Fisher, John R. (1992): *Relaciones económicas entre España y América hasta la Independencia*. Madrid: Editorial Mapfre (Colección América 92).

Florescano, Enrique/Castillo, Fernando (ed.) (1975): *Controversia sobre la libertad de comercio en Nueva España, 1776-1818*. 2 vols. México, D.F.: Instituto Mexicano de Comercio Exterior.

García Díaz, Tarsicio (1985): "La vinculación de Francisco Ignacio de Yraeta con el mercado europeo e hispanoamericano". En: Torales Pacheco, María Cristina (ed.): *La compañía de comercio de Francisco Ignacio de Yraeta (1767-1797), cinco ensayos*. México, D.F.: Instituto Mexicano de Comercio Exterior, pp. 203-265.

Garza, Gustavo/Sobrino, Jaime (eds.) (2009): *Evolución del sector servicios en ciudades y regiones de México*. México, D.F.: El Colegio de México.

Hausberger, Bernd/Ibarra, Antonio (eds.) (2003): *Comercio y poder en América colonial: los Consulados de comercio siglos* XVIII *y* XIX*. Élites comerciales, instituciones corporativas y gestión del cambio económico colonial*. Madrid: Iberoamericana/Frankfurt am Main: Vervuert/México, D.F.: Instituto Mora.

Hoberman, Louisa Schell (1991): *Mexico's Merchant Elite, 1590-1660. Silver, State and Society*. Durham: Duke University Press.

Ibarra, Antonio/Valle Pavón, Guillermina del (eds.) (2007): *Redes sociales e instituciones comerciales en el imperio español. Siglos* XVII-XIX. México, D.F.: Facultad de Economía/UNAM/Instituto Mora.

Kicza, John (1986): *Empresarios coloniales. Familias y negocios en la ciudad de México durante los Borbones*. México, D.F.: Fondo de Cultura Económica.

Kuethe, Allan (1991): "La desregulación comercial y la reforma imperial en la época de Carlos III: los casos de Nueva España y Cuba". En: *Historia Mexicana*, 41, 2=162, pp. 265-292.

— (1999): "El fin del monopolio: los Borbones y el Consulado andaluz". En: Vila Vilar, Enriqueta/Kuethe, Allan J. (eds.): *Relaciones de poder y comercio colonial: nuevas perspectivas*. Sevilla: Escuela de Estudios Hispano-Americanos/Texas-Tech University, pp. 35-66.

León Borja, Dora/Szászdi, Adam (1964): "Comercio de cacao de Guayaquil". En: *Revista Historia de América*, 57-58, pp. 1-50.

Mazzeo, Cristina Ana (ed.) (1999): *Los comerciantes limeños a fines del siglo* XVIII*: capacidad y cohesión de una élite, 1750-1825*. Lima: Pontificia Universidad Católica del Perú.

Miño Grijalva, Manuel (2009): "El 'Cacao guayaquil' en Nueva España. Siglo XVIII". En: *Mexican Studies/Estudios Mexicanos*, 25, 1, pp. 1-18.

Ortíz de la Tabla, Javier (1978): *Comercio exterior de Veracruz, 1778-1821; crisis de dependencia*. Sevilla: Escuela de Estudios Hispano-Americanos.

Osante, Patricia (1997): *Orígenes del Nuevo Santander (1748-1772)*. México, D.F.: Instituto de Investigaciones Históricas, UNAM/Universidad Autónoma de Tamaulipas.

Parra Grazzina, Ileana (2008): "El negocio cacaotero entre Maracaibo y Veracruz en la coyuntura pre-independentista". Ponencia presentada en el V Congreso Internacional *Los procesos de independencia en la América Española. Crisis, guerra y disolución de la Monarquía Hispánica*. Veracruz, 25-28 de noviembre de 2008.

Real Díaz, José Joaquín (1959): *Las ferias comerciales de Nueva España*. México, D.F.: Instituto Mexicano de Comercio Exterior.

Reglamento ([1778] 1979): *Reglamento y aranceles reales para el comercio libre de España a Indias de 12 de octubre de 1778*. Madrid: En la Imprenta de Pedro Marín. Sevilla: Facultad de Filosofía y Letras de la Universidad de Sevilla/Escuela de Estudios Hispano-Americanos.

Revillagigedo, Conde de (1931-32): *Instrucción reservada que el conde de Revillagigedo dio a su sucesor en el mando marqués de Branciforte sobre el gobierno de este continente en el tiempo que fue su virrey*. México, D.F.: Imprenta de la calle de escalerillas a cargo de Agustín Guiol.

— ([1793] 1975): "El virrey de Nueva España, conde de Revillagigedo, informa en el expediente sobre averiguar si hay decadencia en el comercio de aquellos reinos, y en caso de haberla, hallar las causas de ella y sus remedios y proporcionar los auxilios más a propósito para dar mayor extensión al tráfico mercantil (1793)". En: Florescano, Enrique/Castillo, Fernando (eds.): *Controversia sobre la libertad de comercio en Nueva España, 1776-1818*. Vol. 2. México, D.F.: Instituto Mexicano de Comercio Exterior. pp. 11-58.

Romano, Ruggiero (2004): *Mecanismo y elementos del sistema económico colonial americano. Siglos XVI-XVIII*. México, D.F.: Fondo de Cultura Económica/Fideicomiso Historia de las Américas.

Ruíz Abreu, Carlos (1998): *El comercio en el sureste de México, circuitos comerciales en Tabasco, 1777-1811*. México, D.F.: Facultad de Filosofía y Letras, Tesis de Doctorado en Historia.

Sánchez Santiró, Ernest (2001): *Azúcar y poder. Estructura socioeconómica de las alcaldías mayores de Cuernavaca y Cuautla de Amilpas, 1730-1821*. México, D.F.: Universidad Autónoma del Estado de Morelos/Editorial Praxis.

— (2003): "Comerciantes, mineros y hacendados: la integración de los mercaderes del Consulado de la ciudad de México en la propiedad minera y azucarera de Cuernavaca y Cuautla de Amilpas (1750-1821)". En: Valle Pavón, Guillermina del (ed.): *Mercaderes, comercio y Consulados en Nueva España*. México, D.F.: Instituto de Investigadores Dr. José María Luis Mora, pp. 159-190.

Smith, Robert (1976): "Los Consulados de Nueva España". En: Smith, Robert S./ Ramírez Flores, José (eds.): *Los Consulados de comerciantes de Nueva España*. México, D.F.: Instituto Mexicano de Comercio Exterior (Serie Historia del Comercio Exterior México), pp. 13-38.

Smith, Robert S./Ramírez Flores, José (eds.) (1976): *Los Consulados de comerciantes de Nueva España*. México, D.F.: Instituto Mexicano de Comercio Exterior (Serie Historia del Comercio Exterior México).

Suárez Argüello (2003): "El parecer de la élite de comerciantes del Consulado de la ciudad de México ante la operación del libre comercio (1791-1793)". En: Hausberger, Bernd/Ibarra, Antonio (eds.): *Comercio y poder en América colonial: los Consulados de comercio siglos XVIII y XIX. Élites comerciales, instituciones corporativas y gestión del cambio económico colonial.* Madrid: Iberoamericana/Frankfurt am Main: Vervuert/México, D.F.: Instituto Mora, pp. 103-130.

Tandrón, Humberto (1976): *El comercio de Nueva España y la controversia sobre la libertad de comercio, 1796-1821.* México, D.F.: Instituto Mexicano de Comercio Exterior.

Torales Pacheco, María Cristina (ed.) (1985): *La compañía de comercio de Francisco Ignacio de Yraeta (1767-1797), cinco ensayos.* México, D.F.: Instituto Mexicano de Comercio Exterior.

Tortolero, Alejandro (1993): *Entre lagos y volcanes. Chalco Amecameca, pasado y presente.* México, D.F.: El Colegio Mexiquense.

Valle Pavón, Guillermina del (2003): "Apertura comercial del imperio y reconstitución de facciones en el consulado de México: el conflicto electoral de 1787". En: Valle Pavón, Guillermina del (ed.): *Mercaderes, comercio y Consulados en Nueva España.* México, D.F.: Instituto de Investigadores Dr. José María Luis Mora, pp. 259-290.

— (2004): "El respaldo económico del Consulado de México para la Guerra de Sucesión Dinástica". En: Acosta Rodríguez, Antonio/González Rodríguez, Adolfo/Vila Vilar, Enriqueta (eds.): *La Casa de la Contratación y la navegación entre España y las Indias.* Sevilla: Universidad de Sevilla/CSIC/Fundación El Monte, pp. 941-964.

— (2005): "Los mercaderes de México y la transgresión de los límites al comercio Pacífico en Nueva España, 1550-1620". En: *Revista de Historia Económica*, número extraordinario: *La Economía en tiempos del Quijote*, v. XXIII. Madrid: Centro de Estudios Políticos y Constitucionales, pp. 213-240.

— (2007a): "Los excedentes del ramo alcabalas. Habilitación de la minería y defensa del monopolio de los mercaderes de México en el siglo XVIII". En: *Historia Mexicana*, 56, 2=223, pp. 969-1016.

— (2007b): "Relaciones de negocios, familiares y de paisanaje de Manuel Rodríguez de Pedroso, conde de San Bartolomé de Xala, 1720-1770". En: Ibarra, Antonio/Valle Pavón, Guillermina del (eds.): *Redes sociales e instituciones comerciales en el imperio español. Siglos XVII-XIX.* México, D.F.: Facultad de Economía/UNAM/Instituto Mora, pp. 117-139.

— (2007c): "La articulación del mercado del centro, oriente, sur y sureste de Nueva a través del camino de Orizaba, en las postrimerías del siglo XVIII". En: Oikion, Verónica (ed.): *Historia, Nación y Región.* Vol. II. México, D.F.: El Colegio de Michoacán, pp. 437-460.

— (2009a): "Orígenes de la centralidad comercial de la ciudad de México en el siglo XVI". En: Ita, Lourdes de (ed.): *Organización del Espacio en el México colonial: puertos, ciudades y caminos.* México, D.F.: Universidad Michoacana de San Nicolás de Hidalgo/Instituto de Investigaciones Históricas.

— (2009b): "Servicios fiscales y financieros del Consulado de comerciantes de la ciudad de México en los siglos XVII y XVIII". En: Garza, Gustavo/Sobrino, Jaime (eds.): *Evolución del sector servicios en ciudades y regiones de México*. México, D.F.: El Colegio de México, 95-117.

— (2009c): "Hacendados azucareros de Cuernavaca y Cuautla miembros del Consulado, su papel en la política de Nueva España a fines del siglo XVIII y principios del XIX". En: Sánchez Santiró, Ernest (ed.): *De la crisis del orden colonial al liberalismo (1760-1860). Historia General de Estado de Morelos*. México, D.F.: Congreso del Estado de Morelos.

Valle Pavón, Guillermina del (ed.) (2003): *Mercaderes, comercio y Consulados en Nueva España*. México, D.F.: Instituto de Investigadores Dr. José María Luis Mora.

Vila Vilar, Enriqueta/Kuethe, Allan J. (eds.) (1999): *Relaciones de poder y comercio colonial: nuevas perspectivas*. Sevilla: Escuela de Estudios Hispano-Americanos/ Texas-Tech University.

Clara Elena Suárez Argüello

Impact and Extent of a Mercantile Bankruptcy in New Spain: the *casa de conductas* of Pedro de Vértiz in 1802

1. Introduction

In past writings I have described the terms under which New Spain's transportation was made, based on the analysis of the life and work of a known transport entrepreneur from the second half of the 17th century by the name of Pedro de Vértiz.

Documental material about Vértiz is abundant because of his substantial investments in several businesses, and tells us of a significant number of operations that he handled as well as his relationship with Viceroyal government officials to whom he provided a number of services allowing the establishment of contracts and diverse aids which are related in many documents of the archive. Due to his elite social status, we know more about his personal life through the realization of several notarial contracts including a will and a power of attorney.

Nevertheless, five months after his demise, Pedro de Vértiz's transport business suffered a severe bankruptcy that, at first, paralyzed New Spain's economic activities and triggered terror in the business world because, as was often the case, a large number of merchants and businessmen were affected and involved.

The main activity of the *casa de conductas* was the transportation of silver in coins to the ports of Veracruz and Acapulco for shipping to Spain and the Philippines, and the shipment of diverse merchandise and products, thus the first to be affected were merchants, miners or estate owners who managed significant quantities of money. There was also the "transportation of the King's silver", which Pedro de Vértiz had been doing for many years through the contracts he had signed with the Spanish Crown, but to whom he was careful to pay the last coin before announcing the bankruptcy of the business.

This article will focus exclusively on the *casa de conductas*' bankruptcy, the terms under which it happened, the measures taken by Mexico City's Merchant Consulate to deal with the bankruptcy, as well as the impact and extent it had on the mercantile guild and other affected groups.

2. Mercantile bankruptcies in Hispanic America

Mercantile bankruptcies were frequent in the Hispanic American world of the 16th, 17th and 18th centuries, though they have been scarcely studied by historiography. Even though Antonio-Miguel Bernal gives us a synopsis of the mercantile bankruptcies that occurred in the *carrera de Indias* during this period, his analysis is exclusively based on the archives which refer to bankruptcies in Seville and Cadiz (Bernal/García-Baquero González 1976; Bernal Rodríguez 1992). We also know of bankruptcies suffered by Catalan commerce because of the war with England at the end of the 18th century (Delgado Ribas 1982: 97-169). Some works analyze particular bankruptcies (Lobato Franco 2005: 203-222; Lorenzo Sanz 1977: 23-50). Few studies refer to mercantile bankruptcies happening in America during this period, and we know of none that have been made in this field for New Spain.

The analysis of a commercial bankruptcy is useful for the in-depth study of mercantile practice, as well as for understanding the multiple relationships that are established in the development of businesses and companies. Both economical and social associations are exposed allowing us to see both their intensity and extent.

The resolution of the conflicts that arose during the mercantile bankruptcies concerned only the merchant consulates located in several places of the Spanish Empire. In New Spain specifically, the responsibility for knowing about mercantile matters, among them bankruptcies, fell on the prior and consuls from the Mexico City Merchant Consulate.[1] In order to relieve them of heavy burdens and accelerate the resolution of conflicts, the legislation contemplated the naming of one, two or more members of the consulate, who were instructed in

1 *Recopilación de leyes de los Reinos de Indias*, título 46 de los consulados de Lima y México, Ley xxviij. In: <http://www.congreso.gob.pe/ntley/LeyIndiaP.htm> (2010, Feb. 28).

the particular case, to whom the paperwork and accounts of the businesses were to be handed, and whose obligation was to give the prior and consuls their written opinion.[2]

It was under these terms that the bankruptcy of Pedro de Vértiz's *casa de conductas* occurred. One cannot help noticing the diligence of the consulate to respect this resolution over which he had exclusive jurisdiction. From the first meetings, which tried to establish an agreement between the parties, the members of the consulate wanted to prevent the participation of the judge Ciriaco [González] Carvajal who, commissioned by the Viceroy, intended to give a fair ruling on the conflict.

Before following the course of the bankruptcy, we will describe New Spain's context in 1802 as well as the particular setbacks that Vértiz had suffered in his business during previous years.

3. New Spain in 1802: risks and uncertainties

During the last years of the 18th century, particularly since 1796, the situation of Spain and its colonies had become very difficult. Spain declared war on England during that year which led to a naval blockade preventing transit between Spain and America. Eventually this led to the destruction of the Spanish imperial commercial system (Fisher 1992: 242). Imports and exports from American ports, among them Veracruz, fell drastically, forcing merchants in America to exert pressure to allow neutral commerce. Although authorized by the Spanish Crown, the royal order was soon retracted because of pressure from Spanish consulates and because, in fact, a lot of merchandise arrived in America, not only from North America but from England as well (Fisher 1992: 243). In order to grasp the difficulty of the situation it must be mentioned that in 1799 twenty-two ships left Spain, but only three made it to America. Finally in 1801, in order to solve the problem, the Crown granted special licenses to merchants from several nationalities to supply America from neutral ports (Fisher 1992: 244). In the last months of 1801, peace preparations began, and in March 1802, when the English along with the French and Spanish signed the

2 *Recopilación de leyes de los Reinos de Indias*, título 46 de los consulados de Lima y México, Ley xxxxj. In: <http://www.congreso.gob.pe/ntley/LeyIndiaP.htm> (2010, Feb. 28).

Treaty of Amiens, commerce in the *carrera de Indias* began to recover very slowly, though with great alterations.

During August 1801, Viceroy Marquina from New Spain wrote to Spain's Hacienda: "[...] about the medium adopted by the royal capital of letters to take to this peninsula the royal valuables detained in America because of the war [...]".[3]

This situation surely affected the business of Pedro de Vértiz directly since, being responsible for the transportation of royal freight to the ports of Veracruz and Acapulco, and of a variety of merchandise including silver from private businesses, it saw a decrease in the shipment of coins and in the entrance of products such as mercury, paper, steel, etc. We can infer that with less cargo shipments, he had less income, which would have seriously affected the business. But we think that what accelerated the bankruptcy of the *casa de conductas* more than anything else was the continuation of commercial activities following the signing of the Amiens Treaty, and the appearance of the simultaneous requirements both of the Royal Hacienda as well as private bailees to send their money to the port of Veracruz for later remittance to Spain. Such was the demand for deliveries from the transport house to the port and posterior shipment to Spain that Oteiza, Vértiz's cousin who remained in charge of the business, was overloaded and there was no longer enough money deposited in his store to cover all the expenses.

In addition, in New Spain's internal context in 1802, the yellow fever "reigned with extraordinary violence" from April to October, causing the death of many in the port of Veracruz. As mentioned earlier, during that year mercury was also scarce, so work in the mines was slow. Furthermore, the bankruptcy of the *casa de conductas* not only obstructed commerce for some months, but also damaged clients' confidence.[4]

Other issues that must be described were pointed out by Pedro de Vértiz himself a few years before his death, in February 1802. In this case the phenomena mentioned by Vértiz were related to New Spain. We know that in 1762 the seat of the royal cargoes to the ports of Veracruz and Acapulco and a hundred leagues around was auctioned and

---

3 Letter, México, August 1801, AGI, Estado 29, n. 33.

4 Balanza del comercio de Veracruz correspondiente a 1802, AGI, Méx. 2996.

won by Pedro de Vértiz.[5] The contract, which was meant to last five years, was renewed for lack of another contender, and because the Viceroys pleaded with him to continue, thus, in 1802 he was still entrepreneur to the Crown.

On several occasions Vértiz expressed his reluctance to continue with the contract, because it meant huge economic losses. In 1781 he wrote to Viceroy Mayorga about the contingent situation that New Spain was experiencing due to the war between the United States and England and the Spanish intervention, in addition to the droughts and epidemics being suffered in the territory.[6] Before that, both the Viceroy Marquis de Croix and the Viceroy Bucareli had requested him to remain in charge of shipping the royal cargo. Consequently, Vértiz did not retire believing it to be inappropriate for him to discontinue his duties to the King. In 1791 he again manifested his nonconformity that the conditions of his contract were not respected, given that he was not assigned the volume of better paid shipments that would compensate the losses incurred from the silver shipments, for which he was paid very little. The situation of Vértiz's business became unbearable, and in 1796 he wrote again, this time to Viceroy Marquis of Branciforte; in his statements he alluded to, among other causes, the great death toll of mules he had suffered: of the twenty something he started with, only eight remained at that time.[7] The extreme droughts that New Spain had suffered meant less pasture and no water in the drinking troughs and along with that, the death of many pack mules on the roads because they were unable to withstand the traveling conditions. Also, because of the excessive demand for these beasts, their price had risen too much. This meant Vértiz did not make any profit by transporting the royal shipments of freight at the low fixed prices established in his contract. The cost of living had gone sky high and the upkeep of the muleteers, as well as the animals themselves, had been rising. Cargo animals were impounded constantly because of the wars Spain was involved in during that time, to be used as a means of transportation for the troops and their luggage, as well as for sending the necessary provisions for them and the crews of the ships that were

5 AGI, Méx. 1575, f. 1v.
6 AGI, Méx. 1575, f. 2.
7 AGI, Méx. 1575, ff. 3-4.

on war alert. Vértiz asked to be completely exempted from the transportation of royal shipments, mentioning that he had been a carrier of these for more than thirty years, shipping one hundred and ninety-four million pesos in coins, which resulted in a considerable saving for New Spain's Royal Hacienda.[8] He also mentioned that, because of the mule driving system used in New Spain, it was necessary to re-equip the muleteers giving them money in advance so they could fulfill their contract completely; this implied severe monetary losses, as some of these muleteers died, did not pay or their businesses went bankrupt, so they owed significant amounts of money.[9]

Authorities were aware of this issue, and in the report prepared by the accountant Lasso, Treasurer-General of the Army and Royal Hacienda in New Spain, he pointed out:[10]

> Neither justice nor equity suffer that a subject of such a relevant merit as Vértiz be a victim with all his family of an honorable service, nor the King nor Your Excellency can allow it when for so many reasons his house is worthy of awards; and in such a conflict we judge it should be premeditated the best way to avoid the risks he fears. There is a lot in giving an opinion which sounds costly to the treasury, he being in the ability for the royal shipments to be shipped at a low price; but after all, it is essential and at the end it shall be taken or after the ruin of the casa de Vértiz or before as it is fairer. This is why we believe that while the seat is proclaimed and auctioned, it is convenient that Pedro de Vértiz continues in the loyalty [...].

This description not only illustrates the abuse of New Spain's authorities in order to favor the interests of the metropolis (although there is clear awareness of the contingent situations that had been experienced in New Spain), but also shows that despite that fact and the grave threat of bankruptcy that hung over Pedro de Vértiz's business, the priority was to save the Crown's money at the expense of others and avoid any expenditure.

In other essays related to the *casa de conductas* of Pedro de Vértiz, we have mentioned the role played by his relative, Juan José de Oteiza y Vértiz, and the way he took care of the business at the end of Pedro de Vértiz's life (Suárez Argüello 2004; 2007). The reader must

8 AGI, Méx. 1575, f. 8.

9 AGI, Méx. 1575, f. 8v

10 AGI, Méx. 1575, ff. 20-20v.

then draw his own conclusions as to who and what were the causes that took the business to bankruptcy.

4. The bankruptcy terms and the consulate's intervention

Pedro de Vértiz died on February 22, 1802, and Oteiza declared the bankruptcy of the *casa de conductas* on July 14 of that same year. We must take into account that this business worked both for the Spanish Crown and for private clients. Nevertheless, the King's interests were protected, because Oteiza, before declaring bankruptcy, was shrewd enough to settle all business with the royal treasury. He even asked for a loan of twenty-five thousand pesos from Don Joaquín Aldana, so he could settle any pending matters. Oteiza considered that if the Crown was involved in the bankruptcy, the lawsuit would have gone to other tribunals and the private creditors would lose priority.[11]

With Oteiza's declaration that the *casa de conductas* was in bankruptcy, the Consulate's Tribunal designated three trustees: the merchant lawyers Alva, Guardamino and Durana, who were charged with going to the business to recover all the paperwork and accounts, of which both Oteiza and the people who depended on him had denied the existence. Knowing that, the Consulate's Tribunal sent six notaries to take declarations from several employees, one of whom attested to the existence of books and paperwork.

On August 21st, the Tribunal summoned all the affected parties who denounced Oteiza and his dependents for the denial of the documents. Two executive ministers, two commerce representatives and two scribes went to the warehouse and collected twenty-six books and seized the correspondence.

The meeting, attended by more than eighty affected people, plus the Tribunal members, was heated, and only calmed down when the judges imposed their authority and asked Oteiza to leave. The trustee Alva mentioned that the books should be revised with the utmost care, so they could determine if the bankruptcy had been declared in good or bad faith, and requested an inventory of all of Vértiz's and Oteiza's assets. He suggested appointing a group of individuals that would examine the documents and draw up the inventories, assisted by two

11 AGN, Cons. 207, exp. 3, ff. 60v, 97v.

trustworthy notaries. Alva mentioned that the people who were affected were not only from Mexico City, but from all over the realm, some even from Europe, so it was indispensable for the Tribunal to be scrupulous, because this a was a bankruptcy of the greatest consideration and would surely cause many lawsuits and much confusion. In the meantime, the affected people were asked not to submit claims until the situation was clear, and a public decree was circulated both in the realm and in Europe. It was also decided to inform the King so he could make the necessary provisions to prevent the lawsuits that would arise because of the bankruptcy. Alva was elected as receiver of the economic board, and all the people who were affected were summoned to a new meeting on August 23, 1802.[12] The meeting was postponed at the Viceroy's request until the 26th so he could attend personally. At that meeting all the affected parties received an official letter informing them that the Viceroy would be unable to attend and that the judge Don Ciriaco Carvajal would represent him.

At that, the most recent consul, Chavarri, informed the Viceroy that the Tribunal could not and should not be presided over by a minister from the Royal Audience, because its natural judge and president was the Consulate's Prior. But Judge Carvajal was present nevertheless, and all the members of the Tribunal left. Even so, the meeting went ahead because a good number of the creditors were present including Antonio de Bassoco, a renowned merchant, and the Superintendent of the Royal Mint.

Oteiza was asked a number of questions about the unpaid sum, the funds he had access to, the value of his estates and the interests with which they were taxed. Oteiza answered with a negative to all these questions. Nevertheless, when he was asked since when the *casa* had gone into decline, he answered:

> The only thing that can be said is that when Vértiz died the *casa* had a lot of money; that when peace came, he started to give the creditors what they asked for, and that he found a void without sense, which made it impossible for him to keep order in the shipments under the terms he had before: and so he dealt with the first ones and the ones that followed, until it was impossible to cover the sums he had to remit.[13]

12 AGN, Cons. 287, exp. 4, n.d.

13 AGN, Cons. 287, exp. 4, n.d.

The participants at the meeting then requested him to submit the accounts in good order without delay, with the help of the trustee Pascual de Alva, so they could understand what they were talking about, but Oteiza excused himself saying he had no head for that, and that it would take him several months. The merchant Yturbe e Yraeta intervened pointing out that no excuse was valid and that if necessary, he must work day and night until the real state of the bankruptcy was known, at which the participants murmured approval for a good while.

The sons of Vértiz, brothers-in-law of Oteiza, also attended, and asked that the meeting bear in mind the inheritance due to them from their late mother, mentioning that the amount in question (the *hijuelas*[14]) was more than 300,000 pesos, and should not be affected by the proceedings.

In the end, it was agreed that the examination of the accounts should continue, and that the Consulate should protest the intervention of the Viceroy or his representative before the King in the knowledge of these matters, which did not come under their authority.[15]

A new meeting was summoned for August 31, at which the judge Ciriaco Carvajal was present again. The trustee Alva showed the attendees a statement he had obtained, based on the books and documents which had been given to him, mentioning that the default reached 900,000 pesos. Oteiza himself presented a statement of the situation, in which he said that the total owed by title deeds, deposits in trust and bills of shipment reached 2,248,950 pesos, that the total value of the properties and dependencies was of 1,890,035 pesos, so the default ascended to 358,314 pesos.[16] This entire situation sparked a huge argument and several alternative solutions were proposed. Yturbe suggested the impounding of all of Oteiza's assets, which were to be handed over to several individuals so they could be managed or sold to recover part of the debt. Alva said that they should not count on Oteiza's assets because all of the properties were taxed on more than their value, and that the best alternative was to let the *casa de conductas* continue its main business activity, to see if the debt could be settled that way. Because the family of Vértiz and Oteiza had inter-

14 *Hijuelas* are the goods that belong to each of the recipients from a division of an inheritance.

15 AGN, Cons. 287, exp. 4, n.d.

16 Lucas Alamán Papers, CEHM-CARSO, CCLXXXVII, C Folder, file 140.

ests and friendships in Durango, a list of the people from there was presented, and they offered to pay the debt of the business as long as they were given enough mercury to be able to work and make the payment, since there was no mercury in New Spain due to the war.

Rafael de Vértiz, oldest son of Pedro de Vértiz and rector of the University, was also present and said that if the *casa de conductas* continued, he would convince his brothers to mortgage their properties and cover the debts of the business. In so doing, plus some other guarantors that Oteiza would find, the acquired debt could be secured, and the *casa de conductas* could continue to offer its services, thus it was expected that the bankruptcy could be repaid over time. Judge Carvajal for his part, proposed to extend the time frame and accept the offer from the people of Durango to act as guarantors, promising that both the Viceroy and Oteiza would find them enough mercury to extract silver from their mines. The Veracruz Consulate and the huge group of affected members, proposed that in agreement with the laws, the bills of lading issued by the *casa de conductas* should go back to their origin, so they could finally be paid. The meeting ended without any firm resolution, and amidst anger from the creditors they agreed to meet again the following week.[17]

On September 6 the fourth meeting took place, presided over again by Judge Carvajal. Oteiza once more presented a statement of what the businesses owned and the debts they had, and asked that he be given three years, in which time he would pay 60%, thereby protecting the interests of Vértiz's children. But, despite the claims made by them in the previous meeting about their mother's inheritance, it appears that they had already received larger amounts than what was due to them. The board of creditors then addressed the judge thanking him for his good service, but at the same time asking him to step down and allow the Consulate's Tribunal to act. Despite Carvajal's pleas to take matters calmly, he was not allowed to stay; he withdrew to inform the Viceroy, and the members of the Tribunal immediately assumed activities.

The trustee Alva spoke first retracting what was said in the previous meeting about the *casa de conductas* continuing business as usual, and pointing out that by what was observed up until then, Oteiza had

17 AGN, Cons. 287, exp. 4, n.d.

shown himself to be of reprehensible bad faith. He accused him of having recently received eight hundred thousand pesos, which he found entered in the bills of lading books, but that the money was not in Veracruz or elsewhere, and Oteiza would not mention its whereabouts. He was of the opinion that Oteiza should be imprisoned until he confessed where the money was, and agreed with the creditors on the impoundment of all his assets, commissioning several people as members of the economic board of the bankruptcy, to be responsible for the requisitions as well as taking care that all businesses and properties of Vértiz and Oteiza continued to work normally, and that any profits would be taken as settlement until the properties were sold and creditors could be paid with the proceeds. The money was to be handled by Don Antonio de Bassoco, at that time the consulate's treasurer.

The tribunal detained Oteiza for interrogation, which he refused without the presence of his lawyer, whereupon he was sent to the royal court prison. He was denied any kind of communication because of "the evident concealment, dilapidation and bad faith he showed".[18]

5. Acting of the economic board and handling of the bankruptcy

The members of the economic board of the bankruptcy were Pascual de Alva, who at first had been named trustee, Gabriel de Yturbe e Yraeta, Don Roque Valiente, Don Tomás Ramón de Ybarrola, Don Mateo de Palacio and Don Manuel Antonio de Basail, all merchants.

The first agreement was to confiscate all assets from the house of Vértiz, and for members of the board to go to the estates to report on what each produced, which should remain in operation and which should be sold.

They also decided to publish a notice for anyone who knew about other properties or monies to come forward, and offered 10% to anyone who would mention which persons had taken coins from the *casa de conductas* in the days before the bankruptcy. Finally, the debtors of Vértiz and Oteiza were warned to declare the monies they owed in two months at the most. Failure to comply would result in them pay-

18 Lucas Alamán Papers, CEHM-CARSO, CCLXXXVII, C Folder, file 140.

ing twice as much; the creditors were also expected to appear or name a representative within the same period.[19]

Posters and signs were distributed announcing the bankruptcy. It was even published in the Mexico Gazette, where the 10% reward for information on Oteiza's alleged hiding of the money was offered.

Some time afterwards, Don Antonio Del Cristo was named as representative to oversee the many interests in Veracruz along with the intervention of the newly-created consulate. Cristo, also a merchant, had been affected by the bankruptcy, and his nomination was rejected by the king and Don Francisco Maniau y Torquemada was elected instead.

In defense of Oteiza, Manuel Felipe de Fagoaga y Vértiz, his brother-in-law as well as representative, executor, etc., argued against the way the economic board had acted through the years, causing severe damage to his defendant. For example, at the Belén Mill, located in the Valley of Mexico, which belonged to Juan José de Oteiza, severe violations were suffered, even though it was held "in the highest regard" before it was seized. Fagoaga also mentioned the offenses that Oteiza had suffered, which were completely inadmissible because he was of noble birth and because he was not guilty.

He argued that the members of the economic board had hired a crowd of dependents and unexperienced administrators to handle the matter, with extremely high salaries who were to be paid from the bankruptcy estate itself; they had made hasty sales, auctions without the participation of the consuls, which was considered an illegal procedure. The most significant thing was that the economic board was comprised of two judges who were brothers-in-law of the main creditors, so no one could speak of their impartiality, because according to his representative cousin: "parentage binds them to blood sympathies".[20]

Fagoaga appealed to the Consulate's Tribunal on several occasions, mentioning Oteiza's innocence and complaining about the severe humiliations his cousin had suffered and that the members of the economic board wanted "to expand and perpetuate their cause forever and ever". The members of the board had a thousand excuses not to

19 Lucas Alamán Papers, CEHM-CARSO, CCLXXXVII, C Folder, file 140.
20 AGN, Cons. 207, exp. 3, f. 88v.

free Oteiza, despite the appeal for his release and the stroke he suffered while in prison. Fagoaga also went to the Alzadas court, and its members where the judge Don Manuel de la Bodega and his assistants Don Vicente Francisco Vidal and Don Gabriel de Yermo ordered and sent the respective bail to liberate Don Juan José de Oteiza. The members of the economic board on behalf of the claimants, objected to this order,[21] because they considered that until the lawsuits committments and arrangements were settled with the creditors, that is, until there was no matter outstanding, Oteiza must not be freed.[22]

At the beginning of 1804, the members of the economic board agreed that a proclamation be released for the auction of some properties such as the store and a *tendajón*[23] in the city of Durango with their respective attached dependencies, as well as several estates that Vértiz had in that jurisdiction.[24] During the last months of 1805, Francisco Chavarri and Sebastián de Heras Soto, ex consuls of the Consulate, and judges of the bankruptcy, announced in the Diario de México[25] that creditors who had not collected the fourth part corresponding to the debt that they should do so, in order for members of the economic board to pay them as the rest of the properties were auctioned. They thought that in this way they would avoid the bankruptcies which menaced several of the creditors, as well as paying the corresponding interests.[26]

In the midst of all this, and due to his stroke, Oteiza died, and the consolidation of the Royal Vouchers began in New Spain, where the assets of Vértiz and Oteiza were affected. The economic board was, therefore, forbidden to dispose of the valuables of the proceedings until they received approval from a higher authority. In addition, the members of the board thought it pernicious to agree to the arrangement which allowed the consolidation (that is, payment in installments), and preferred to pay everything in one payment to avoid greater problems for the debtors and the accounting becoming more complicated. In May 1807, the members of the economic board

21 AGN, Cons. 207, exp. 3, ff. 98-109.
22 AGN, Cons. 207, exp. 3, 140 ff.
23 *Tendajón* is a small store with a small capital and therefore few goods.
24 *Gaceta de México*, February 18 1804, 12, 5, p. 44.
25 *Diario de México*, November 23 1805, 1, 54, p. 228.
26 AGN, Cons. 287, exp. 26, 72 ff.

handed over 94,946 pesos 6 reales in cash to the consolidation branch for assets in the jurisdiction of Mexico City and which included thirty-nine receipts for chaplaincies, bail money, etc. given by Vértiz and Oteiza; and 25,686 pesos corresponding to the Durango properties. They asked the Viceroy to lift the ban on the disposal of the valuables.[27]

In the same year of 1807, at the King's request, the proceedings were also charged with the part corresponding to the difference in shipping when the contract was not finished because of the bankruptcy, returning 810 pesos 4 reales in cash to the Royal Estate.[28]

At the beginning of 1811, after the independence movement began, and at the request of the consulate, the members of the economic board submitted a statement of the bankruptcy proceedings of Don Pedro de Vértiz and Don Juan José de Oteiza, resulting in a voluminous and confusing file.

If to today's reader the document "Statement of the bankruptcy proceedings of Don Pedro de Vértiz and Don Juan José de Oteiza, composed of the pieces numbered 1 to 26 formed by the economic board"[29] is difficult to understand and very obscure, a contemporary of the time, the Marquis of Santa Cruz de Inguanzo, when asked to give his opinion on the situation of the bankruptcy proceedings of Vértix and Oteiza, stated that:[30]

> certainly such commission or charge would be quickly vacated by simply ratifying or proving that entries that he considered composed the charge and the data, and more so by examining one or other document; but I cannot express to Your Lordship my amazement on noticing that the more I learned from the accounts book, and the plan presented with the cited books, you can say that almost in every entry that comprises it, I found an incumbrance; and in an attempt to avoid them I requested several books and notebooks from the office of this royal tribunal and some others from the actual trustee, Don Manuel Basail, but could make no progress, except the disappointment that it is impossible or extremely difficult to form a judgment over such accounting [...].

27 AGN, Tierras. 3617, exp. 1, ff. 40-58.

28 AGN, RCO 198, exp. 159, ff. 233-236.

29 AGN, Tierras. 3617, exp. 1, ff. 16-80. See my previous article (Suárez Argüello 2007) for what Stanley Stein says about it. I have been unable to understand the terms in which this accounting was done, but I have to recognize that despite that, these documents have contributed valuable elements to the study.

30 AGN, Tierras. 3617, exp. 1, fs. 92 y ss.

Not only that, at the end of 1812, when the Marquis of Santa Cruz de Inguanzo gave his report to the consulate's tribunal, he pointed out that although the economic board had been comprised of seven individuals, at that time only four remained because the lawyer, Don Pascual de Alva, had ceased to continue on the board, and his later death, along with that of Don Matías Gutiérrez de Lanzas, and in July 1811, the death of Colonel Gabriel de Yturbe e Yraeta, prevented the board from operating because it did not reach a quorum. Even so, the Marquis of Santa Cruz de Inguanzo felt it appropriate for a model to be used for the preparation of the bankruptcy statement, and that it was necessary to ask Basail, who as secretary had delivered the accounts, to redo them on that basis, giving him a month at the most to complete the task.[31] He also criticized the burdensome expenses incurred by the economic board on hiring a numerous staff composed of a commissioner, secretary, lawyer, dependents, bailee and business agent, as well as a place to work, the sum of which ascended to 14,000 pesos a year, and he recommended trying to recuperate the premises which could be recovered in order to make another payment to the "unhappy creditors". Of course, even though Basail had the help of a new commissioner paid by the proceedings to do the unfinished accounting, and which was said to be more than 600,000 pesos, it seems it was never actually delivered.[32]

Even in 1814 the consulate afforded himself the luxury of borrowing almost 6,000 pesos from the proceedings towards the country's peace efforts promising to repay the amount shortly. In 1815 the creditors were summoned once again to be informed of the business and debt collection situations. The meeting was attended by 46 affected people.[33]

In truth, the conflict dragged on for many years, even when the consulate, as a merchants' institution, had been suppressed.

More news was reported in 1829, when before a public notary, the commercial company of Agüero and González was in possession of a title deed for $130,000 from an assignment in 1813 by the graduate commissioners José Monter and Antonio Batres, who at that time

31 AGN, Tierras. 3617, exp. 1, ff. 109-110.
32 AGN, Tierras. 3617, exp. 1, ff. 92-93 y ss.
33 AGN, Tierras. 3617, exp. 1, ff. 109-114.

were accounting minister and treasurer of the army and internal revenue and named members of the minor board and trustees of the Vértiz y Oteiza proceedings. The transfer of said deed meant that the amount mentioned and the overdue and future income were to be paid to these gentlemen. Thus, Agüero González and Co. in 1829 decided to pay $82,150 pesos to Mr. Eduardo F. Wilson, keeping the sum of $47,850 pesos for themselves.[34]

Certainly the people who were involved in the bankruptcy of the *casa de conductas* recovered the bare minimum of what they had originally deposited.

6. The network of Pedro de Vértiz and Juan José de Oteiza; its graphic representation

In order to draw the network of Pedro de Vértiz I have filled in a chart with all the information arising from the bankruptcy, which allows us to observe a dense net of several hundred individuals who were affected by it. Of course, many more people were involved, although their connection was not direct, but through an intermediary.

An analysis of the chart allows us to observe the diverse links established by these two individuals of Navarre origin, who lived in New Spain during the second half of the 18th century, and who were outstanding both socially and economically, having a vast capital consisting of diverse properties, liquid assets, and businesses in the transport and flour industries, all of which ensured an effective economic income, and countless associations.

A first analysis shows us that to accomplish this spectacular economic and social rise, family and societal ties were fundamental. Without them, reaching this status would have been far more difficult and probably less remarkable. The immigrants found themselves an economic and social niche on arrival in their new country which immediately put them on track to attaining their goals.

From the same or neighboring towns, they arrived in New Spain to live with an uncle or a cousin who had already settled with his family, thus avoiding much of the cultural upheaval of immigration. Eventually they would marry a cousin or niece, thereby completely integrat-

34 AGNCM, FA, notario n. 715, Ramón Villalobos, 4823, ff. 66-68v.

ing into the family. They became the right hand of their father-in-law, and although they began working at the lowest level, they soon got to know the business. Over time, they took over one business after another and began some of their own enterprises, increasing the family fortune. As time went by, the sons-in-law took charge of all the businesses, inheriting and managing them in the name of their wives. They formed families of their own, planning the entire lives of their children by placing them strategically in diverse social positions such as the clergy, or arranging suitable marriages in order to continue the line established in the 16th century, much of which continues today. Thus, Pedro de Vértiz arrived at his uncle's house, who was also in the shipping business, among others, and a property owner, and married his oldest daughter. The pattern repeated itself with Juan José de Oteiza y Vértiz, first cousin to Pedro de Vértiz, who also married his uncle's oldest daughter; they lived in the same family house and were the indispensable support of Pedro de Vértiz throughout his lifetime.

Societal ties were fundamental in setting up a business because they ensured honesty and trust. Oteiza, therefore, began work in the shop established by Pedro de Vértiz in Durango, as did several of their countrymen.

The nuclear families of Vértiz and Oteiza played a fundamental role, and both were profoundly affected by the bankruptcy. The late Vértiz had had ten children, only eight of whom survived, one being rector of the university. Oteiza, married to Vértiz's eldest daughter, had three children, who were still young when he died. The problem began with the inheritance which belonged to Vértiz's children from their mother's side, and from which they were largely dispossessed, because several of them had already been given a greater proportion. On the other hand, furniture and jewels from their father's house were auctioned, in an excessive attempt by the economic board to liquidate all assets and belongings.

There is no doubt that both Vértiz and Oteiza generated documentation for the diverse merchant operations they carried out; nevertheless, the bankruptcy produced an immense quantity of files which have served as a window through which we can observe the extensive and multiple relationships both of them had throughout their productive lifetime. These papers even allow us to classify the kind of relationships they had and which were more intense.

In conclusion, we can illustrate the kind of relationship established through this analysis. One was somewhat impersonal, although there is no doubt that trust must have prevailed, since these were individuals who deposited money for transporting to Veracruz or Acapulco and later shipping to Spain or the Philippines, with no more than a piece of paper called a "bill of lading". Nevertheless, their number reached almost 400 in the months before the bankruptcy: as Fagoaga, Oteiza's brother-in-law defender, pointed out, the *casa de conductas* transferred around twenty million pesos a year.[35] These clients came not only from Mexico City, but also from the rest of New Spain, such as Nueva Galicia and Nueva Vizcaya. They were mainly merchants or miners who sent deposits to Spain, both to family or to refurbish tools or raw materials.

Another kind of relationship arose from the money deposits made in the house of Vértiz. We may not know how much money was deposited, for which an interest was surely paid, nor how many people were involved, but they must have had absolute trust in the business to leave the fruits of all their efforts and their future security in its hands.

In both kinds of relationships trust came more from the interested party, while in other kinds of relationships which also appear in our chart, such as those of dependents or subordinate employees, trust must have existed both ways, because the fact that properties and interests were taken care of must have been fundamental. In these cases, another kind of association could appear, such as affection, as in the case of countrymen or family, which implied a mutually intense relationship. Such is the case of the Durango group, which owed Oteiza a significant amount. The group offered to pay immediately to get him out of trouble, but they defaulted nevertheless, even though the Viceroy had obtained the mercury for them to be able to continue with their mining operations. In the case of business owners such as Mayora, a baker, or Urroz, a farmer in charge of one of the Temascaltepec estates, both took advantage of the circumstances, declaring against Oteiza and trying to keep the business or part of it. Thus we can observe that the social network is a process integrated by different kinds of relationships and not only undergoes constant change, but also illustrates only certain moments of reality.

35 AGN, Cons. 297, exp. 3, f. 87v.

Finally, it can be said that an event like bankruptcy has a significant social impact, which causes the network to be modified, new interests to appear and new social groups to be created.

Translated from Spanish to English by Ana Perusquía

Bibliography

Bernal Rodríguez, Antonio Miguel (1992): *La financiación de la Carrera de Indias (1492-1824): dinero y crédito en el comercio colonial con América*. Sevilla: Fundación El Monte.

Bernal Rodríguez, Antonio Miguel/García-Baquero González, Antonio (1976): *Tres siglos de comercio sevillano (1598-1868). Cuestiones y problemas*. Sevilla: Cámara Oficial de Comercio, Industria y Navegación de Sevilla.

Delgado Ribas, José María (1982): "El impacto de las crisis coloniales en la economía catalana (1787-1807)". En: Fontana, Joseph (ed.): *La economía española al final del Antiguo Régimen*. Vol. 3: *Comercio y Colonias*. Madrid: Alianza Editorial/Banco de España, pp. 97-169.

Fisher, John R. (1992): *Relaciones económicas entre España y América hasta la Independencia*. Madrid: Editorial Mapfre.

Fontana, Joseph (ed.) (1982): *La economía española al final del Antiguo Régimen*. Vol. 3: *Comercio y Colonias*. Madrid: Alianza Editorial/Banco de España.

Lobato Franco, Isabel (2005): "El negocio de Indias y la quiebra mercantil en el siglo XVII. La quiebra de Juan Ochoa de Iurretauría, comprador de oro y plata". En: Martínez Shaw, Carlos/Oliva Melgar, José María (eds.): *El sistema atlántico español (siglos XVII-XIX)*. Madrid: Marcial Pons, pp. 203-222.

Lorenzo Sanz, Eufemio (1977): "Esplendor y quiebra de la sociedad mercantil más poderosa del comercio indiano de mediados del s. XVI". En: *Revista de Indias*, 37, 147-148, pp. 23-50.

Martínez Shaw, Carlos/Oliva Melgar, José María (eds.) (2005): *El sistema atlántico español (siglos XVII-XIX)*. Madrid: Marcial Pons.

Recopilación de Leyes de los Reinos de Indias, Título 46 de los consulados de Lima y México, Ley xxviij, <http://www.congreso.gob.pe/ntley/LeyIndiaP.htm> (2010, Feb. 28).

Stein, Stanley (2001): "Francisco Ygnacio de Yraeta y Azcárate". En: *Historia Mexicana*, 50, 3= 199, pp. 459-512.

Suárez Argüello, Clara Elena (2004): "Las redes familiares y sociales de un transportista novohispano: Pedro de Vértiz, 1760-1802". En: *Ponencia presentada en el Seminario "Redes sociales e instituciones comerciales en México, siglos XVII-XIX", II Congreso de Historia Económica*. México, D.F.

— (2007): "La quiebra de una casa de conductas novohispana en los inicios del siglo XIX: sus causas". En: *Historia Mexicana*, 56, 3=223, pp. 817-862.

Eric Van Young

Social Networks: A Final Comment

Very often scholarly anthologies, whether the essays have been commissioned to address a common theme or have originated as papers at a scholarly conference, are uneven in quality.[1] Some may stray far from the theme while others focus on a very narrow aspect of it, in the first case diluting it too much, in the second ignoring the broader aspects. Or one essay may build a theoretical argument resting on thin evidence, while another deploys a large collection of empirical data with little conceptual framework or interpretive comment. The chapters may not cohere as a group, leaving the impression of intellectual dispersion, or they may cohere too much, coming together in a lump in which lines of inquiry blur and original findings are lost in a jumble of repetition and overlap. None of this is the case with the present volume; there are no weak essays, and the interested reader can learn much from them all about commerce and the social networks that sustained it in the early modern Iberian Atlantic world. Apart from their sustained high quality and the depth of the research upon which they rest, the chapters cover three centuries (although with the exception of the essay by Cachero Vinuesa they emphasize the seventeenth and eighteenth centuries) and embrace an enormous geographic area including Spain, Europe more broadly, the Atlantic Basin, Central America, Brazil, Cuba, and Mexico. Furthermore, a number of different methodologies are represented, ranging from general treatments of large areas to case studies of firms, families, and individuals. It has been a privilege to read these essays closely, and even an apostate from economic history such as I can learn much from them.

---

1 This essay is based in part upon an unpublished commentary prepared for the economic history conference at Helsinki in 2006 at which several of the essays included here were originally delivered; and upon remarks prepared for a presentation of the book *Redes sociales e instituciones comerciales en el imperio español, siglos XVII a XIX* coordinated by Antonio Ibarra and Guillermina del Valle Pavón (2007), at the Instituto de Investigaciones Dr. José María Luis Mora in Mexico City, September 26, 2008.

As a group of essays, moreover, the book's tone is very coherent, so that the chapters illuminate each other mutually in fruitful ways, mainly due to two frameworks employed by the authors. First, the chapters certainly all deal with the Iberian Atlantic during the period in which the Atlantic world acquired its economic, geopolitical, and even to some degree its cultural identity. This was due chiefly to the imperial projects of Spain, Portugal, and Britain (and to a lesser degree of France and the Netherlands), the exchange of New World commodities for Old World products within a colonial and mercantilist framework, and the transatlantic trade in African slaves to produce those same commodities.[2] A second theme that binds the essays together is the reliance of most of them on the concept of the "social network" as a basis for commercial exchanges over long distances, and in unreliable markets and informational environments. The credit relationships that sustained these trading patterns were often stretched quite thin, found themselves subject to the accidents of international trade in a pre-modern technological setting, and were highly vulnerable to predation from pirates, interloping colonial competitors, or even the governments of the colonial metropolis. Social networks based on business interests, and arising from and/or reinforced by elective affinities based upon common geographical origins, religious confession, linguistic community, kinship, and other factors functioned to soften these problems and reduce risks. In the first part of my commentary I offer some observations on several of the individual essays, chiefly with reference to the concept and historical reality of the social network in the context of the early modern world, between about 1500 and 1850 or so. Although valuable contributions in economic history in their own terms, two of the essays in the collection – those of Lenk and Böttcher – have little to say about networks as such, and are therefore not discussed in this essay. Others of the authors – Crespo Solana, Álvarez, Freire Costa and Rocha, del Valle

2 "Atlantic studies" and "Atlantic history" have become quite fashionable among historical disciplines in the United States in recent years, with university courses, conferences, publications, and even academic research/teaching positions devoted to them in a number of institutions. My own view is that this large conception of an Atlantic Basin history holds up reasonably well for the period up to about 1850 or so, but begins to break down with the abolition of the African slave trade and the abolition of slavery in the tropical lowland areas of the Western Hemisphere.

Pavón, and Suárez Argüello – have made equally interesting contributions, but do discuss (especially merchant) social networks in an empirical context, and so come in for some discussion here. The two essays that address themselves explicitly to the more theoretical or conceptual aspects of social networks are those of Cachero Vinuesa and Hausberger. The first I discuss in the next section, while the second comes in for some comment along with the other chapters, but also serves as a sort of springboard for my musings on social networks in the final section of the essay. Insofar as the individual chapters are concerned, I will not attempt to synthesize their findings, nor to offer an extended critique of their methods, but simply offer some observations to extend the essays' meaning a bit. When I pass on to a more general discussion of social networks in the latter part of the commentary, I will not presume to characterize my remarks as theoretical, if only because as a historian I am not particularly theoretical in my own approach to the writing of history. Nor are my points especially original, and still less do I claim to offer a model that can embrace all the processes implied by the concept of the network. But unless I am mistaken in my reading of these fine essays, I have detected a certain absence, with the two exceptions of the contributions by Cachero Vinuesa and volume co-editor Hausberger, of this sort of conceptual discussion, and a tendency to take as a given the idea of social networks; it is that absence I wish to fill in some degree.

1. The Essays

Montserrat Cachero Vinuesa's essay, as I noted above, is one of the few chapters in the book that deals in an explicitly theoretical way with the concept of "social networks", and in fact begins with a very robust theoretical discussion taking up several pages. So it will perhaps be useful to highlight some of the more general points in her paper as a basis for some of what follows in the rest of the book. She writes that networks are "un elemento imprescindible para el análisis de la actividad económica en cualquier época y lugar", an assertion with which all the authors in this volume (and those in other recent works) would readily agree.[3] Furthermore, almost all the essays demonstrate empirically, and Hausberger discusses on a conceptual level, what Cachero Vinuesa emphasizes: that reliable information is the key good to be had from networks. In fact, Cachero describes the economy generally as a "sistema de información". While I might reduce the expansiveness of this statement to apply to the "market" as a mediator of the economy, rather than to the economy as a whole (the economy does produce "things", after all – *arrobas* of chocolate, ingots of silver, cattle hides, and so forth), this is a sort of theoretical quibble that by no means invalidates her general point. Cachero goes on shrewdly to enumerate the costs of acquiring information – the energy involved in observation, communication, memory or storage of information (is there a business archive?; how much correspondence is involved in a business transaction?), recovery and processing of data – as an overhead expense in commercial dealings, although she does not explore the implications of this. Presumably the metric to be applied here would be whether the sum of the opportunity cost of remaining outside a social network, plus the direct energy investment involved in getting information, is outweighed by the monetized value gained from the reliability of the information and the advantages it confers in dealings with other economic agents. Cachero Vinuesa emphasizes the utility of networks in reducing risk through the acquisition of such information, and therefore in allowing control of the optimal level of investment, especially in situations with a high degree of incertitude, such as the *carrera de Indias* in the very early period.

The heart of her discussion is the perception that "lazos personales" contributed powerfully to the constitution of networks among merchants, whose principal function was to reduce risk, although it could hardly be eliminated entirely. At the heart of these personal bonds, in turn, was "confianza", although she emphasizes the volatile, unstable nature of networks built even (or especially) on personal bonds. As do Hausberger and several of the other authors, Cachero notes that networks were most often built not exclusively upon mutual economic interest, but also upon kinship, friendship, common geo-

3 See the volume coordinated by Ibarra/Valle Pavón (2007); see also the journal *Historia Mexicana*, 56, 2=223, a dedicated volume about "Redes sociales e instituciones", coordinated by Antonio Ibarra and Guillermina del Valle Pavón.

graphic origins, and other forms of affinity, and that where several of these elements overlapped, the network was strongest and most resilient. This was the case with her *burgaleses*, *judeoconversos*, and *mercaderes*, who thus shared an occupational culture, mutual economic interest, geographic origin, religious orientation, and perhaps a degree of social marginality that in itself may have strengthened group solidarity (something we shall see again in the Crespo Solana essay). She also explores the importance of the "hombre de confianza", citing as synonymous with this the functional designations of "criado" and "mayordomo". Here we run into a bit of conceptual difficulty, it seems to me, since such men would be employees of a merchant or other more or less autonomous economic actor, which reduces the element of reciprocity as the basis for relations within a network, as I will have occasion to point out in the final section of this essay. Still, reciprocity can exist within the context of a partnership among structurally equivalent parties whose contributions to the common enterprise of the network need not be symmetrical. This is illustrated nicely by a commercial partnership she describes, formed in Seville in 1520, in which the two participants were what she calls a "socio-capitalista" and a "socio-factor", the first contributing capital, the second his labor and managerial skills, a form of business enterprise common in the Hispanic world (and beyond it) for centuries.

Ana Crespo Solana's interesting essay on Dutch merchant networks in the Atlantic during the seventeenth and eighteenth centuries deploys a number of useful findings and raises at least three points about social networks worth bringing to the foreground. First, she notes the central importance of Dutch and Flemish traders, and especially of Jews, in the trade to the New World ports. This echoes the findings of Cachero Vinuesa and suggests yet again that merchant networks might well be based upon a degree of social exclusion and religious marginality that produced the intra-group solidarity on which network formation was based. Networks, then, were as much about exclusion – in this case, defensive exclusion based on a series of shared, mutually reinforcing characteristics – as they were about inclusion or containment (of information and confidence). Second, Crespo's concentration on the great Spanish port city of Cádiz reminds us that such networks existed not only in relational terms, in the abstract geometry of reciprocity and articulation, but also in spatial ones. They often centered on real geographic nodes of interaction – Cádiz, Veracruz, Havana, Portobelo, Buenos Aires, etc. – that might condition their spatial reach and shape the possibilities of membership. Third, she points out that the "immigration process can be framed within a social context where single, young men born in families of traders and seamen would temporarily leave their homes" to become incorporated into social networks, as young men around the Atlantic rim (and elsewhere) had done for millennia (Vickers/Walsh (2005). Should they last more than a decade or so, networks might well have an intergenerational dimension in which the structure of the network was renewed by men moving through the lifecycle. At the very least they would advance from being subordinate, younger members of a network to the status of senior members, and then possibly move out of the network as they reached their later years. This is not an aspect of social networks much discussed by the authors in this volume, but is worth thinking about in terms of the social reproduction of such groupings (their ability to recruit younger members or to expand horizontally to an optimal size) and the age-related patterns of accumulation of social capital within them (the contacts and experience that presumably increased with age and success in trade). As individuals passed through the network over a number of years, and as their sons were born into it, there might also be an acculturation process undergone by its members, as where Crespo mentions that second- and third-generation Flemish and Dutch traders became "completely Spanish", something that proved an advantage to them and their relatives' trading firms.

The very rich paper of Carlos Álvarez centers on the question of whether the mercantile exchanges at the Portobelo fair were organized through impersonal market forces or personalized network relationships. In terms of the actors he describes, he puts it this way:

> Una de las decisiones más importantes de un comerciante consistía en decidir si utilizaba el Mercado para llevar a cabo una determinada transacción o, por el contrario, recurría a la relación personal en un contrato de cooperación permanente con otro agente. La menor o mayor confianza a la hora de recurrir al Mercado dependería del coste que tenía para los agentes económicos acudir a él.

This seems to me too stark a portrayal of the decision-making process, and I would suggest that it might usefully be subjected to a number of qualifications. First, there was really no such thing as a free market under mercantilist assumptions, since buying and selling took place under a number of constraints that worked to distort market transactions, as Álvarez himself ably demonstrates, although everyone except *contrabandistas* worked under the same constraints. For example, the Spanish *consulado* maintained the right to determine and limit the tonnage of the goods being shipped in any given *flota*. Second, one doubts if there was such a "rational", black-and-white distinction between modes of exchange in the minds of traders, but perhaps more of a continuum of practices moving from the more to the less personalized. Third, even assuming that two such clear alternatives did exist, and that they were conceptually distinct in the minds of the actors, it would be the case that unless *everyone* used the market organization, there would be little inducement for *anyone* to rely on market mechanisms as opposed to personal networks, especially in high-risk situations, even should the transaction or opportunity costs of relying on the personal network prove higher. Fourth, we sometimes forget (and Álvarez himself does not factor this into his account) the nature of the market in which such merchants were entering: its relative shallowness and relatively low levels of disposable income on the part of the potential ultimate consumers, especially after the markups imposed by shipping costs, insurance, taxation, and profit margins. The low disposable income levels would have tended to make economies of scale in trade less possible, and would tilt the trade toward goods which could sustain high, even non-competitive prices, which is in fact what happened, as I understand it. Álvarez finds, essentially, that the expensive distortions introduced into the market by the use of personal networks were to some degree counterbalanced by the security of having exchanges take place *at all*.

The social and cultural integration of networked merchant groups into their host communities illustrated by Crespo Solana comes up again in the treatment of the Brazilian gold traded offered by Leonor Freire Costa and Maria Manuela Rocha. The authors point to the accommodation that foreign traders were able to achieve in their diasporas, much as Cachero Vinuesa has done in the case of Sevilla and Crespo Solana in that of Cádiz. In describing the English in relation to the Portuguese, however, the authors point interestingly both to the limits of such accommodation and to the differences in "national" business cultures that supported group solidarities and exclusions. They note that the Portuguese had a number of habits in business relationships considered insupportable by foreigners dealing with them, which raises the generally fascinating issue of the incommensurability of business practices between Mediterranean and Northern European traders. The Portuguese traders, they point out, liked to talk with one another and the English to get down to business immediately. In doing this, the Portuguese were piling up social capital and "knowledge capital" in ways alien to the English model, so that one might almost call the Portuguese network a "socialized" one and the English network a "monetized" one. They go on to discuss Englishness as a confidence-inducing quality among English merchants that had little to do with the short-term rationalities of trading, and much to do with the more elusive values of trust and reputation. They imply, therefore, that "trust" had to do not only with business practices themselves, but also with in-group/out-group relationships – with boundaries and exclusions, in other words. They thus illustrate that cultural and ethnic identity can reinforce bonds of trust, while also pointing to the more obvious linkages forged within such diasporic communities by marriage choice as a form of self-segregation.

The rich conceptual discussion of Bernd Hausberger of social networks and merchants I have mostly incorporated into the concluding section of this essay, as I have mentioned above. Aside from a summary and analysis of his interesting empirical materials, however, which I am not prepared to offer here (the possible implications of the fact, for example, that his merchant protagonist Tomás Ruiz de Apodaca was the father of Juan Ruiz de Apodaca, Conde del Venadito, viceroy of Mexico between 1816 and 1821, and implacable foe of the Mexican insurgents), there are some worthwhile points to highlight. Hausberger points out that a counterweight to seeing networks in the rather impersonal, abstract terms of social organization is to subject them to Geertzian "thick description" and microhistorical examination (which most of the authors in this volume do very adeptly). He further advocates analyzing them in terms of actual social practice – that is, descriptions of day-to-day, even moment-to-moment improvisation, albeit within the framework of established cultural expectations.[4]

4 On practice theory, see Ortner (2006).

While many of the authors demonstrate it empirically and implicitly, Hausberger asserts conceptually and explicity that culture is really the shared bedrock of such arrangements. He goes on to state that the function of rules and shared values in such arrangements was to limit to a minimum the conflicts that threatened to damage the bonds of solidarity that produced cohesion in networks. Yet one wonders if this formulation should not, in fact, be turned on its head, since networks seem to have existed to minimize conflict inherent in the social and business environment. Hausberger's essay raises some other interesting questions in passing: whether a dyadic arrangement (exemplified by the 1759 deal between Ruiz de Apodaca and Andrés de Loyo y Treviño) can be a network; the degree to which established networks were imperiled by opportunistic practice (the refusal of Ruiz de Apodaca's commercial correspondent in Mexico City, for example, to reveal the names of potential purchasers for steel, thereby reserving for himself possible advantages not shared with the rest of the network); and whether networks socialized not only risk, but also profits, functioning in this way as a redistributive mechanism for favors and wealth, and if so, to what end.

Guillermina del Valle Pavón's deeply researched essay analyzes the position of the merchants of the Consulado de México faced with the initial phases of trade liberalization in the American realms of the Spanish Empire, specifically using the case of Venezuelan and Ecuadorian cacao as an example, at about the same time that Tomás Ruiz de Apodaca was building up his commercial enterprise. She is certainly dealing with small, coherent groups of merchants, but for reasons I hope to make clear in the final section of this essay, and which Bernd Hausberger suggests in his chapter, the question arises as to whether the *consulados* really constituted networks in the more restricted sense of the concept, as opposed to formalized institutions that shared some of the characteristics of networks. Whatever the case, she shows clearly how the *Consulado* functioned as a formal corporation with some of the attributes of a network, chief among these privileged access to information that could give its participating members an advantage in the market against non-group actors. The *Consulado* also sent its agents, in the person of junior family members or *paisanos*, to Guayaquil and Lima to facilitate its members' dealings in the cacao trade. But the employee status of these men (we see the same thing in

Álvarez's treatment of the Portobelo trade) throws into question their designation as members of a network, since the asymmetry between them and their employers imposed limits on their ability to reciprocate services. Furthermore, her work suggests the strong tendency of networks to maintain themselves over time. If networks expand too much their boundaries become excessively porous and they lose cohesion. Del Valle's essay raises several other interesting issues: about the distinction between networks specifically and personal relationships more generally; about networks and proximity to government; and about privileged information that networks may gather *outside* the dealings of the market (i.e., from government sources). Networks may share in all of these elements, but all of these together do not necessarily make up a network.

Finally, Clara Elena Suárez Argüello's interesting treatment of the bankruptcy of Pedro de Vértiz's business in 1802 – an enterprise perhaps "too big to fail" (which has an unpleasant contemporary resonance) but that nonetheless did fail – and the ripples it sent throughout the economy of New Spain illustrates well her point that a commercial failure may provide great insight into "normal" business practice (in much the same way, I would note, that criminal records may illuminate "normal" life). She writes of a "dense net" of individuals affected by the bankruptcy, and the widespread ruin that engulfed many people as a result of the collapse. Certainly the bonds of family and *paisanaje* were essential in these relationships, but one questions if this was in fact a "network".

2. The Concept of the Social Network

Although the authors whose essays I have just discussed illustrated the nature of social networks and their relationship to commerce in the early modern Iberian Atlantic world primarily from an empirical point of view, there are some general conclusions to be drawn from their work. Let me begin my general discussion by citing a brief formal definition of the network concept drawn from the individual essay of volume co-editor Bernd Hausberger. In his words, the concept of the network serves to "describir la asociación informal de un grupo de personas basada en relaciones de confianza y en un intercambio continuo de servicios o favores dentro de un sistema de reciprocidad". This definition mentions most of the elements – informality, relations of trust, exchange, and reciprocity – upon which my own discussion is based.

The networks described by all the authors presumably came into being among merchants to keep the costs of information down and its reliability up, to lower opportunity costs in the process (that is, to help them make optimizing choices regarding investment), and to socialize risk (to spread or share it among participating parties) to some extent within the commercial network itself. Almost all historians of the period 1500-1800 have encountered such social networks in one form or another, sometimes in the remotest corners of the Iberian world. Although they were by no means unique to Spanish and Portuguese traders, they seem to have been part of their DNA – genetically encoded into the thinking and practices of Iberians as they ventured out across the great maritime spaces of the world and the lands they touched. In addition to reducing opportunity costs, to keeping the costs of information down and its reliability as high as possible, and of socializing risk within the group embraced by the social network, there are a number of other functions of the social network that I will allude to in a moment.

Most of the papers in this volume (and in the recent volume edited by del Valle and Ibarra) state explicitly or implicitly that networks associated with trading activities came into being to compensate for a series of absences. The absence of reliable information was related in a circular fashion to the stickiness of markets: poor information about prices and supplies often kept the relations between buyers and sellers disequilibrated, while market transactions themselves could generate information about relative demand that was not necessarily reliable. The relative absence (scarcity) of cash could inhibit large-scale commercial transactions and necessitated credit relationships themselves impossible in the absence of social networks (Carlos Álvarez deals with this in his essay). States that were weak in some respects, and whose authority deteriorated with increasing distance from the metropolis (much as a radio signal or the force of a magnetic field decreases with distance from the source), could neither assure rules of property that they themselves would honor, let alone enforce among third parties, nor guarantee the free functioning of markets. Regarding this last point, for example, in their recent work on the mercury trade between Europe and the New World, Pieper and Lesiak have noted that private merchants acted as agents for the miners, as contractors, and as bankers in the face of a much reduced state administrative capacity; in other words, in an institutional vacuum that in other historical circumstances might come to be filled by social groupings such as the Sicilian Mafia (Pieper/Lesiak 2007: 19-40). Hausberger has made the point that difficult means of communication gave birth to the prevalence of social networks, compensatory mechanisms for the great distances between buyers and sellers. If this be so (and I see no reason to doubt it), then one might expect that as the speed of information transmission became faster, as accessibility and reliability increased, and as the friction of distance (and with it "leakage" out of the system and the costs of transport) decreased, the social networks that arose to compensate for these problems might diminish in importance or even wither away entirely. From this point of view the most interesting test of how and why social networks functioned in facilitating commerce would probably be to look at them in a more information-rich environment, after the advent of the telegraph and more rapid trans-oceanic and rail shipping in the nineteenth century. One would then be able to see how social networks morphed or adapted to the new conditions, or changed their functions when the initiating conditions of their existence were filtered out. I suspect that social networks, of which one enduring type – indeed, the prototype – was the extended family, continued in importance even with improved conditions of communication, transport, and market integration after the middle third of the nineteenth century or so. This would suggest that it was not inadequate information, the friction of distance, or other factors *by themselves* that had given rise to the prevalence of social networks in commerce and economic life more generally, but perhaps a social imperative with cultural roots, a point to which I will return shortly.

The issue of looking at the functions of social networks in a cross-temporal context points to the necessity of seeing networks as constituted over time. This element of temporality, in fact, is taken into account well enough in several of the essays, while in others there is a tendency to look at social networks at any given moment (even an extended moment of several years) as reticular arrangements in social and/or physical space, neglecting the dimension of time. In other words, they are seen as synchronic rather than diachronic structures, a point to which Suárez Argüello briefly alludes in her chapter. If we speak of social networks, as most of the authors do either implicitly or explicitly, as based on relationships of confidence – of trust – between the parties involved, then we must acknowledge that such relationships, whether founded upon forms of friendship, family, common geographical origin *(paisanaje)*, religious confession, etc., were constituted *over time*. There are two elements here, it seems to me, to be highlighted. First, there needed to be antecedent contacts or beliefs that gave reason to think there was some basis for confidence in the first place. I have encountered this, for example, in my own work on the grain trade in the region of Guadalajara, in New Spain, at the beginning of the nineteenth century. In 1802 the administrator of an important wheat-producing hacienda, interested in shipping grain to the city of Tepic, near the Pacific coast, wrote to a merchant there that

> even though several people in that town [Tepic] have asked me to sell to them on commission, I have confidence only in you; and you should remember that Asturians from the town of Llanes should keep on good terms with those from Cabrales (Van Young [2]2006: 73).

Second, there needed to be repeated (although not necessarily regular or continuous) exchanges over time rather than unique, one-time-only interactions; that is, a longitudinal aspect. This quality of durability in networks points up the risk of confusing *transactions* with *networks*: networks involved transactions, but even though they may have involved several parties, not all transactions necessarily generated networks or grew out of them.

In addition to the element of temporality in the constitution of social networks, I would suggest that informality was also a key characteristic. That is to say, networks needed to be based upon complementarity of interests among the interacting parties, and not on the constraints characteristic of institutionalized structures, which would impose negative sanctions against a party who wanted to leave the network – what we might refer to as "the cost of exit". This is basically a liberal model, based upon the freedom of action of all members of a network, and may at first glance appear to be excessively voluntaristic. Within such a durable, informal, and voluntaristic structure there would still be room for contractual relationships recognized as valid and binding within a shared economic culture; that is to say, the flexibility of the network was not incompatible with recognized "rules of the game". From this point of view, Carlos Álvarez's discussion of the activities of European merchants and their Panamanian factors raises certain doubts as to whether employees could enjoy a sufficiently equal status to function as peers of their principals, since there needed to be an element of volunteerism in the relationship to allow for the reciprocity (that is, equivalent exchange) correctly emphasized by Hausberger as another element in the formal description of such networks. Álvarez tells us that

> existen motivos para pensar que una parte importante de los cargadores de Sevilla no embarcaban sus mercancías en las flotas solo para venderlas en Portobelo al llegar las flotas, sino con destino a sus factores en Panamá [...] El verdadero negocio del principal grupo de mercaderes sevillanos consistiría, pues, en surtir el Mercado Americano a través de sus factores.

Álvarez has asked the very interesting question here of whether goods sold in Portobelo were traded in an open market or found their way to buyers through personal networks. But it is not clear that the use of resident factors in Panama indicates that goods were sold through such networks rather than through the open mediation of the market. The intervention of commercial agents ("factors") simply meant that the American market was "sticky", so that Sevillian merchants, when they relied on such men, were adding another step in the selling process.

A second example of the importance of informality in the functioning of networks is raised by Antonio Ibarra's discussion of the late eighteenth-century Guadalajara *consulado* in another volume, and by Guillermina del Valle Pavón's paper in this one (Ibarra 2007). The question is whether such a formalized organization can be called a network, exactly, although it certainly had the reticular structure of less formal *redes*. These formalized entities had their constituted authorities, legal codes, rules of entry, rotations in office, and so forth. Their evolution from less formal structures of exchange seems to have borne certain similarities, conceptually, to the Weberian institutionalization of charismatic authority in personalistic political regimes. *Consulados* established rules for inclusion and exclusion of members (although allowing for a certain porosity), and their boundaries were not only clearly delimited, but policed, as well. If we think of social networks as needing to be more flexible and ad hoc in character, then despite their reticular form the *consulados* might actually be thought of as anti-networks. This is, perhaps, a counter-intuitive conclusion, but it grows logically out of the preceding discussion and is at least worth thinking about.

Early modern mercantile networks, as several of the papers demonstrate, were glued together by more than just instrumentalist concerns about information, markets, and credit. They were themselves both embedded within, and expressions of, certain cultural assumptions about how people dealt with each other, and about how the social world was constituted. Aside from the interesting remarks in several of the papers about diasporic communities, Costa and Rocha, in their study of merchants and Brazilian gold, raise the fascinating issue of the incommensurability of business practices and business culture between the Portuguese and Northern Europeans. They do not explicitly raise the question of what sort of transaction costs this would have entailed, but perhaps it is worth considering. As I have noted above, they point out that the English perception was that the Portuguese merchants liked to talk with one another while the English wanted to get down to business in the narrower sense. They discuss Englishness as a confidence-inducing quality among English merchants, and the value of trust and reputation between individuals. They therefore imply that "trust" had not only to do with adherence to the same "rules of the game" and with personal reputation, but also with in-group/out-group relationships – in other words, with boundaries and exclusions. The way affinities drew groups of economic actors together so that they could actualize their common business interests is emphasized by Pieper and Lesiak in their essay in the Ibarra-del Valle volume about Atlantic mercantile *redes* during the seventeenth century. They speak of the way diasporic communities operated, among them Greeks and Jews, implying that the cohesion of ethnic and/or religious identity was served by such trade-based networks. The more conventional interpretation, of course, would be that such affinities and commonalities reduced risk, rather than that reduced risk levels fostered community. Could it be that the construction of community was in some cases the paramount Good, and that the exchange of material goods across time and space was a secondary goal, furnishing a sort of pretext for the formation and consolidation of community? The truth is that the relationship was probably a circular one, but the psycho-social elements in such networks are often neglected, to the impoverishment, I think, of the model-building of how they functioned.

Let me now turn to a discussion of some other points relating to social networks and commerce in the early modern Iberian Atlantic. To establish some basic elements of a definition of the concept of the social network, let me cite the entry on "network analysis" in the *International Encyclopedia of the Social Sciences* (2008, V: 475-477, 477-479):

> A social network is any articulated pattern of connections in the social relations of individuals, groups, and other collectivities. Social networks include friendship and kinship networks, communication networks, scientific citation networks, and policy-maker networks.

The concept of the network developed primarily in social anthropology to describe social relations in small societies and groups, and arose from the idea of a "web" of social relations and actions "interwoven" through such connections. An important recent theoretical refinement has been made by the American sociologist Mark Granovetter, who writes of strong ties (bonds) in such reticular arrangements, as presumably we would see in well-established networks, and in very formalized ones such as *consulados*; these he contrasts to weak ties – more ad hoc, transitory, casual, and so forth (Granovetter 1973). In the case of the Iberian colonial world, strong ties would have been the most efficacious given the volatile and unpredictable nature of market structures, and the lack of reliable information and of ways to verify it. All this is to say that in modern societies advanced forms of technology, and markets that are highly integrated (that is, that share in the same information) and socially deep (that include the majority of the population) can sustain weaker ties at the level of the individual because they provide information-rich environments in which individual actors function. In *ancien régime* societies, on the other hand, even where they were weaker and more voluntaristic than formal structures such as trading guilds, social networks performed the same functions that modern integrated markets and forms of communication technology now perform. It is interesting to note, furthermore, that although the literature on social network analysis in the social sciences allows theoretical space for hierarchical networks – that is, for relations of dominance and formal authority within networks – it tends to emphasize horizontal relations, common interest, and voluntarism in the formation and maintenance of social networks. This suggests that relations between employees and their bosses fit uneasily, if at all, within the concept of the social network, because by definition they exclude (or at least minimize) the possibilities for reciprocity – that is, symmetrical exchange – among peers, which is one of the important criteria for the existence of a network.

Still more important is the common inclusion of kinship as one of several bases for network formation (along with fictive kinship, common geographic origin, religion, and so forth). Several of the essays in this volume emphasize this, and it has been noted elsewhere, as well. In their introduction to *Redes sociales e instituciones comerciales*, for example, editors del Valle and Ibarra assert that

> los sistemas de relaciones en cuestión [social networks in the early modern period] fortalecieron y consolidaron negocios e instituciones mercantiles [y] dieron cohesión a los grupos familiares [...] (Ibarra/Valle Pavón 2007: 8).

This is an interesting formulation, since one might have assumed that it was family groups that fortified, consolidated, and lent cohesion to businesses and commercial institutions. Even acknowledging that the relationship must be circular, it is logical to assume that families were ontologically and sociologically prior to commerce. Some authors in the present volume, in fact, and in the recent volume coordinated by del Valle and Ibarra imply, where they do not explicitly state, that maintenance of some sort of extended family group was the primary object of a whole range of commercial activities, and economic optimization the secondary one. Let me cite as an example in that collection the essay of María Teresa Huerta (although the essays of María Concepción Gavira Márquez, Guillermina del Valle Pavón, and Clara Elena Suárez Argüello deal with the same issue), which discusses the practices of *mercaderes de plata* in the northern areas of New Spain in the seventeenth century (Gavira Márquez 2007; Valle Pavón 2007; Suárez Argüello 2007). Her description of the networks of these silver merchants – economic, political, and family networks – raises the question of whether they were trying to achieve seigneurial ends (that is, elevated social status and enduring family prestige) through capitalist means. From this point of view, we need to ask what the antecedent dispositions of economic choices were; that is, what were the motives for various sorts of economic activity? Was commercial involvement the reason for the networks, or was the opposite the case – was the social elevation and maintenance of family networks the object of commercial activity?[5] Huerta's essay suggests that the strategy of silver merchants was to reproduce the capital generated by families and commercial enterprises – but could the strategy not have been exactly the reverse: to reproduce the family through the mechanism of commercial exchange? From these considerations the question arises as to who is the real historical actor in these circumstances, the individual or the network? This query leads us in turn toward models of distributed intelligence, and even as far as the organized societies of insects as described by E.O. Wilson in his studies of ant colonies – perhaps an extreme extension of my argument here, but one that might frame an interesting discussion.

To conclude this commentary I would like to suggest some key points that appear to me to be central to the effort of defining what a social network is, or at least what it was in the early modern era. I want to emphasize again that I am not presenting a formal model, but only some elements for thinking about networks. It may be, in fact, that as a first approximation to a definition of social networks these elements are excessively rigid and over-specified. Here are nine criteria, nonetheless, that appear to me useful in describing such networks in this historical context:

1. For us to call a social arrangement a network it must be marked by *durability*; that is, it must persist over time since the relationships of confidence on which it is based are constituted by repeated experience and established practices. This would distinguish networks from transactions, even those involving a large number of people or groups.
2. The participants in a social network may not be equal insofar as their status, power, or resources are concerned, but they are capable of entering into exchanges in which both parties to the exchange give something and receive something, although the relative value of the goods and/or services given/received may be asymmetrical. In other words, there is *reciprocity*.

5 At this point we enter the interesting territory between economic history and cultural history; for some thoughts on this relationship, see Van Young (in press).

3. The principal dimension in which social networks function must be the *horizontal* one – that is to say, exchanges must take place among individuals who are more or less peers, which assures the previous characteristic of social networks, their reciprocity.
4. Social networks must be *voluntary* in the sense that actors can enter into the network more or less according to their calculations of their own interests, whether or not rational or optimizing in the economic sense.
5. Social networks must be marked by *informality*, and institutionalized only weakly or not at all; the costs or penalties for exit must be very low or nil.[6]
6. Such networks must be constituted at least of two elements: interest and economic exchange as such (that is, the commercial element in this case); and another form of social relation, be it friendship, kinship, micro-patriotism *(paisanaje)*, religious affiliation, or common membership in an organization without immediate and overt economic importance, such as a *cofradía* or a political entity (e.g., an *ayuntamiento*). And we may also suppose that if there is more than one form of extra-economic social relationship involved, the network will be that much stronger, the information transmitted within it that much more reliable, the entry and exit costs higher, and so forth.
7. Networks should have powerful nodes – points of high traffic or concentration of power. In the terms employed by those scholars who study such networks, in other words, there must be central actors ("traffic cops") to direct flows of information, capital, tradeables, and people.
8. Such social networks should have more or less stable rules of property and contractual obligation, within an economic culture shared by the members of the network.
9. Networks should be subjectively recognizable to their members. The network and its structure, in other words, should constitute an emic domain as much as an etic one, coherent as both actors' and observers' categories.

---

6 I confess to a certain doubt on this point, precisely because of the case of *consulados*, which appear intuitively to be networks even though they are formalized.

I do not pretend that all these criteria are present in all cases where social networks facilitated commercial exchange. The points I have made here in response to these fine essays are only suggestions to think about in order to refine a bit what we mean by social networks.

Bibliography

Gavira Márquez, María Concepción (2007): "El comercio de los montañeses con América. La Casa Gutiérrez a fines del siglo XVIII". In: Ibarra, Antonio/Valle Pavón, Guillermina del (eds.): *Redes sociales e instituciones comerciales en el imperio español, siglos XVII a XIX*. México, D.F.: Facultad de Economía, UNAM/ Instituto Mora, pp. 161-186

Granovetter, Mark (1973): "The Strength of Weak Ties". In: *American Journal of Sociology*, 78, pp. 1360-1380.

Ibarra, Antonio (2007): "Redes de circulación y redes de negociantes en el mercado interno novohispano: los mercaderes del Consulado de Guadalajara, 1791-1803". In: Ibarra, Antonio/Valle Pavón, Guillermina del (eds.): *Redes sociales e instituciones comerciales en el imperio español, siglos XVII a XIX*. México, D.F.: Facultad de Economía, UNAM/Instituto Mora, pp. 279-294.

Ibarra, Antonio/Valle Pavón, Guillermina del (eds.) (2007): *Redes sociales e instituciones comerciales en el imperio español, siglos XVII a XIX*. México, D.F.: Facultad de Economía, UNAM/Instituto Mora.

International Encyclopedia of the Social Sciences (2008): "Network Analysis" and "Networks". In: Darity, William A., Jr. (ed.): *International Encyclopedia of the Social Sciences*. Vol. 5. Detroit: Macmillan Library Reference, pp. 475-479.

Ortner, Sherry (2006): *Anthropology and Social Theory: Culture, Power, and the Acting Subject*. Durham: Duke University Press.

Pieper, Renate/Lesiak, Philipp (2007): "Redes mercantiles entre el Atlántico y el Mediterráneo en los inicios de la guerra de los Treinta Años". In: Ibarra, Antonio/Valle Pavón, Guillermina del (eds.): *Redes sociales e instituciones comerciales en el imperio español, siglos XVII a XIX*. México, D.F.: Facultad de Economía, UNAM/Instituto Mora, pp. 19-40.

Suárez Argüello, Clara Elena (2007): "La casa de conductas de Pedro de Vértiz o el giro del comercio en Nueva España: la confianza y la pronta circulación de la plata (1760-1810)". In: Ibarra, Antonio/Valle Pavón, Guillermina del (eds.): *Redes sociales e instituciones comerciales en el imperio español, siglos XVII a XIX*. México, D.F.: Facultad de Economía, UNAM/Instituto Mora, pp. 141-160.

Valle Pavón, Guillermina del (2007): "Relaciones de negocios, familiares y de paisanaje de Manuel Rodríguez de Pedroso, conde de San Bartolomé de Xala, 1720-1770". In: Ibarra, Antonio/Valle Pavón, Guillermina del (eds.): *Redes sociales e instituciones comerciales en el imperio español, siglos XVII a XIX*. México, D.F.: Facultad de Economía, UNAM/Instituto Mora, pp. 117-140.

Van Young, Eric ([2]2006): *Hacienda and Market in Eighteenth-Century Mexico: The Rural Economy of the Guadalajara Region, 1675-1810*. Lanham: Rowman and Littlefield.

— (in press): "El lugar del encuentro entre la historia cultural y la historia económica". In: Van Young, Eric: *Economía, política y cultura en la historia de México: ensayos historiográficos, metodológicos y teóricos de tres décadas*. San Luís Potosí: El Colegio de San Luís Potosí.

Vickers, Daniel/Walsh, Vince (2005): *Young Men and the Sea: Yankee Seafarers in the Age of Sail*. New Haven: Yale University Press.

Autoras y autores

Carlos Álvarez-Nogal, Departamento Historia Económica e Instituciones, Universidad Carlos III de Madrid.

Nikolaus Böttcher, Universität Bielefeld; Universität Erfurt.

Montserrat Cachero Vinuesa, European University Institute, Firenze.

Ana Crespo Solana, Instituto de Historia, Centro de Ciencias Humanas y Sociales – Consejo Superior de Investigaciones Científicas, Madrid.

Leonor Freire Costa, Instituto Superior de Economia e Gestão, Universidade Técnica de Lisboa.

Bernd Hausberger, Centro de Estudios Históricos, El Colegio de México, México, D.F.

Antonio Ibarra, Facultad de Economía, Universidad Nacional Autónoma de México, México, D.F.

Wolfgang Lenk, Universidade Estadual de Campinas, São Paulo, Fundação de Amparo à Pesquisa do Estado de São Paulo.

Maria Manuela Rocha, Instituto Superior de Economia e Gestão, Universidade Técnica de Lisboa.

Clara Elena Suárez Argüello, Centro de Investigaciones y Estudios Superiores en Antropología Social, México, D.F.

Guillermina del Valle Pavón, Instituto de Investigaciones Dr. José María Luis Mora, México, D.F.

Eric Van Young, University of California, San Diego.